한국
동서발전

직업기초능력평가 + 직무수행능력평가

발전기계 / 발전전기

한국동서발전

직업기초능력평가 + 직무수행능력평가

개정 1판 발행	2023년 5월 10일
개정 2판 발행	2023년 12월 15일

편 저 자	|	취업적성연구소
발 행 처	|	㈜서원각
등록번호	|	1999-1A-107호
주　　소	|	경기도 고양시 일산서구 덕산로 88-45(가좌동)
교재주문	|	031-923-2051
팩　　스	|	031-923-3815
교재문의	|	카카오톡 플러스 친구[서원각]
홈페이지	|	goseowon.com

PREFACE

우리나라 기업들은 1960년대 이후 현재까지 비약적인 발전을 이루었다. 이렇게 급속한 성장을 이룰 수 있었던 배경에는 우리나라 국민들의 근면성 및 도전정신이 있었다. 그러나 빠르게 변화하는 세계 경제의 환경에 적응하기 위해서는 근면성과 도전정신 이외에 또 다른 성장 요인이 필요하다.

최근 많은 공사ㆍ공단에서는 기존의 직무 관련성에 대한 고려 없이 인ㆍ적성, 지식 중심으로 치러지던 필기전형을 탈피하고, 산업현장에서 직무를 수행하기 위해 요구되는 능력을 산업부문별ㆍ수준별로 체계화 및 표준화한 NCS를 기반으로 하여 채용공고 단계에서 제시되는 '직무 설명자료'상의 직업기초능력과 직무수행능력을 측정하기 위한 직업기초능력평가, 직무수행능력평가 등을 도입하고 있다.

한국동서발전에서도 업무에 필요한 역량 및 책임감과 적응력 등을 구비한 인재를 선발하기 위하여 고유의 직업기초능력평가를 치르고 있다. 본서는 한국동서발전 채용대비를 위한 필독서로 한국동서발전 직업기초능력평가의 출제경향을 철저히 분석하여 응시자들이 보다 쉽게 시험유형을 파악하고 효율적으로 대비할 수 있도록 구성하였습니다.

신념을 가지고 도전하는 사람은 반드시 그 꿈을 이룰 수 있습니다. 처음에 품은 신념과 열정이 취업성공의 그 날까지 빛바래지 않도록 서원각이 수험생 여러분을 응원합니다.

STRUCTURE

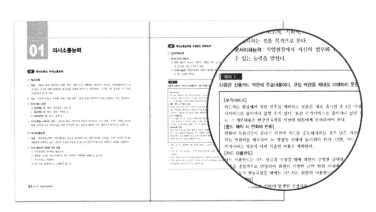

핵심이론정리

NCS 기반 직업기초능력평가에 대해 핵심적으로 알아야 할 이론을 체계적으로 정리하여 단기간에 학습할 수 있도록 하였습니다.

한국사

빈출 한국사 핵심 용어들을 정리하여 수록하였고 출제예상문제와 상세한 해설을 통해 학습효율을 높일 수 있도록 하였습니다.

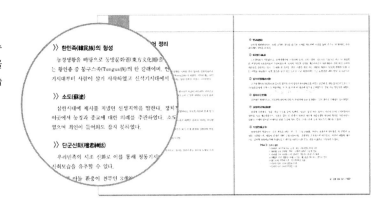

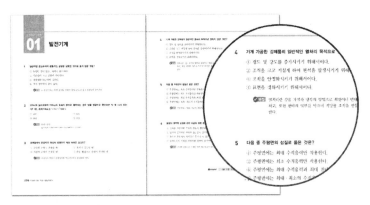

직무수행능력평가

발전기계와 발전전기 분야 전공과목의 출제예상문제와 꼼꼼한 해설을 통해 한 권으로 학습을 정리할 수 있도록 하였습니다.

CONTENTS

PART

01

기업소개
및 채용안내

기업소개

1 한국동서발전 소개

한국동서발전은 대한민국의 전력 공급을 책임지는 에너지 공기업입니다. 국내 총 발전설비 용량의 약 8.0%에 해당하는 10,776MW의 설비를 가동하여 안정적인 전력 공급으로 국민의 일상을 지키고 국가 경제발전을 이끌어왔습니다. 이제 한국동서발전은 안전과 환경, 4차 산업혁명 등 변화된 상황 속에서 저희 임직원이 해야 할 일이 무엇인지, 그리고 그 일을 가장 잘하는 방법이 무엇인지를 새롭게 모색해 나갈 것입니다.

2 연혁

조선전업
+
경성전기
+
남선전기

▶

한국전력㈜
1961.07.01

▶

한국전력공사(주)
1982.01.01

▶

한국동서발전
주식회사
2001.04.02

3 미션 및 비전

(1) 미션

미션		
"국가 필요 에너지의 안정적 공급" 우리는 인간의 삶을 행복하게 하는 안정적이고 경제적인 친환경 에너지를 만든다.		
목적	**고객**	**핵심서비스**
우리는 왜 존재하는가? 안정적 에너지 공급	우리는 누구를 위해 존재하는가? 국가(국민)	에너지

(2) 비전

① 비전

비전		
"친환경 에너지전환 선도기업"		
탄소중립 이행	**에너지 안보 뒷받침**	**혁신성장 지원**
탄소중립 이행하는 친환경 기업	에너지 안보 뒷받침하는 에너지 전환 기업	혁신성장 지원하는 미래에너지 선도기업

② 공유가치

핵심가치					경영방침		
혁신성장	안전우선	녹색전환	상생협력	청렴공정	가치추구	혁신지향	소통참여

4 **전략방향 및 경영목표**

전략방향	성과·효율 중심 경영혁신 체계 강화	신사업 확장으로 미래 성장동력 창출	탄소중립 이행으로 녹색성장 실현	안전·협력 기반 사회적책임 실현
2035 경영목표	• 부채비율 200% 미만 • 조직 인사 역량지수 90점 • 청렴도 1등급	• 신재생에너지 발전비 중 30% • 신재생 R&D 투자비 중 80% • 미래 신사업 매출액 2.4조원	• 무탄소 혼소발전량 4.8TWh • 저탄소 LNG 설비용량 6.7GW • 온실가스 감축률 61%	• 중대재해 Zero • 동반성장평가 최고등급
전략과제	• 미래대응 관리체계 강화 • 조직·인사 역량 강화 • 소통의 조직문화 구현	• 신재생에너지 사업개발 • 미래기술 경쟁력 선도 • 민간협력 에너지신사업 개발확대	• EWP 수소산업 생태계 구축 • 저탄소·친환경 발전 선도 • 계통변화 대응 발전운영 개선	• 에너지산업 동반성장 • 안전보건 관리체계 강화 • 상생·포용 사회 구현
실행과제	재무건전화 및 자산운영 효율화 등 9개	합리적인 신재생에너지 보급 목표 이행 등 9개	저탄소 LNG 전원 확보 및 적기 건설 등 9개	상생협력의 기업생태계 기반조성 등 9개

5 **핵심가치**

혁신성장	경영 효율화와 일하는 방식의 혁신을 기반으로 경쟁력을 강화하고 미래에너지산업의 신성장동력을 창출
안전우선	협력사를 포함한 동서발전과 관계있는 모든 사람의 안전을 최우선하며, 안전보건 및 재난대응과 관련된 사항은 언제 어디서든 절대적으로 지켜야할 원칙임을 강조
녹색전환	친환경 에너지 전환 선도라는 비전에 부합하도록 환경의 중요성을 강조하여 직원들에게 바람직한 업무 수행의 우선 가치로 제시
상생협력	협력사, 자회사, 지역사회 등 이해관계자와 동반성장 할 수 있는 생태계를 조성하고, 실질적인 자원활동을 통해 공기업으로서 사회적 가치를 실현
청렴공정	세대별, 직급별, 직군별로 임직원들에게 공정하게 기회가 주어지고, 청렴을 바탕으로 한 적극적 직무수행으로 신뢰받는 조직문화를 구현

CHAPTER 02 채용안내

1 인재상

(1) 인재상

① 미래 성장을 주도하는 도전적변화인재

② 세계 최고를 지향하는 글로벌 전문인재

③ 사회적 책임을 다하는 협력적 조직인재

(2) 행동규범

① 혁신주도

② 종합사고력

③ 전문성

④ 열정

⑤ 성과지향

2 **채용안내 신입직원(대졸 일반/보훈, 고졸)**

① 채용수준

    ㉠ 대졸수준(일반/보훈) : 4(나)직급

    ㉡ 고졸수준(일반) : 4(다)직급

    ㉢ 근무지역 : 당진, 울산, 여수, 동해, 일산, 음성 등

② 지원자격

구분		주요내용
학력, 전공, 연령, 성별		• 제한없음 (단, 당사 정년인 만 60세 이상인 자는 지원불가) • 대졸수준 – 대졸 또는 이와 유사한 수준의 지식 보유자 • 고졸수준 – 최종학력이 '고등학교 졸업인 자' 또는 고등학교 졸업예정자 – 고등학교 검정고시 합격자, 대학 중퇴·재학·휴학 중인 자 포함 – 전문대·대학 졸업자 또는 졸업 예정자 지원 불가 ※ 대졸자(전문대졸 및 졸업예정자 포함)가 학력을 숨기고 고졸수준에 합격할 경우 합격 취소 및 징계해고 될 수 있으며, 별도 학점 취득 없이 대학교 졸업이 가능한 경우 대학교를 졸업한 것으로 간주
어학	대졸수준(일반)	• TOEIC 700점 이상(붙임1에 따라 외국어성적 환산점수 인정) • 단, 보훈 및 장애인, 전문자격증 소지자 면제(일반전형 및 구분채용 여부 무관)
	대졸수준(보훈)	• 제한없음(보훈 및 장애인, 전문자격증 소지자 어학요건 면제) • 일반전형 및 구분채용 여부 무관
	고졸수준	• 제한없음(보훈/장애인/고졸 및 전문자격증 소지자 어학요건 면제)
자격요건	대졸수준(보훈)	• 「국가유공자 등 예우 및 지원에 관한 법률」에 의한 취업지원대상자
병역		• 병역필 또는 면제자(병역 기피사실이 없는 자) • 현역의 경우 최종합격자 발표일 이전에 전역 가능한 자 포함
기타		• 입사일부터 당사 근무가 가능한 자 • 인사관리규정 제16조(신규채용자의 결격사유) 미해당자 • 각종 자격 및 경력요건 구비시점 : 지원서 접수 마감일 기준

※ 국가유공자의 경우, 일반전형(공개채용)과 구분채용(제한채용) 동시지원 불가

※ 어학 : 사이버국가고시센터(www.gosi.go.kr)에 등록된 어학성적의 경우 최대 5년까지 유효기간 연장

③ 선발절차 및 내용

구분	세부내용
서류전형	① 지원자격 및 자기소개서 적격여부 판단 ※ 자기소개서 불성실 기재자 불합격(항목 미기재, 동일문구 반복, 비속어 사용, 회사명 오기, 표절, 100자 미만 기재 등) – 회사명 오기예시 : 동사발전, 한전동서발전, 울산동서발전, 한국동서발전소 등 ② 어학성적 및 자격증 점수 평가 • 대졸수준(일반) – 지원자격 및 자기소개서 적격자에 한하여 외국어점수(최대 60점) + 자격증점수 (사무 최대 10점, 기술 최대 30점) 고득점순으로 선발 • 대졸수준(보훈), 고졸수준 : 해당없음 ※ 보훈 및 장애인, 고졸, 전문자격증 소지자 서류전형 면제(일반전형 및 구분채용 여부 무관하며, 자기소개서 불성실 기재시 불합격)
필기전형	• 합격자 결정 : 직무수행능력평가(50점 환산)+NCS직업기초능력평가(50점 환산) +가점 반영 ① 인성검사 : 최종면접 참고자료로 활용 ② 직무수행능력평가(만점 100점) : 전공(90점)+한국사(10점) ③ NCS직업기초능력평가 : 만점 100점
1차 면접전형 (직무역량면접)	• 직무수행역량 및 분석력·문제해결능력·의사소통능력 등 평가 : 직무분석발표면접 (50점), 직무토론면접(50점) • 합격자 결정 : 직무분석발표면접(50점)+직무토론면접(50점)+가점 반영
2차 면접전형 (최종면접)	• 인성, 인재상 부합여부, 조직적합도 등 종합평가 : 2차면접(최종면접)(100점) • 합격자 결정 : 직무분석발표면접(25점 환산)+직무토론면접(25점 환산)+최종면접(50점 환산)+가점 반영
신체검사, 신원조회, 비위면직자 조회	적격여부 판정 최종합격자 발표

※ 각 전형별 합격자에 한해 차기전형 응시 가능
※ 상기 일정 및 장소, 필기·면접전형 형태는 당사 사정에 따라 변경될 수 있음
※ 필기전형 고사장은 수용규모에 따라 지역별 선착순 마감될 수 있음
※ 2차 면접전형 총점 60점 미만 득점자는 채용 탈락하며, 적격자가 없는 경우 선발하지 않음

④ 필기전형 세부내용

㉠ 인성검사 : 회사 인재상, 직업윤리 등 지원자의 인성전반에 대한 검사
- 검사시간 : 50분
- 검사결과 : 2차 면접전형(최종면접)시 참고자료로 활용

㉡ NCS직업기초능력평가 : 의사소통능력, 수리능력, 문제해결능력, 자원관리능력 4개 항목 평가
- 시험시간 : 60분
- 출제문항 : 객관식 50문항

㉢ 직무수행능력평가
- 시험시간 : 50분
- 출제문항 : 객관식 50문항
- 한국사 : 한국사능력검정시험 3급 수준
- 전공 : 분야별 직무능력 이해도 평가
- 직무수행능력평가(전공) 출제범위

모집분야		출제범위	비고
대졸 수준 (일반, 보훈)	사무	법학(헌/민/행정/상법), 행정학, 경영학, 경제학, 회계학 등	법정 및 상경 각 분야
	발전기계	재료/유체/열역학, 동력학 등 기계일반	일반기계기사 과목
	발전전기	전력공학, 전기기기, 회로/제어공학 등 전기일반	전기기사 과목
	화학	일반화학, 화학공학, 대기환경, 수질환경 등	일반화학(기초), 화공, 대기 및 수질환경기사 과목
	토목	응용역학, 측량학, 수리학 및 수문학, 철근 콘크리트 및 강구조, 토질 및 기초, 토목설계 및 시공학 등	토목기사 수준
	건축	건축계획, 건축시공, 건축구조, 건축설비, 건축관계법규, 건축시공실무 등	건축기사 수준
	IT	데이터베이스, 전자계산기 구조, 소프트웨어공학, 데이터통신, 정보통신시스템, 정보보안 일반 등	정보처리, 정보통신 정보보안기사 과목
고졸 수준 (일반)	사무(상경)	경영, 경제, 회계 등	상경 각 분야
	발전기계	재료역학, 유체역학, 열역학, 기계재료, 기계요소, 기계제작, 측정, 기계제도 등	기계3역학 및 정밀측정기능사 과목
	발전전기	전기이론, 전기기기, 전기설비 등	전기기능사 과목

⑤ 동점자 처리방안

구분		동점자 처리기준
서류전형		동시합격
필기전형		동시합격
면접 전형	1차 직무역량면접	동시합격
	2차 최종면접	보훈＞장애＞최종면접＞직무분석발표면접＞직무토론면접 고득점 순으로 선발

PART

02

직업기초능력평가

의사소통능력

01 의사소통과 의사소통능력

(1) 의사소통

① **개념** … 사람들 간에 생각이나 감정, 정보, 의견 등을 교환하는 총체적인 행위로, 직장생활에서의 의사소통은 조직과 팀의 효율성과 효과성을 성취할 목적으로 이루어지는 구성원 간의 정보와 지식 전달 과정이라고 할 수 있다.

② **기능** … 공동의 목표를 추구해 나가는 집단 내의 기본적 존재 기반이며 성과를 결정하는 핵심 기능이다.

③ **의사소통의 종류**
　　㉠ 언어적인 것 : 대화, 전화통화, 토론 등
　　㉡ 문서적인 것 : 메모, 편지, 기획안 등
　　㉢ 비언어적인 것 : 몸짓, 표정 등

④ **의사소통을 저해하는 요인** … 정보의 과다, 메시지의 복잡성 및 메시지 간의 경쟁, 상이한 직위와 과업지향형, 신뢰의 부족, 의사소통을 위한 구조상의 권한, 잘못된 매체의 선택, 폐쇄적인 의사소통 분위기 등

(2) 의사소통능력

① **개념** … 의사소통능력은 직장생활에서 문서나 상대방이 하는 말의 의미를 파악하는 능력, 자신의 의사를 정확하게 표현하는 능력, 간단한 외국어 자료를 읽거나 외국인의 의사표시를 이해하는 능력을 포함한다.

② **의사소통능력 개발을 위한 방법**
　　㉠ 사후검토와 피드백을 활용한다.
　　㉡ 명확한 의미를 가진 이해하기 쉬운 단어를 선택하여 이해도를 높인다.
　　㉢ 적극적으로 경청한다.
　　㉣ 메시지를 감정적으로 곡해하지 않는다.

02 의사소통능력을 구성하는 하위능력

(1) 문서이해능력

① 문서와 문서이해능력
   ㉠ 문서 : 제안서, 보고서, 기획서, 이메일, 팩스 등 문자로 구성된 것으로 상대방에게 의사를 전달하여 설득하는 것을 목적으로 한다.
   ㉡ 문서이해능력 : 직업현장에서 자신의 업무와 관련된 문서를 읽고, 내용을 이해하고 요점을 파악할 수 있는 능력을 말한다.

예제 1

다음은 신용카드 약관의 주요내용이다. 규정 약관을 제대로 이해하지 못한 사람은?

> [부가서비스]
> 카드사는 법령에서 정한 경우를 제외하고 상품을 새로 출시한 후 1년 이내에 부가서비스를 줄이거나 없앨 수가 없다. 또한 부가서비스를 줄이거나 없앨 경우에는 그 세부내용을 변경일 6개월 이전에 회원에게 알려주어야 한다.
> [중도 해지 시 연회비 반환]
> 연회비 부과기간이 끝나기 이전에 카드를 중도해지하는 경우 남은 기간에 해당하는 연회비를 계산하여 10 영업일 이내에 돌려줘야 한다. 다만, 카드 발급 및 부가서비스 제공에 이미 지출된 비용은 제외된다.
> [카드 이용한도]
> 카드 이용한도는 카드 발급을 신청할 때에 회원이 신청한 금액과 카드사의 심사기준을 종합적으로 반영하여 회원이 신청한 금액 범위 이내에서 책정되며 회원의 신용도가 변동되었을 때에는 카드사는 회원의 이용한도를 조정할 수 있다.
> [부정사용 책임]
> 카드 위조 및 변조로 인하여 발생된 부정사용 금액에 대해서는 카드사가 책임을 진다. 다만, 회원이 비밀번호를 다른 사람에게 알려주거나 카드를 다른 사람에게 빌려주는 등의 중대한 과실로 인해 부정사용이 발생하는 경우에는 회원이 그 책임의 전부 또는 일부를 부담할 수 있다.

① 혜수 : 카드사는 법령에서 정한 경우를 제외하고는 1년 이내에 부가서비스를 줄일 수 없어.
② 진성 : 카드 위조 및 변조로 인하여 발생된 부정사용 금액은 일괄 카드사가 책임을 지게 돼.
③ 영훈 : 회원의 신용도가 변경되었을 때 카드사가 이용한도를 조정할 수 있어.
④ 영호 : 연회비 부과기간이 끝나기 이전에 카드를 중도 해지하는 경우에는 남은 기간에 해당하는 연회비를 카드사는 돌려줘야 해.

출제의도

주어진 약관의 내용을 읽고 그에 대한 상세 내용의 정보를 이해하는 능력을 측정하는 문항이다.

해 설

② 부정사용에 대해 고객의 과실이 있으면 회원이 그 책임의 전부 또는 일부를 부담할 수 있다.

답 ②

② **문서의 종류**

    ㉠ **공문서** : 정부기관에서 공무를 집행하기 위해 작성하는 문서로, 단체 또는 일반회사에서 정부기관을 상대로 사업을 진행할 때 작성하는 문서도 포함된다. 엄격한 규격과 양식이 특징이다.

    ㉡ **기획서** : 아이디어를 바탕으로 기획한 프로젝트에 대해 상대방에게 전달하여 시행하도록 설득하는 문서이다.

    ㉢ **기안서** : 업무에 대한 협조를 구하거나 의견을 전달할 때 작성하는 사내 공문서이다.

    ㉣ **보고서** : 특정한 업무에 관한 현황이나 진행 상황, 연구·검토 결과 등을 보고하고자 할 때 작성하는 문서이다.

    ㉤ **설명서** : 상품의 특성이나 작동 방법 등을 소비자에게 설명하기 위해 작성하는 문서이다.

    ㉥ **보도자료** : 정부기관이나 기업체 등이 언론을 상대로 자신들의 정보를 기사화 되도록 하기 위해 보내는 자료이다.

    ㉦ **자기소개서** : 개인이 자신의 성장과정이나, 입사 동기, 포부 등에 대해 구체적으로 기술하여 자신을 소개하는 문서이다.

    ㉧ **비즈니스 레터(E-mail)** : 사업상의 이유로 고객에게 보내는 편지다.

    ㉨ **비즈니스 메모** : 업무상 확인해야 할 일을 메모형식으로 작성하여 전달하는 글이다.

③ **문서이해의 절차** … 문서의 목적 이해→문서 작성 배경·주제 파악→정보 확인 및 현안문제 파악→문서 작성자의 의도 파악 및 자신에게 요구되는 행동 분석→목적 달성을 위해 취해야 할 행동 고려→문서 작성자의 의도를 도표나 그림 등으로 요약·정리

(2) 문서작성능력

① 작성되는 문서에는 대상과 목적, 시기, 기대효과 등이 포함되어야 한다.

② **문서작성의 구성요소**

    ㉠ 짜임새 있는 골격, 이해하기 쉬운 구조

    ㉡ 객관적이고 논리적인 내용

    ㉢ 명료하고 설득력 있는 문장

    ㉣ 세련되고 인상적인 레이아웃

다음은 들은 내용을 구조적으로 정리하는 방법이다. 순서에 맞게 배열하면?

> ㉠ 관련 있는 내용끼리 묶는다.
> ㉡ 묶은 내용에 적절한 이름을 붙인다.
> ㉢ 전체 내용을 이해하기 쉽게 구조화한다.
> ㉣ 중복된 내용이나 덜 중요한 내용을 삭제한다.

① ㉠㉡㉢㉣   ② ㉠㉡㉣㉢
③ ㉡㉠㉢㉣   ④ ㉡㉠㉣㉢

음성정보는 문자정보와는 달리 쉽게 잊혀 지기 때문에 음성정보를 구조화 시키는 방법을 묻는 문항이다.

내용을 구조적으로 정리하는 방법은 '㉠ 관련 있는 내용끼리 묶는다. → ㉡ 묶은 내용에 적절한 이름을 붙인다. → ㉣ 중복된 내용이나 덜 중요한 내용을 삭제한다. → ㉢ 전체 내용을 이해하기 쉽게 구조화한다.'가 적절하다.

답 ②

③ 문서의 종류에 따른 작성방법

　㉠ 공문서

- 육하원칙이 드러나도록 써야 한다.
- 날짜는 반드시 연도와 월, 일을 함께 언급하며, 날짜 다음에 괄호를 사용할 때는 마침표를 찍지 않는다.
- 대외문서이며, 장기간 보관되기 때문에 정확하게 기술해야 한다.
- 내용이 복잡할 경우 '−다음−', '−아래−'와 같은 항목을 만들어 구분한다.
- 한 장에 담아내는 것을 원칙으로 하며, 마지막엔 반드시 '끝'자로 마무리 한다.

　㉡ 설명서

- 정확하고 간결하게 작성한다.
- 이해하기 어려운 전문용어의 사용은 삼가고, 복잡한 내용은 도표화 한다.
- 명령문보다는 평서문을 사용하고, 동어 반복보다는 다양한 표현을 구사하는 것이 바람직하다.

　㉢ 기획서

- 상대를 설득하여 기획서가 채택되는 것이 목적이므로 상대가 요구하는 것이 무엇인지 고려하여 작성하며, 기획의 핵심을 잘 전달하였는지 확인한다.
- 분량이 많을 경우 전체 내용을 한눈에 파악할 수 있도록 목차구성을 신중히 한다.
- 효과적인 내용 전달을 위한 표나 그래프를 적절히 활용하고 산뜻한 느낌을 줄 수 있도록 한다.
- 인용한 자료의 출처 및 내용이 정확해야 하며 제출 전 충분히 검토한다.

ㄹ 보고서

- 도출하고자 한 핵심내용을 구체적이고 간결하게 작성한다.
- 내용이 복잡할 경우 도표나 그림을 활용하고, 참고자료는 정확하게 제시한다.
- 제출하기 전에 최종점검을 하며 질의를 받을 것에 대비한다.

예제 3

다음 중 공문서 작성에 대한 설명으로 가장 적절하지 못한 것은?

① 공문서나 유가증권 등에 금액을 표시할 때에는 한글로 기재하고 그 옆에 괄호를 넣어 숫자로 표기한다.
② 날짜는 숫자로 표기하되 년, 월, 일의 글자는 생략하고 그 자리에 온점(.)을 찍어 표시한다.
③ 첨부물이 있는 경우에는 붙임 표시문 끝에 1자 띄우고 "끝."이라고 표시한다.
④ 공문서의 본문이 끝났을 경우에는 1자를 띄우고 "끝."이라고 표시한다.

---

④ 문서작성의 원칙

ㄱ 문장은 짧고 간결하게 작성한다(간결체 사용).
ㄴ 상대방이 이해하기 쉽게 쓴다.
ㄷ 불필요한 한자의 사용을 자제한다.
ㄹ 문장은 긍정문의 형식을 사용한다.
ㅁ 간단한 표제를 붙인다.
ㅂ 문서의 핵심내용을 먼저 쓰도록 한다(두괄식 구성).

⑤ 문서작성 시 주의사항

ㄱ 육하원칙에 의해 작성한다.
ㄴ 문서 작성시기가 중요하다.
ㄷ 한 사안은 한 장의 용지에 작성한다.
ㄹ 반드시 필요한 자료만 첨부한다.
ㅁ 금액, 수량, 일자 등은 기재에 정확성을 기한다.
ㅂ 경어나 단어사용 등 표현에 신경 쓴다.
ㅅ 문서작성 후 반드시 최종적으로 검토한다.

⑥ 효과적인 문서작성 요령

    ㉠ **내용이해** : 전달하고자 하는 내용과 핵심을 정확하게 이해해야 한다.

    ㉡ **목표설정** : 전달하고자 하는 목표를 분명하게 설정한다.

    ㉢ **구성** : 내용 전달 및 설득에 효과적인 구성과 형식을 고려한다.

    ㉣ **자료수집** : 목표를 뒷받침할 자료를 수집한다.

    ㉤ **핵심전달** : 단락별 핵심을 하위목차로 요약한다.

    ㉥ **대상파악** : 대상에 대한 이해와 분석을 통해 철저히 파악한다.

    ㉦ **보충설명** : 예상되는 질문을 정리하여 구체적인 답변을 준비한다.

    ㉧ **문서표현의 시각화** : 그래프, 그림, 사진 등을 적절히 사용하여 이해를 돕는다.

(3) 경청능력

① **경청의 중요성** : 경청은 다른 사람의 말을 주의 깊게 들으며 공감하는 능력으로 경청을 통해 상대방을 한 개인으로 존중하고 성실한 마음으로 대하게 되며, 상대방의 입장에 공감하고 이해하게 된다.

② **경청을 방해하는 습관** … 짐작하기, 대답할 말 준비하기, 걸러내기, 판단하기, 다른 생각하기, 조언하기, 언쟁하기, 옳아야만 하기, 슬쩍 넘어가기, 비위 맞추기 등

③ **효과적인 경청방법**

    ㉠ **준비하기** : 강연이나 프레젠테이션 이전에 나누어주는 자료를 읽어 미리 주제를 파악하고 등장하는 용어를 익혀둔다.

    ㉡ **주의 집중** : 말하는 사람의 모든 것에 집중해서 적극적으로 듣는다.

    ㉢ **예측하기** : 다음에 무엇을 말할 것인가를 추측하려고 노력한다.

    ㉣ **나와 관련짓기** : 상대방이 전달하고자 하는 메시지를 나의 경험과 관련지어 생각해 본다.

    ㉤ **질문하기** : 질문은 듣는 행위를 적극적으로 하게 만들고 집중력을 높인다.

    ㉥ **요약하기** : 주기적으로 상대방이 전달하려는 내용을 요약한다.

    ㉦ **반응하기** : 피드백을 통해 의사소통을 점검한다.

다음은 면접스터디 중 일어난 대화이다. 민아의 고민을 해소하기 위한 조언으로 가장 적절한 것은?

지섭 : 민아씨, 어디 아파요? 표정이 안 좋아 보여요.

민아 : 제가 원서 넣은 공단이 내일 면접이어서요. 그동안 스터디를 통해서 면접 연습을 많이 했는데도 벌써부터 긴장이 되네요.

지섭 : 민아씨는 자기 의견도 명확히 피력할 줄 알고 조리 있게 설명을 잘 하시 니 걱정 안하셔도 될 것 같아요. 아, 손에 꽉 쥐고 계신 건 뭔가요?

민아 : 아, 제가 예상 답변을 정리해서 모아둔거에요. 내용은 거의 외웠는데 이렇 게 쥐고 있지 않으면 불안해서

지섭 : 그 정도로 준비를 철저히 하셨으면 걱정할 이유 없을 것 같아요.

민아 : 그래도 압박면접이거나 예상치 못한 질문이 들어오면 어떻게 하죠?

지섭 : _____

---

① 시선을 적절히 처리하면서 부드러운 어투로 말하는 연습을 해보는 건 어때요?

② 공식적인 자리인 만큼 옷차림을 신경 쓰는 게 좋을 것 같아요.

③ 당황하지 말고 질문자의 의도를 잘 파악해서 침착하게 대답하면 되지 않을까요?

④ 예상 질문에 대한 답변을 좀 더 정확하게 외워보는 건 어떨까요?

출제의도

상대방이 하는 말을 듣고 질문 의도에 따라 올바르게 답하는 능력을 측정하는 문항 이다.

해 설

민아는 압박질문이나 예상치 못한 질문에 대해 걱정을 하고 있으므로 침착하게 대응 하라고 조언을 해주는 것이 좋다.

답 ③

(4) 의사표현능력

① 의사표현의 개념과 종류

㉠ **개념** : 화자가 자신의 생각과 감정을 청자에게 음성언어나 신체언어로 표현하는 행위이다.

㉡ **종류**

- **공식적 말하기** : 사전에 준비된 내용을 대중을 대상으로 말하는 것으로 연설, 토의, 토론 등이 있다.
- **의례적 말하기** : 사회·문화적 행사에서와 같이 절차에 따라 하는 말하기로 식사, 주례, 회의 등이 있다.
- **친교적 말하기** : 친근한 사람들 사이에서 자연스럽게 주고받는 대화 등을 말한다.

② 의사표현의 방해요인

㉠ **연단공포증** : 연단에 섰을 때 가슴이 두근거리거나 땀이 나고 얼굴이 달아오르는 등의 현상으로 충 분한 분석과 준비, 더 많은 말하기 기회 등을 통해 극복할 수 있다.

㉡ **말** : 말의 장단, 고저, 발음, 속도, 쉼 등을 포함한다.

㉢ **음성** : 목소리와 관련된 것으로 음색, 고저, 명료도, 완급 등을 의미한다.

㉣ **몸짓** : 비언어적 요소로 화자의 외모, 표정, 동작 등이다.

㉤ **유머** : 말하기 상황에 따른 적절한 유머를 구사할 수 있어야 한다.

③ 상황과 대상에 따른 의사표현법

 ㉠ **잘못을 지적할 때** : 모호한 표현을 삼가고 확실하게 지적하며, 당장 꾸짖고 있는 내용에만 한정한다.

 ㉡ **칭찬할 때** : 자칫 아부로 여겨질 수 있으므로 센스 있는 칭찬이 필요하다.

 ㉢ **부탁할 때** : 먼저 상대방의 사정을 듣고 응하기 쉽게 구체적으로 부탁하며 거절을 당해도 싫은 내색을 하지 않는다.

 ㉣ **요구를 거절할 때** : 먼저 사과하고 응해줄 수 없는 이유를 설명한다.

 ㉤ **명령할 때** : 강압적인 말투보다는 '○○을 이렇게 해주는 것이 어떻겠습니까?'와 같은 식으로 부드럽게 표현하는 것이 효과적이다.

 ㉥ **설득할 때** : 일방적으로 강요하기보다는 먼저 양보해서 이익을 공유하겠다는 의지를 보여주는 것이 좋다.

 ㉦ **충고할 때** : 충고는 가장 최후의 방법이다. 반드시 충고가 필요한 상황이라면 예화를 들어 비유적으로 깨우쳐주는 것이 바람직하다.

 ㉧ **질책할 때** : 샌드위치 화법(칭찬의 말 + 질책의 말 + 격려의 말)을 사용하여 청자의 반발을 최소화한다.

예제 5

당신은 팀장님께 업무 지시내용을 수행하고 결과물을 보고 드렸다. 하지만 팀장님께서는 "최대리 업무를 이렇게 처리하면 어떡하나? 누락된 부분이 있지 않은가."라고 말하였다. 이에 대해 당신이 행할 수 있는 가장 부적절한 대처 자세는?

① "죄송합니다. 제가 잘 모르는 부분이라 이수혁 과장님께 부탁을 했는데 과장님께서 실수를 하신 것 같습니다."

② "주의를 기울이지 못해 죄송합니다. 어느 부분을 수정보완하면 될까요?"

③ "지시하신 내용을 제가 충분히 이해하지 못하였습니다. 내용을 다시 한 번 여쭤보아도 되겠습니까?"

④ "부족한 내용을 보완하는 자료를 취합하기 위해서 하루정도가 더 소요될 것 같습니다. 언제까지 재작성하여 드리면 될까요?"

출제의도

상사가 잘못을 지적하는 상황에서 어떻게 대처해야 하는지를 묻는 문항이다.

해 설

상사가 부탁한 지시사항을 다른 사람에게 부탁하는 것은 옳지 못하며 설사 그렇다고 해도 그 일의 과오에 대해 책임을 전가하는 것은 지양해야 할 자세이다.

답 ①

④ 원활한 의사표현을 위한 지침

 ㉠ 올바른 화법을 위해 독서를 하라.

 ㉡ 좋은 청중이 되라.

 ㉢ 칭찬을 아끼지 마라.

 ㉣ 공감하고, 긍정적으로 보이게 하라.

 ㉤ 겸손은 최고의 미덕임을 잊지 마라.

 ㉥ 과감하게 공개하라.

 ㉦ 뒷말을 숨기지 마라.

 ㉧ 첫마디 말을 준비하라.

 ㉨ 이성과 감성의 조화를 꾀하라.

 ㉩ 대화의 룰을 지켜라.

 ㉪ 문장을 완전하게 말하라.

⑤ 설득력 있는 의사표현을 위한 지침

 ㉠ 'Yes'를 유도하여 미리 설득 분위기를 조성하라.

 ㉡ 대비 효과로 분발심을 불러 일으켜라.

 ㉢ 침묵을 지키는 사람의 참여도를 높여라.

 ㉣ 여운을 남기는 말로 상대방의 감정을 누그러뜨려라.

 ㉤ 하던 말을 갑자기 멈춤으로써 상대방의 주의를 끌어라.

 ㉥ 호칭을 바꿔서 심리적 간격을 좁혀라.

 ㉦ 끄집어 말하여 자존심을 건드려라.

 ㉧ 정보전달 공식을 이용하여 설득하라.

 ㉨ 상대방의 불평이 가져올 결과를 강조하라.

 ㉩ 권위 있는 사람의 말이나 작품을 인용하라.

 ㉪ 약점을 보여 주어 심리적 거리를 좁혀라.

 ㉫ 이상과 현실의 구체적 차이를 확인시켜라.

 ㉬ 자신의 잘못도 솔직하게 인정하라.

 ㉭ 집단의 요구를 거절하려면 개개인의 의견을 물어라.

 ⓐ 동조 심리를 이용하여 설득하라.

 ⓑ 지금까지의 노고를 치하한 뒤 새로운 요구를 하라.

 ⓒ 담당자가 대변자 역할을 하도록 하여 윗사람을 설득하게 하라.

 ⓓ 겉치레 양보로 기선을 제압하라.

 ⓔ 변명의 여지를 만들어 주고 설득하라.

 ⓕ 혼자 말하는 척하면서 상대의 잘못을 지적하라.

(5) 기초외국어능력

① **기초외국어능력의 개념과 필요성**

　　㉠ **개념** : 기초외국어능력은 외국어로 된 간단한 자료를 이해하거나, 외국인과의 전화응대와 간단한 대화 등 외국인의 의사표현을 이해하고, 자신의 의사를 기초외국어로 표현할 수 있는 능력이다.

　　㉡ **필요성** : 국제화·세계화 시대에 다른 나라와의 무역을 위해 우리의 언어가 아닌 국제적인 통용어를 사용하거나 그들의 언어로 의사소통을 해야 하는 경우가 생길 수 있다.

② **외국인과의 의사소통에서 피해야 할 행동**

　　㉠ 상대를 볼 때 흘겨보거나, 노려보거나, 아예 보지 않는 행동

　　㉡ 팔이나 다리를 꼬는 행동

　　㉢ 표정이 없는 것

　　㉣ 다리를 흔들거나 펜을 돌리는 행동

　　㉤ 맞장구를 치지 않거나 고개를 끄덕이지 않는 행동

　　㉥ 생각 없이 메모하는 행동

　　㉦ 자료만 들여다보는 행동

　　㉧ 바르지 못한 자세로 앉는 행동

　　㉨ 한숨, 하품, 신음소리를 내는 행동

　　㉩ 다른 일을 하며 듣는 행동

　　㉪ 상대방에게 이름이나 호칭을 어떻게 부를지 묻지 않고 마음대로 부르는 행동

③ **기초외국어능력 향상을 위한 공부법**

　　㉠ 외국어공부의 목적부터 정하라.

　　㉡ 매일 30분씩 눈과 손과 입에 밸 정도로 반복하라.

　　㉢ 실수를 두려워하지 말고 기회가 있을 때마다 외국어로 말하라.

　　㉣ 외국어 잡지나 원서와 친해져라.

　　㉤ 소홀해지지 않도록 라이벌을 정하고 공부하라.

　　㉥ 업무와 관련된 주요 용어의 외국어는 꼭 알아두자.

　　㉦ 출퇴근 시간에 외국어 방송을 보거나, 듣는 것만으로도 귀가 트인다.

　　㉧ 어린이가 단어를 배우듯 외국어 단어를 암기할 때 그림카드를 사용해 보라.

　　㉨ 가능하면 외국인 친구를 사귀고 대화를 자주 나눠 보라.

출제예상문제

┃1 ~ 2┃다음 글을 읽고 이어지는 물음에 답하시오.

4차 산업혁명이 문화예술에 영향을 끼치는 사회적 변화 요인으로는 급속한 고령화 사회와 1인 가구의 증가 등 인구구조의 변화와 문화 다양성 사회로의 진전, 디지털 네트워크의 발전 등을 들 수 있다. 이로 인해 문화예술 소비층이 시니어와 1인 중심으로 변화하고 있으며 문화 복지대상도 어린이, 장애인, 시니어로 확장되고 있다. 디지털기기 사용이 일상화 되면서 문화향유 범위도 이전의 음악, 미술, 공연 중심에서 모바일 창작과 게임, 놀이 등으로 점차 확대되고 특히 고령화가 심화됨에 따라 높은 문화적 욕구를 지닌 시니어 층이 새로운 기술에 관심을 보이고 자신들의 건강한 삶을 위해 테크놀로지 수용에 적극적인 모습을 보이면서 문화예술 향유 계층도 다양해질 전망이다. 유쾌함과 즐거움 중심의 일상적 여가는 스마트폰을 통한 스낵컬처적 여가활동이 중심이 되겠지만 지식과 경험을 획득하고 삶의 의미를 찾고 성취감을 느끼고 싶어 하는 진지한 여가에 대한 열망도도 점차 높아질 것으로 관측된다.

기술의 발전과 더불어 근로시간의 축소 등으로 여가시간이 늘어나면서 일과 여가의 균형을 맞추려는 워라밸(Work and Life Balance) 현상이 자리 잡아가고 있다. 문화관광연구원에서 실시한 국민인식조사에 따르면 기존에 문화여가를 즐기지 않던 사람들이 문화여가를 즐기기 시작하고 있다고 답한 비율이 약 47%로 나타난 것은 문화여가를 여가활동의 일부로 인식하는 국민수준이 높아지고 있다는 것을 보여준다. 또한, 경제적 수준이나 지식수준에 상관없이 문화예술 활동을 다양하게 즐기는 사람들이 많아지고 있다고 인식하는 비율이 38%로 나타났다. 이는 문화가 국민 모두가 향유해야 할 보편적 가치로 자리잡아가고 있다는 것을 말해 준다.

디지털·스마트 문화가 일상문화의 많은 부분을 차지하는 중요 요소로 자리 잡으면서 일상적 여가 뿐 아니라 콘텐츠 유통, 창작활동 등에 많은 변화를 가져오고 있다. 이러한 디지털 기기의 사용이 문화산업 분야에서는 소비자 및 향유자들의 적극적인 참여로 그 가능성에 주목하고 있으나, 순수문화예술 부분은 아직까지 홍보의 부차적 수단 정도로 활용되고 있어 기대감은 떨어지고 있다.

1 다음 중 윗글의 제목으로 가장 적절한 것은?

① 4차 산업혁명이 변화시킬 노인들의 삶

② 4차 산업혁명이 문화예술에 미치는 영향

③ 4차 산업혁명에 의해 나타나는 사회적 부작용

④ 순수문화예술과 디지털기기의 접목

✔해설 글의 첫 문장에서 4차 산업혁명이 문화예술에 미치는 영향은 어떤 것들이 있는지를 소개하였으며, 이어지는 내용은 모두 그러한 영향들에 대한 부연설명이라고 볼 수 있다. 후반부에서 언급된 문화여가와 디지털기기의 일상화 등에 대한 내용 역시 4차 산업혁명이 사회에 깊숙이 관여해 있는 모습을 보여준다는 점에서 문화예술에 미치는 4차 산업혁명의 영향을 뒷받침하는 것이라고 볼 수 있다.

① 노인들의 삶에 변화가 있을 것이라는 언급을 하고 있으나, 이는 글의 일부분에 해당하는 내용이므로 제목으로 선정할 수는 없다.

③ 4차 산업혁명에 의해 나타나는 사회적 부작용에 대하여 언급하지는 않았다.

④ 역시 글 전체를 포괄하는 제목으로는 부족한 내용을 언급하고 있다.

2 다음 중 윗글을 통해 알 수 있는 필자의 의견과 일치하지 않는 설명은?

① 4차 산업혁명은 문화의 다양성을 가져다 줄 것으로 기대된다.

② 디지털기기는 순수문화예술보다 문화산업 분야에 더 적극적인 변화를 일으키고 있다.

③ 4차 산업혁명으로 인해 문화를 향유하는 사회 계층이 다양해질 것이다.

④ 스마트폰의 보급으로 인해 내적이고 진지한 여가 시간에 대한 욕구는 줄어들 것이다.

✔해설 지식과 경험을 획득하고 삶의 의미를 찾고 성취감을 느끼고 싶어 하는 진지한 여가에 대한 열망도 점차 높아질 것으로 관측된다는 설명을 통해 내적이고 진지한 여가 시간에 대한 욕구가 줄어들 것이라는 것은 필자의 의견과 다른 것임을 알 수 있다.

① 필자는 4차 산업혁명의 영향으로 문화예술 활동을 다양하게 즐기는 사람들이 많아지고 있다는 언급을 하고 있다.

② 순수문화예술 부분에서는 스마트폰 등 디지털기기가 아직 홍보 수단 정도의 기능에 머물러 있다고 설명하였다.

③ 문화 자체의 다양성뿐 아니라 문화를 누리는 대상 층 역시 어린이, 장애인, 시니어 등으로 점차 다양화될 것을 전망하고 있다.

Answer 1.② 2.④

▌3 ~ 4▌ 다음 글을 읽고 이어지는 물음에 답하시오.

경쟁의 승리는 다른 사람의 재산권을 침탈하지 않으면서 이기는 경쟁자의 능력, 즉 경쟁력에 달려 있다. 공정경쟁에서 원하는 물건의 소유주로부터 선택을 받으려면 소유주가 원하는 대가를 치를 능력이 있어야 하고 남보다 먼저 신 자원을 개발하거나 신 발상을 창안하려면 역시 그렇게 해낼 능력을 갖추어야 한다. 다른 기업보다 더 좋은 품질의 제품을 더 값싸게 생산하는 기업은 시장경쟁에서 이긴다. 우수한 자질을 타고났고, 탐사 또는 연구개발에 더 많은 노력을 기울인 개인이나 기업은 새로운 자원이나 발상을 대체로 남보다 앞서서 찾아낸다.

개인의 능력은 천차만별인데, 그 차이는 타고나기도 하고 후천적 노력에 의해 결정되기도 한다. 능력이 후천적 노력만의 소산이라면 능력의 우수성에 따라 결정되는 경쟁 결과를 불공정하다고 불평하기는 어렵다. 그런데 능력의 많은 부분은 타고난 것이거나 부모에게서 직간접적으로 물려받은 유무형적 재산에 의한 것이다. 후천적 재능 습득에서도 그 성과는 보통 개발자가 타고난 자질에 따라 서로 다르다. 타고난 재능과 후천적 능력을 딱 부러지게 구분하기도 쉽지 않은 것이다.

어쨌든 내가 능력 개발에 소홀했던 탓에 경쟁에서 졌다면 패배를 승복해야 마땅하다. 그러나 순전히 타고난 불리함 때문에 불이익을 당했다면 억울함이 앞선다. 이 점을 내세워 타고난 재능으로 벌어들이는 소득은 그 재능 보유자의 몫으로 인정할 수 없다는 필자의 의견에 동의하는 학자도 많다. 자신의 재능을 발휘하여 경쟁에서 승리하였다 하더라도 해당 재능이 타고난 것이라면 승자의 몫이 온전히 재능 보유자의 것일 수 없고 마땅히 사회에 귀속되어야 한다는 말이다.

그런데 재능도 노동해야 발휘할 수 있으므로 재능 발휘를 유도하려면 그 노고를 적절히 보상해주어야 한다. 이론상으로는 재능 발휘로 벌어들인 수입에서 노고에 대한 보상만큼은 재능보유자의 소득으로 인정하고 나머지만 사회에 귀속시키면 된다.

3 윗글을 읽고 나눈 다음 대화의 ㉠~㉣ 중, 글의 내용에 따른 합리적인 의견 제기로 볼 수 없는 것은 어느 것인가?

> A : "타고난 재능과 후천적 노력에 대하여 어떻게 보아야 할지에 대한 필자의 의견이 담겨 있는 글입니다."
>
> B : "맞아요. 앞으로는 ㉠ 선천적인 재능에 대한 경쟁이 더욱 치열해질 것 같습니다."
>
> A : "그런데 우리가 좀 더 확인해야 할 것은, ㉡ 과연 얼마만큼의 보상이 재능 발휘 노동의 제공에 대한 몫이냐 하는 점입니다."
>
> B : "그와 함께, ㉢ 얻어진 결과물에서 어떻게 선천적 재능에 의한 부분을 구별해낼 수 있을까에 대한 물음 또한 과제로 남아 있다고 볼 수 있겠죠."
>
> A : "그뿐이 아닙니다. ㉣ 타고난 재능이 어떤 방식으로 사회에 귀속되어야 공정한 것인지, 특별나게 열심히 재능을 발휘할 유인은 어떻게 찾을 수 있을지에 대한 고민도 함께 이루어져야 하겠죠."

① ㉠

② ㉡

③ ㉢

④ ㉣

✔해설 타고난 재능은 인정하지 않고 재능을 발휘한 노동의 부분에 대해서만 그 소득을 인정하게 된다면 특별나게 열심히 재능을 발휘할 유인을 찾기 어려워 결국 그 재능은 상당 부분 사장되고 말 것이다. 따라서 이러한 사회에서 ㉠과 같이 선천적 재능 경쟁이 치열해진다고 보는 의견은 글의 내용에 따른 논리적인 의견 제기로 볼 수 없다.

4 윗글에서 필자가 주장하는 내용과 견해가 다른 것은?

① 경쟁에서 승리하기 위해서는 능력이 필요하다.

② 능력에 의한 경쟁 결과가 불공정하다고 불평할 수 없다.

③ 선천적인 능력이 우수한 사람은 경쟁에서 이길 수 있는 확률이 높다.

④ 후천적인 능력이 모자란 결과에 대해서는 승복해야 한다.

✔해설 필자가 언급하는 '능력'은 선천적인 것과 후천적인 것이 있다고 말하고 있으며, 후천적인 능력에 따른 결과에는 승복해야 하지만 선천적인 능력에 따른 결과에 대해서는 일정 부분 사회에 환원하는 것이 마땅하다는 것이 필자의 주장이다. 따라서 능력에 의한 경쟁 결과가 반드시 불평의 여지가 없이 공정하다고만은 볼 수 없다는 것이 필자의 견해라고 할 수 있다.

Answer 3.① 4.②

5 다음은 정보공개제도에 대하여 설명하고 있는 글이다. 이 글의 내용을 제대로 이해하지 못한 것은?

☞ **정보공개란?**

「정보공개제도」란 공공기관이 직무상 작성 또는 취득하여 관리하고 있는 정보를 수요자인 국민의 청구에 의하여 열람·사본·복제 등의 형태로 청구인에게 공개하거나 공공기관이 자발적으로 또는 법령 등의 규정에 의하여 의무적으로 보유하고 있는 정보를 배포 또는 공표 등의 형태로 제공하는 제도를 말한다. 전자를 「청구공개」라 한다면, 후자는 「정보제공」이라 할 수 있다.

☞ **정보공개 청구권자**

대한민국 모든 국민, 외국인(법인, 단체 포함)
- 국내에 일정한 주소를 두고 거주하는 자, 국내에 사무소를 두고 있는 법인 또는 단체
- 학술·연구를 위하여 일시적으로 체류하는 자

☞ **공개 대상 정보**

공공기관이 직무상 또는 취득하여 관리하고 있는 문서(전자문서를 포함), 도면, 사진, 필름, 테이프, 슬라이드 및 그 밖에 이에 준하는 매체 등에 기록된 사항

☞ **공개 대상 정보에 해당되지 않는 예**(행정안전부 유권해석)
- 업무 참고자료로 활용하기 위해 비공식적으로 수집한 통계자료
- 결재 또는 공람절차 완료 등 공식적 형식 요건 결여한 정보
- 관보, 신문, 잡지 등 불특정 다수인에게 판매 및 홍보를 목적으로 발간된 정보
- 합법적으로 폐기된 정보
- 보유·관리하는 정보만이 대상이므로 공공기관은 정보를 새로 작성(생성)하거나 취득하여 공개할 의무는 없음

☞ **비공개 정보**(공공기관의 정보공개에 관한 법률 제9조)
- 법령에 의해 비밀·비공개로 규정된 정보
- 국가안보·국방·통일·외교관계 등에 관한 사항으로 공개될 경우 국가의 중대한 이익을 해할 우려가 있다고 인정되는 정보
- 공개될 경우 국민의 생명·신체 및 재산의 보호에 현저한 지장을 초래할 우려가 있다고 인정되는 정보
- 진행 중인 재판에 관련된 정보와 범죄의 예방, 수사, 공소의 제기 등에 관한 사항으로서 공개될 경우 그 직무수행을 현저히 곤란하게 하거나 피고인의 공정한 재판을 받을 권리를 침해한다고 인정되는 정보
- 감사·감독·검사·시험·규제·입찰계약·기술개발·인사관리·의사결정과정 또는 내부검토과정에 있는 사항 등으로서 공개될 경우 업무의 공정한 수행이나 연구·개발에 현저한 지장을 초래한다고 인정되는 정보
- 당해 정보에 포함되어 있는 이름·주민등록번호 등 개인에 관한 사항으로서 공개될 경우 개인의 사생활의 비밀·자유를 침해할 수 있는 정보
- 법인·단체 또는 개인(이하 "법인 등"이라 한다)의 경영·영업상 비밀에 관한 사항으로서 공개될 경우 법인 등의 정당한 이익을 현저히 해할 우려가 있다고 인정되는 정보
- 공개될 경우 부동산 투기·매점매석 등으로 특정인에게 이익 또는 불이익을 줄 우려가 있다고 인정되는 정보

① 공공기관은 국민이 원하는 정보를 요청자의 요구에 맞추어 작성, 배포해 주어야 한다.

② 공공기관의 정보는 반드시 국민의 요구가 있어야만 공개하는 것은 아니다.

③ 공공의 이익에 저해가 된다고 판단되는 정보는 공개하지 않을 수 있다.

④ 공식 요건을 갖추지 않은 미완의 정보는 공개하지 않을 수 있다.

✔해설 '보유 · 관리하는 정보만이 대상이므로 공공기관은 정보를 새로 작성(생성)하거나 취득하여 공개할 의무는 없음'이라고 언급되어 있으므로 정보 요청자의 요구에 맞게 새로 작성하여 공개할 의무는 없다.

② 공공기관이 자발적, 의무적으로 공개하는 것을 '정보제공'이라고 하며 요청에 의한 공개를 '청구공개'라 한다.

③ 법에 의해 보호받는 비공개 정보가 언급되어 있다.

④ 결재 또는 공람절차 완료 등 공식적 형식 요건 결여한 정보는 공개 대상 정보가 아니다.

6 다음 글에서 제시한 '자유무역이 가져다주는 이득'과 거리가 먼 것은?

> 오늘날 세계경제의 개방화가 진전되면서 국제무역이 계속해서 크게 늘어나고 있다. 국가 간의 무역 규모는 수출과 수입을 합한 금액이 국민총소득(GNI)에서 차지하는 비율로 측정할 수 있다. 우리나라의 2014년 '수출입의 대 GNI 비율'은 99.5%로 미국이나 일본 등의 선진국과 비교할 때 매우 높은 편에 속한다.
>
> 그렇다면 국가 간의 무역은 왜 발생하는 것일까? 가까운 곳에서 먼저 예를 찾아보자. 어떤 사람이 복숭아를 제외한 여러 가지 과일을 재배하고 있다. 만약 이 사람이 복숭아가 먹고 싶을 때 이를 다른 사람에게서 사야만 한다. 이와 같은 맥락에서 나라 간의 무역도 부존자원의 유무와 양적 차이에서 일차적으로 발생할 수 있다. 헌데 이러한 무역을 통해 얻을 수 있는 이득이 크다면 왜 선진국에서조차 완전한 자유무역이 실행되고 있지 않을까? 세계 각국에 자유무역을 확대할 것을 주장하는 미국도 자국의 이익에 따라 관세 부과 등의 방법으로 무역에 개입하고 있는 실정이다. 그렇다면 비교우위에 따른 자유무역이 교역 당사국 모두에게 이익을 가져다준다는 것은 이상에 불과한 것일까?
>
> 세계 각국이 보호무역을 취하는 것은 무엇보다 자국 산업을 보호하기 위한 것이다. 비교우위가 없는 산업을 외국기업과의 경쟁으로부터 어느 정도의 경쟁력을 갖출 때까지 일정 기간 보호하려는 데 그 목적이 있는 것이다.
>
> 우리나라의 경우 쌀 농업에서 특히 보호주의가 강력히 주장되고 있다. 우리의 주식인 쌀을 생산하는 농업이 비교우위가 없다고 해서 쌀을 모두 외국에서 수입한다면 식량안보 차원에서 문제가 될 수 있으므로 국내 농사를 전면적으로 포기할 수 없다는 논리이다.
>
> 교역 당사국 각자는 비교우위가 있는 재화의 생산에 특화해서 자유무역을 통해 서로 교환할 경우 기본적으로 거래의 이득을 보게 된다. 자유무역은 이러한 경제적 잉여의 증가 이외에 다음과 같은 측면에서도 이득을 가져다준다.

① 각국 소비자들에게 다양한 소비 기회를 제공한다.

② 비교우위에 있는 재화의 수출을 통한 규모의 경제를 이루어 생산비를 절감할 수 있다.

③ 비교우위에 의한 자유무역의 이득은 결국 한 나라 내의 모든 경제주체가 누리게 된다.

④ 경쟁을 활성화하여 경제 전체의 후생 수준을 높일 수 있다.

> ✔해설 비교우위에 의한 자유무역의 이득은 한 나라 내의 모든 경제주체가 혜택을 본다는 것을 뜻하지 않는다. 자유무역의 결과 어느 나라가 특정 재화를 수입하게 되면, 소비자는 보다 싼 가격으로 이 재화를 사용할 수 있게 되므로 이득을 보지만 이 재화의 국내 생산자는 손실을 입게 된다.
> ① 동일한 종류의 재화라 하더라도 나라마다 독특한 특색이 있게 마련이다. 따라서 자유무역은 각국 소비자들에게 다양한 소비 기회를 제공한다.
> ② 어느 나라가 비교우위가 있는 재화를 수출하게 되면 이 재화의 생산량은 세계시장을 상대로 크게 늘어난다. 이 경우 규모의 경제를 통해 생산비를 절감할 수 있게 된다.
> ④ 독과점의 폐해를 방지하려면 진입장벽을 없애 경쟁을 촉진하여야 한다. 따라서 자유무역은 경쟁을 활성화하여 경제 전체의 후생 수준을 높일 수 있다.

7 다음 글의 이후에 이어질 만한 내용으로 가장 거리가 먼 것은?

> 철도교통의 핵심 기능인 정거장의 위치 및 역간 거리는 노선, 열차평균속도, 수요, 운송수입 등에 가장 큰 영향을 미치는 요소로 고속화, 기존선 개량 및 신선 건설시 주요 논의의 대상이 되고 있으며, 과다한 정차역은 사업비를 증가시켜 철도투자를 저해하는 주요 요인으로 작용하고 있다.
> 한편, 우리나라의 평균 역간거리는 고속철도 46km, 일반철도 6.7km, 광역철도 2.1km로 이는 외국에 비해 59 ~ 84% 짧은 수준이다. 경부고속철도의 경우 천안·아산역 ~ 오송역이 28.7km, 신경주역 ~ 울산역이 29.6km 떨어져 있는 등 1990년 기본계획 수립 이후 오송, 김천·구미, 신경주, 울산역 등 다수의 역 신설로 인해 운행 속도가 저하되어 표정속도가 선진국의 78% 수준이며, 경부선을 제외한 일반철도의 경우에도 표정속도가 45 ~ 60km/h 수준으로 운행함에 따라 타 교통수단 대비 속도경쟁력이 저하된 실정이다. 또한, 추가역 신설에 따른 역간 거리 단축으로 인해 건설비 및 운영비의 대폭 증가도 불가피한 바, 경부고속철도의 경우 오송역 등 4개 역 신설로 인한 추가 건설비는 약 5,000억 원에 달한다. 운행시간도 당초 서울 ~ 부산 간 1시간 56분에서 2시간 18분으로 22분 지연되었으며, 역 추가 신설에 따른 선로분기기, 전환기, 신호기 등 시설물이 추가로 설치됨에 따라 유지보수비 증가 등 과잉 시설의 한 요인으로 작용했다. 이러한 역간 거리와 관련하여 도시철도의 경우 도시철도건설규칙에서 정거장 간 거리를 1km 이상으로 규정함으로써 표준 역간거리를 제시하고 있으나, 고속철도, 일반철도 및 광역철도의 정거장 위치와 역간 거리는 교통수요, 정거장 접근거리, 운행속도, 여객 및 화물열차 운행방법, 정거장 건설 및 운영비용, 선로용량 등 단일 차량과 단일 정차패턴이 기본인 도시철도에 비해 복잡한 변수를 내포함으로써 표준안을 제시하기가 용이하지 않았으며 관련 연구가 매우 부족한 상황이다.

① 외국인 노선별 역간 거리 비교
② 역간 거리가 철도 운행 사업자에게 미치는 영향 분석
③ 역간 거리 연장을 어렵게 하는 사회적인 요인 파악
④ 역세권 개발과 부동산 시장과의 상호 보완요인 파악

> ✔**해설** 필자는 현재 우리나라의 역간 거리가 타 비교대상에 비해 짧게 형성되어 있어 운행 속도 저하에 따른 속도경쟁력 약화를 문제점으로 지적하고 있다. 따라서 역간 거리가 현행보다 길어야 한다는 주장을 뒷받침할 수 있는 선택지 ① ~ ④와 같은 내용을 언급할 것으로 예상할 수 있다. 다만, 역세권 문제나 부동산 시장과의 연계성 등은 주제와의 관련성이 있다고 볼 수 없다.

Answer   6.③ 7.④

8 다음 글을 읽고 화자의 견해로 미루어 짐작할 수 있는 것은?

> 신화를 문학의 하나로 보는 장르론적 사유(思惟)에서 벗어나 담론적 실천으로 바라보는 시각에서 신화는 그것과 연루된 인지와 행위를 다른 어떤 담론보다도 적극적으로 호명하는 장치를 갖고 있다. 다시 말해 신화가 있는 곳에 믿음이 있고 행위가 있으며, 이는 곧 신화가 갖는 강력한 지표성을 말해준다. 이러한 지표성으로 인해 우리는 신화가 우리의 삶에 미치는 직접적인 영향을 더욱 생생하게 경험할 수 있게 된다. 그러나 신화의 지표성은 신화를 개념화하는 것을 더욱 어렵게 만든다.
>
> 개념이 확정되는 것은 그것이 의미체계 어딘가에 제자리를 잡는 것을 말한다. 확고한 의미체계로 이루어진 담론이 그것과 지표적으로 연루된 현실의 간섭을 받는다면 그러한 세계는 그 확고함을 유지하기가 어려울 것이다. 신화의 개념은 그것이 갖는 지표성으로 인해 의미체계 안에서 늘 불안정한 위상을 갖는다. 그 때문에 신화는 강력한 담론이면서도 늘 해체의 위험에 노출되어 있다. 신화의 해체는 다음의 두 가지로 나타난다고 정리할 수 있을 것이다.
>
> 먼저, 신화는 탈신화적 해체에 노출된다. 이를 뮈토스(Mythos, 신화 체계)와 로고스(Logos, 이성 체계) 간에 이루어지는 상호작용으로 파악할 수 있다. 즉, 신화에 내포된 믿음은 맹목적인 것이지만, 신화는 그것을 합리적인 것으로 위장한다. 혹은 탈신화를 통해 얻어진 합리성이라 하더라도, 그것이 어느 순간 맹목적인 믿음의 모습으로 돌변하기도 한다. 그러므로 신화는 늘 명사가 아닌 동사의 모습으로 나타난다. 언제나 이러한 해체의 역동적인 움직임이 수반되기에 신화는 '신화함'이거나 '신화됨'으로 나타나는 것이다. 아울러 그러한 움직임에 대한 반작용을 필연적으로 함의한 역설적 동사인 것이다.
>
> 다음으로, 신화는 사유(思惟)의 한 형태로 문학이나 언어의 경계를 넘어서 존재한다. 기호 작용이라 규정됨으로써 그것은 존재론적이면서 인식론적인 모든 현상에 골고루 침투한다. 신화가 없는 곳은 문화가 없는 곳이고 인간이 없는 곳이다. 한마디로 신화는 필연적인 것이다.
>
> 신화의 이러한 특성 때문에 신화는 더욱 위험하고, 잠재적이며 때로는 무의식적인 것처럼 보인다. 그러나 바로 이 때문에 우리는 신화를 더욱 노출시키고, 실재화시키며, 의식화시킬 필요가 있다. 이것이 앞서 말한 탈신화일 터인데, 그러한 사유는 우리의 문화를 맹목으로 얼룩진 부패한 모습이 아닌 활발한 모습으로 숙성된 발효한 모습으로 거듭나게 할 것이다.

① 신화는 기존의 차원을 넘어선 보다 깊이 있는 사색을 통해 거듭나야 한다.
② 신화는 문학 외의 다양한 예술적 차원에서 사유되어야 한다.
③ 문학은 신화를 담론적 시각으로 바라보는 하나의 수단이다.
④ 신화를 노출함으로써 저마다의 문화를 더욱 수용할 수 있게 된다.

> ✔ 해설 제시문에서 신화는 문학적 장르에 한정되어 있음을 지적하고 보다 다양한 사유를 통해 문화를 활발한 모습으로 거듭나게 할 수 있다.

9 다음 글의 문맥을 참고할 때, 빈 칸에 들어갈 단어로 가장 적절한 것은?

> 최근 과학기술 평준화 시대에 접어들며 의약품과 의료기술 성장은 인구 구조의 고령화를 촉진하여 노인인구의 급증은 치매를 포함한 신경계 질환 (   ) 증가에 영향을 주고 있다. 따라서 질병 치료 이후의 재활, 입원 기간 동안의 삶의 질 등 노년층의 건강한 생활에 대한 사회적 관심이 증가되고 있다. 사회적 통합 기능이 특징인 음악은 사람의 감정과 기분에 강한 영향을 주는 매체로 단순한 생활 소음과는 차별되어 아동기, 청소년기의 음악교과 활동뿐만 아니라 다양한 임상 분야와 심리치료 현장에서 활용되고 있다. 일반적으로 부정적 심리상태를 안정시키는 역할로 사용되던 음악은 최근 들어 구체적인 인체 부위의 생리적 기전(Physiological Mechanisms)에 미치는 효과에 관심을 갖게 되었다.

① 유병률

② 전염률

③ 발병률

④ 점유율

✓해설 문맥으로 보아 전염률, 점유율, 질병률은 전혀 관계가 없다. 유병률과 발병률은 다른 의미이며, 이 차이를 구분하는 것이 문제 해결의 관건이 될 수 있다. 유병률은 전체 인구 중 특정한 장애나 질병 또는 심리신체적 상태를 지니고 있는 사람들의 분율로서, 어느 시점 또는 어느 기간에 해당 장애나 질병, 심리신체적 상태를 지니고 있는 사람의 수를 전체 인구 수로 나누어 계산한다. 유병률은 이전부터 해당 장애가 있었든 아니면 해당 장애가 새로 생겼든 간에 현재 그 장애를 앓고 있는 모든 사람을 뜻하는 반면, 발병률 또는 발생률(incidence rate 또는 incidence)은 일정 기간 동안에 모집단 내에서 특정 질병을 새롭게 지니게 된 사람의 분율을 뜻한다. 유병은 집단 내의 개체 간 차이를 반영하는 현상이라는 점에서 발생과 구별된다. 발생은 한 개체 내에서 일어난 특정 상태의 변화를 말한다.

10 다음 글의 문맥으로 보아 밑줄 친 단어의 쓰임이 올바른 것은?

우리나라의 저임금근로자가 소규모사업체 또는 자영업자에게 많이 고용되어 있기 때문에 최저임금의 급하고 과도한 인상은 많은 자영업자의 추가적인 인건비 인상을 ㉠<u>표출할</u> 것이다. 이것은 최저임금위원회의 심의 과정에서 지속적으로 논의된 사안이며 ㉡<u>급박한</u> 최저임금 인상에 대한 가장 강력한 반대 논리이기도 하다. 아마도 정부가 최저임금 결정 직후에 매우 포괄적인 자영업 지원 대책을 발표한 이유도 이것 때문으로 보인다. 정부의 대책에는 기존의 자영업 지원대책을 비롯하여 1차 분배를 개선하기 위한 장·단기적인 대책과 단기적 충격 완화를 위한 현금지원까지 포함되어 있다. 현금지원의 1차적인 목적은 자영업자 보호이지만 최저임금제도가 근로자 보호를 위한 제도이기 때문에 궁극적인 목적은 근로자의 고용 안정 도모이다. 현금지원에 고용안정자금이라는 꼬리표가 달린 이유도 이 때문일 것이다.

정부의 현금지원 발표 이후 이에 대한 비판이 쏟아졌다. 비판의 요지는 자영업자에게 최저임금 인상으로 인한 추가적인 인건비 부담을 현금으로 지원할거면 최저임금을 덜 올리고 현금지원 예산으로 근로 장려세제를 ㉢<u>축소하면</u> 되지 않느냐는 것이다. 그러나 이는 두 정책의 대상을 ㉣<u>혼동하기</u> 때문에 제기되는 주장이라고 판단된다. 최저임금은 1차 분배 단계에서 임금근로자를 보호하기 위한 제도적 틀이고 근로 장려세제는 취업의 의지가 낮은 노동자의 노동시장 참여를 유보하기 위해 고안된 사회부조(2차 분배)라는 점을 기억해야 할 것이다. 물론 현실적으로 두 정책의 적절한 조합이 필요할 것이다.

① ㉠

② ㉡

③ ㉢

④ ㉣

✔해설 '구별하지 못하고 뒤섞어서 생각함'을 이르는 '혼동'은 올바르게 사용된 단어이며, '혼돈'으로 잘못 쓰지 않도록 주의한다.
　① 최저임금 인상이 자영업자의 추가적인 인건비 인상을 발생시키는 원인이 된다는 내용이므로 '표출'이 아닌 '초래'하는 것이라고 표현해야 한다.
　② 앞의 내용으로 보아 급하고 과도한 최저임금인상에 대한 수식어가 될 것이므로 '급격한'이 올바른 표현이다.
　③ 최저임금인상 대신 그만큼에 해당하는 근로 장려세제를 '확대'하는 것의 의미를 갖는 문장이다.

11 다음 글의 중심 화제로 적절한 것은?

> 전통은 물론 과거로부터 이어 온 것을 말한다. 이 전통은 대체로 그 사회 및 그 사회의 구성원인 개인의 몸에 배어 있는 것이다. 그러므로 스스로 깨닫지 못하는 사이에 전통은 우리의 현실에 작용하는 경우가 있다. 그러나 과거에서 이어 온 것을 무턱대고 모두 전통이라고 한다면, 인습이라는 것과의 구별이 서지 않을 것이다. 우리는 인습을 버려야 할 것이라고는 생각하지만, 계승해야 할 것이라고는 생각하지 않는다. 여기서 우리는, 과거에서 이어 온 것을 객관화하고, 이를 비판하는 입장에 서야 할 필요를 느끼게 된다. 그 비판을 통해서 현재의 문화 창조에 이바지할 수 있다고 생각되는 것만을 우리는 전통이라고 불러야 할 것이다. 이같이, 전통은 인습과 구별될뿐더러, 또 단순한 유물과도 구별되어야 한다. 현재의 문화를 창조하는 일과 관계가 없는 것을 우리는 문화적 전통이라고 부를 수가 없기 때문이다.

① 전통의 본질
② 인습의 종류
③ 문화 창조의 본질
④ 외래 문화 수용 자세

✔해설 전통은 과거로부터 이어온 것 중 현재의 문화 창조에 이바지할 수 있는 것만을 말한다. 인습이나 유물은 현재 문화 창조에 이바지할 수 없으므로 전통과는 구별되어야 한다는 것이 글의 중심 내용이다.

12 다음 글에 대한 내용으로 가장 적절하지 않은 것은?

> 지속되는 불황 속에서도 남 몰래 웃음 짓는 주식들이 있다. 판매단가는 저렴하지만 시장점유율을 늘려 돈을 버는 이른바 '박리다매', '저가 실속형' 전략을 구사하는 종목들이다. 대표적인 종목은 중저가 스마트폰 제조업체에 부품을 납품하는 업체이다. A증권에 따르면 전 세계적으로 200달러 이하 중저가 스마트폰이 전체 스마트폰 시장에서 차지하는 비중은 2015년 11월 35%에서 지난 달 46%로 급증했다. 세계 스마트폰 시장 1등인 B전자도 최근 스마트폰 판매량 가운데 40% 가량이 중저가 폰으로 분류된다. 중저가용에 집중한 중국 C사와 D사의 2분기 세계 스마트폰 시장점유율은 전 분기 대비 각각 43%, 23%나 증가해 B전자나 E전자 10%대 초반 증가율보다 월등히 앞섰다. 이에 따라 국내외 스마트폰 업체에 중저가용 부품을 많이 납품하는 F사, G사, H사, I사 등이 조명 받고 있다.
>
> 주가가 바닥을 모르고 내려간 대형 항공주와는 대조적으로 저가항공주 주가는 최근 가파른 상승세를 보였다. J항공을 보유한 K사는 최근 두 달 새 56% 상승세를 보였다. 같은 기간 L항공을 소유한 M사 주가도 25% 가량 올랐다. 저가항공사 점유율 상승이 주가 상승으로 이어지는 것으로 보인다. 국내선에서 저가항공사 점유율은 2012년 23.5%에서 지난 달 31.4%까지 계속 상승해왔다. 홍길동 ○○증권 리서치센터 장은 "글로벌 복합위기로 주요국에서 저성장·저투자 기조가 계속되는 데다 개인들은 부채 축소와 고령화에 대비해야 하기 때문에 소비를 늘릴 여력이 줄었다."며 "값싸면서도 멋지고 질도 좋은 제품이 계속 주목받을 것"이라고 말했다.

① '박리다매' 주식은 F사, G사, H사, I사의 주식이다.

② 저가항공사 점유율은 계속 상승세를 보이고 있는 반면 대형 항공주는 주가 하락세를 보였다.

③ 글로벌 복합위기와 개인들의 부채 축소, 고령화 대비에 따라 값싸고 질 좋은 제품이 주목받을 것이다.

④ B전자가 주력으로 판매하는 스마트폰이 중저가 폰에 해당한다.

> ✔**해설** B전자는 세계 스마트폰 시장 1등이며, 최근 중저가 폰의 판매량이 40% 나타났지만 B전자가 주력으로 판매하는 폰이 중저가 폰인지는 알 수 없다.

▌13 ~ 14 ▌다음 글을 논리적으로 바르게 배열한 것은?

13

> ㉠ 왜냐하면 현대예술이 주목하는 것들 또한 인간과 세계의 또 다른 본질적인 부분이기 때문이다. 실제로 이런 가능성은 다양한 분야에서 실현되고 있다.
>
> ㉡ 오늘날에는 다양한 미감(美感)들이 공존하고 있다. 일상 세계에서는 '가벼운 미감'이 향유되는가 하면, 다른 한편에서는 전통예술과는 매우 다른 현대예술의 반미학적 미감 또한 넓게 표출되고 있다. 그러면 이들 사이의 관계를 어떻게 받아들일 것인가
>
> ㉢ 오늘날 현대무용은 성립 시기에 배제했던 고전발레의 동작을 자기 속에 녹여 넣고 있으며, 현대 음악도 전통적 리듬과 박자를 받아들여 풍성한 표현 형식을 얻고 있다.
>
> ㉣ 먼저 순수예술의 미감에 대해서 생각해 보자. 현대예술은 의식보다는 무의식을, 필연보다는 우연을, 균제보다는 파격을, 인위성보다는 자연성을 내세운다. 따라서 얼핏 보면 전통예술과 현대예술은 서로 대립하는 것처럼 보이지만, 이 둘은 겉보기와는 달리 상호 보완의 가능성을 품고 있다.

① ㉠-㉡-㉢-㉣

② ㉡-㉢-㉠-㉣

③ ㉡-㉣-㉠-㉢

④ ㉢-㉠-㉡-㉣

✔해설 제시문을 가장 자연스럽게 배열하면 다음과 같다. ㉡ 다양한 미감들의 공존(화제 제시) → ㉣ 순수예술에서 현대예술과 전통예술의 상호보완 가능성 → ㉠ 현대예술과 전통예술이 상호보완 가능성을 품는 이유 → ㉢ 현대예술과 전통예술의 상호보완이 실현된 예

14

> ㉠ 오늘날까지 인류가 알아낸 지식은 한 개인이 한 평생 체험을 거듭할지라도 그 몇 만분의 일도 배우기 어려운 것이다.
>
> ㉡ 가령, 무서운 독성을 가진 콜레라균을 어떠한 개인이 먹어 보아서 그 성능을 증명하려 하면, 그 사람은 그 지식을 얻기 전에 벌써 죽어 버리고 말게 될 것이다.
>
> ㉢ 지식은 그 종류와 양이 무한하다.
>
> ㉣ 또 지식 중에는 체험으로써 배우기에는 너무 위험한 것도 많다.
>
> ㉤ 그러므로 체험만으로써 모든 지식을 얻으려는 것은 매우 졸렬한 방법일 뿐 아니라, 거의 불가능한 일이라 하겠다.

① ㉢ – ㉠ – ㉣ – ㉡ – ㉤

② ㉢ – ㉣ – ㉠ – ㉡ – ㉤

③ ㉠ – ㉢ – ㉡ – ㉤ – ㉣

④ ㉠ – ㉡ – ㉣ – ㉤ – ㉢

✔ 해설 제시문을 가장 자연스럽게 배열하면 다음과 같다. ㉢ 무한한 지식의 종류와 양→㉠ 인간이 얻을 수 있는 지식의 한계→㉣ 체험으로써 배우기 어려운 지식→㉡ 체험으로 배우기 위험한 지식의 예→㉤ 체험으로써 모든 지식을 얻기란 불가능함

15 다음 글에서 추론할 수 있는 내용만을 모두 고른 것은?

'도박사의 오류'라고 불리는 것은 특정 사건과 관련 없는 사건을 관련 있는 것으로 간주했을 때 발생하는 오류이다. 예를 들어, 주사위 세 개를 동시에 던지는 게임을 생각해 보자. 첫 번째 던지기 결과는 두 번째 던지기 결과에 어떤 영향도 미치지 않으며, 이런 의미에서 두 사건은 서로 상관이 없다. 마찬가지로 10번의 던지기에서 한 번도 6의 눈이 나오지 않았다는 것은 11번째 던지기에서 6의 눈이 나온다는 것과 아무런 상관이 없다. 그럼에도 불구하고, 우리는 "10번 던질 동안 한 번도 6의 눈이 나오지 않았으니, 이번 11번째 던지기에는 6의 눈이 나올 확률이 무척 높다."라고 말하는 경우를 종종 본다. 이런 오류를 '도박사의 오류 A'라고 하자. 이 오류는 지금까지 일어난 사건을 통해 미래에 일어날 특정 사건을 예측할 때 일어난다.

하지만 반대 방향도 가능하다. 즉, 지금 일어난 특정 사건을 바탕으로 과거를 추측하는 경우에도 오류가 발생한다. 다음 사례를 생각해보자. 당신은 친구의 집을 방문했다. 친구의 방에 들어가는 순간, 친구는 주사위 세 개를 던지고 있었으며 그 결과 세 개의 주사위에서 모두 6의 눈이 나왔다. 이를 본 당신은 "방금 6의 눈이 세 개가 나온 놀라운 사건이 일어났다는 것에 비춰볼 때, 내가 오기 전에 너는 주사위 던지기를 무척 많이 했음에 틀림없다."라고 말한다. 당신은 방금 놀라운 사건이 일어났다는 것을 바탕으로 당신 친구가 과거에 주사위 던지기를 많이 했다는 것을 추론한 것이다. 하지만 이것도 오류이다. 당신이 방문을 여는 순간 친구가 던진 주사위들에서 모두 6의 눈이 나올 확률은 매우 낮다. 하지만 이 사건은 당신 친구가 과거에 주사위 던지기를 많이 했다는 것에 영향을 받은 것이 아니다. 왜냐하면 문을 열었을 때 처음으로 주사위 던지기를 했을 경우에 문제의 사건이 일어날 확률과, 문을 열기 전 오랫동안 주사위 던지기를 했을 경우에 해당 사건이 일어날 확률은 동일하기 때문이다. 이 오류는 현재에 일어난 특정 사건을 통해 과거를 추측할 때 일어난다. 이를 '도박사의 오류 B'라고 하자.

ㄱ. 甲이 당첨 확률이 매우 낮은 복권을 구입했다는 사실로부터 그가 구입한 그 복권은 당첨되지 않을 것이라고 추론하는 것은 도박사의 오류 A이다.

ㄴ. 乙이 오늘 구입한 복권에 당첨되었다는 사실로부터 그가 오랫동안 꽤 많은 복권을 구입했을 것이라고 추론하는 것은 도박사의 오류 B이다.

ㄷ. 丙이 어제 구입한 복권에 당첨되었다는 사실로부터 그가 구입했던 그 복권의 당첨 확률이 매우 높았을 것이라고 추론하는 것은 도박사의 오류 A도 아니며 도박사의 오류 B도 아니다.

① ㄱ
② ㄴ
③ ㄱㄷ
④ ㄴㄷ

 해설 ㄱ 사건의 확률로 미래를 예측 → 도박사의 오류가 아니다.
ㄴ 도박사의 오류 B(확률이 낮은 사건이 일어난 것은 시행을 많이 해봤을 것이다)가 맞다.
ㄷ 도박사의 오류는 특정사건을 예측하거나 과거를 추측하는 문제이지 확률이 높고 낮음을 추론하는 것이 아니다. 도박사의 오류 A, B 둘 다 아니다.

Answer 14.① 15.④

16 다음은 「개인정보 보호법」과 관련한 사법 행위의 내용을 설명하는 글이다. 다음 글을 참고할 때, '공표' 조치에 대한 올바른 설명이 아닌 것은?

「개인정보 보호법」 위반과 관련한 행정처분의 종류에는 처분 강도에 따라 과태료, 과징금, 시정조치, 개선권고, 징계권고, 공표 등이 있다. 이 중, 공표는 행정질서 위반이 심하여 공공에 경종을 울릴 필요가 있는 경우 명단을 공표하여 사회적 낙인을 찍히게 함으로써 경각심을 주는 제재 수단이다.

「개인정보 보호법」 위반 행위가 은폐·조작, 과태료 1천만 원 이상, 유출 등 다음 7가지 공표기준에 해당하는 경우, 위반행위자, 위반 행위 내용, 행정처분 내용 및 결과를 포함하여 개인정보 보호위원회의 심의·의결을 거쳐 공표한다.

> ※ **공표기준**
> 1. 1회 과태료 부과 총 금액이 1천만 원 이상이거나 과징금 부과를 받은 경우
> 2. 유출·침해사고의 피해자 수가 10만 명 이상인 경우
> 3. 다른 위반 행위를 은폐·조작하기 위하여 위반한 경우
> 4. 유출·침해로 재산상 손실 등 2차 피해가 발생하였거나 불법적인 매매 또는 건강 정보 등 민감 정보의 침해로 사회적 비난이 높은 경우
> 5. 위반 행위 시점을 기준으로 위반 상태가 6개월 이상 지속된 경우
> 6. 행정처분 시점을 기준으로 최근 3년 내 과징금, 과태료 부과 또는 시정조치 명령을 2회 이상 받은 경우
> 7. 위반 행위 관련 검사 및 자료제출 요구 등을 거부·방해하거나 시정조치 명령을 이행하지 않음으로써 이에 대하여 과태료 부과를 받은 경우

공표절차는 과태료 및 과징금을 최종 처분할 때 ▲ 대상자에게 공표 사실을 사전 통보, ▲ 소명자료 또는 의견 수렴 후 개인정보보호위원회 송부, ▲ 개인정보보호위원회 심의·결, ▲ 홈페이지 공표 순으로 진행된다.

공표는 행정안전부장관의 처분 권한이지만 개인정보보호위원회의 심의·의결을 거치게 함으로써 「개인정보 보호법」 위반자에 대한 행정청의 제재가 자의적이지 않고 공정하게 행사되도록 조절해 주는 장치를 마련하였다.

① 공표는 「개인정보 보호법」 위반에 대한 가장 무거운 행정 조치이다.
② 행정안전부장관이 공표를 결정한다고 해서 반드시 최종 공표 조치가 취해져야 하는 것은 아니다.
③ 공표 조치가 내려진 대상자는 공표와 더불어 반드시 1천만 원 이상의 과태료를 납부하여야 한다.
④ 공표 조치를 받는 대상자는 사전에 이를 통보받게 된다.

해설 1천만 원 이상의 과태료가 내려지게 되면 공표 조치의 대상이 되나, 모든 공표 조치 대상자들이 과태료를 1천만 원 이상 납부해야 하는 것은 아니다. 과태료 금액에 의한 공표 대상자 이외에도 공표 대상에 포함될 경우가 있으므로 반드시 1천만 원 이상의 과태료가 공표 대상자에게 부과된다고 볼 수는 없다.

① 행정처분의 종류를 처분 강도에 따라 구분하였으며, 이에 따라 가장 무거운 조치가 공표인 것으로 판단할 수 있다.

② 제시글의 마지막 부분에서 언급하였듯이 개인정보보호위원회 심의·의결을 거쳐야 하므로 행정안전부장관의 결정이 최종적인 것이라고 단언할 수는 없다.

④ 과태료 또는 과징금 처분 시에 공표 사실을 대상자에게 사전 통보하게 된다.

17 다음 글을 순서대로 바르게 배열한 것은?

> ㉠ 적응의 과정은 북쪽의 문헌이나 신문을 본다든지 텔레비전, 라디오를 시청함으로써 이루어질 수 있는 극복의 원초적 단계이다.
>
> ㉡ 이질성의 극복을 위해서는 이질화의 원인을 밝히고 이를 바탕으로 해서 그것을 극복하는 단계로 나아가야 한다. 극복의 문제도 단계를 밟아야 한다. 일차적으로는 적응의 과정이 필요하다.
>
> ㉢ 남북의 언어가 이질화되었다고 하지만 사실은 그 분화의 연대가 아직 반세기에도 미치지 않았고 맞춤법과 같은 표기법은 원래 하나의 뿌리에서 갈라진 만큼 우리의 노력 여하에 따라서는 동질성의 회복이 생각 밖으로 쉬워질 수 있다.
>
> ㉣ 문제는 어휘의 이질화를 어떻게 극복할 것인가에 귀착된다. 우리가 먼저 밟아야 할 절차는 이질성과 동질성을 확인하는 일이다.

① ㉡ - ㉠ - ㉢ - ㉣

② ㉡ - ㉢ - ㉣ - ㉠

③ ㉢ - ㉣ - ㉡ - ㉠

④ ㉣ - ㉡ - ㉢ - ㉠

해설 ㉠은 적응의 과정을 ㉡은 이질성의 극복 방안, ㉢은 동질성 회복이 쉽다는 이야기로 ㉣은 이질화의 극복에 대한 문제 제기를 하고 있다. 그러므로 ㉢→㉣→㉡→㉠이 가장 자연스럽다.

18 다음은 T전자회사가 기획하고 있는 '전자제품 브랜드 인지도에 관한 설문조사'를 위하여 작성한 설문지의 표지 글이다. 다음 표지 글을 참고할 때, 설문조사의 항목에 포함되기에 가장 적절하지 않은 것은?

[전자제품 브랜드 인지도에 관한 설문조사]

안녕하세요? T전자회사 홍보팀입니다.

저희 T전자에서는 고객들에게 보다 나은 제품을 제공하기 위하여 전자제품 브랜드 인지도에 대한 고객 분들의 의견을 청취하고자 합니다. 전자제품 브랜드에 대한 여러분의 의견을 수렴하여 더 좋은 제품과 서비스를 공급하고자 하는 것이 이 설문조사의 목적입니다. 바쁘시더라도 잠시 시간을 내어 본 설문조사에 응해주시면 감사하겠습니다. 응답해 주신 사항에 대한 철저한 비밀 보장을 약속드립니다. 감사합니다.

T전자회사 홍보팀 담당자 홍길동
전화번호 : 1588－0000

① 귀하는 T전자회사의 브랜드인 'Think－U'를 알고 계십니까?

ㄱ 예   ㄴ 아니오

② 귀하가 주로 이용하는 전자제품은 어느 회사 제품입니까?

ㄱ T전자회사   ㄴ R전자회사   ㄷ M전자회사

③ 귀하에게 전자제품 브랜드 선택에 가장 큰 영향을 미치는 요인은 무엇입니까?

ㄱ 광고   ㄴ 지인 추천   ㄷ 기존 사용 제품   ㄹ 기타 (   )

④ 귀하가 일상생활에 가장 필수적이라고 생각하시는 전자제품은 무엇입니까?

ㄱ TV   ㄴ 통신기기   ㄷ 청소용품   ㄹ 주방용품

✔해설 설문조사지는 조사의 목적에 적합한 결과를 얻을 수 있는 문항으로 작성되어야 한다. 제시된 설문조사는 보다 나은 제품과 서비스 공급을 위하여 브랜드 인지도를 조사하는 것이 목적이므로, 자사 자사의 제품이 고객들에게 얼마나 인지되어 있는지, 어떻게 인지되었는지, 전자제품의 품목별 선호 브랜드가 동일한지 여부 등 인지도 관련 문항이 포함되어야 한다.
④ 특정 제품의 필요성을 묻고 있으므로 자사의 브랜드 인지도 제고와의 연관성이 낮아 설문조사 항목으로 가장 적절하지 않다.

19 다음 제시된 글의 내용과 일치하는 것을 모두 고른 것은?

유물(遺物)을 등록하기 위해서는 명칭을 붙인다. 이때 유물의 전반적인 내용을 알 수 있도록 하는 것이 바람직하다. 따라서 명칭에는 그 유물의 재료나 물질, 제작기법, 문양, 형태가 나타난다. 예를 들어 도자기에 청자상감운학문매병(靑瓷象嵌雲鶴文梅瓶)이라는 명칭이 붙여졌다면, '청자'는 재료를, '상감'은 제작기법은, '운학문'은 문양을, '매병'은 그 형태를 각각 나타낸 것이다. 이러한 방식으로 다른 유물에 대해서도 명칭을 붙이게 된다.

유물의 수량은 점(點)으로 계산한다. 작은 화살촉도 한 점이고 커다란 철불(鐵佛)도 한 점으로 처리한다. 유물의 파편이 여럿인 경우에는 일괄(一括)이라 이름 붙여 한 점으로 계산하면 된다. 귀걸이와 같이 쌍(雙)으로 된 것은 한 쌍으로, 하나인 경우에는 한 짝으로 하여 한 점으로 계산한다. 귀걸이 한 쌍은, 먼저 그 유물번호를 적고 그 뒤에 각각 (2-1), (2-2)로 적는다. 뚜껑이 있는 도자기나 토기도 한 점으로 계산하되, 번호를 매길 때는 귀걸이의 예와 같이 하면 된다.

유물을 등록할 때는 그 상태를 잘 기록해 둔다. 보존상태가 완전한 경우도 많지만, 일부가 손상된 유물도 많다. 예를 들어 유물의 어느 부분이 부서지거나 깨졌지만 그 파편이 남아 있는 상태를 파손(破損)이라고 하고, 파편이 없는 경우를 결손(缺損)이라고 표기한다. 그리고 파손된 것을 붙이거나 해서 손질했을 때 이를 수리(修理)라 하고, 결손된 부분을 모조해 원상태로 재현했을 때는 복원(復原)이라는 용어를 사용한다.

㉠ 도자기 뚜껑의 일부가 손상되어 파편이 떨어진 유물의 경우, 뚜껑은 파편과 일괄하여 한 점이지만 도자기 몸체와는 별개이므로 전체가 두 점으로 계산된다.

㉡ 조선시대 방패의 한 귀퉁이가 부서져나가 그 파편을 찾을 수 없다면, 수리가 아닌 복원의 대상이 된다.

㉢ 위 자료에 근거해 볼 때, 청자화훼당초문접시(靑瓷花卉唐草文皿)는 그 명칭에 비추어 청자상감운학문매병과 동일한 재료 및 문양을 사용하였으나, 그 제작기법과 형태에 있어서 서로 다른 것으로 추정된다.

㉣ 박물관이 소장하고 있는 한 쌍의 귀걸이 중 한 짝이 소실되는 경우에도 그 박물관 전체 유물의 수량이 줄어들지는 않을 것이다.

㉤ 일부가 결손된 철불의 파편이 어느 지방에서 발견되어 그 철불을 소장하던 박물관에서 함께 소장하게 된 경우, 그 박물관이 소장하는 전체 유물의 수량은 늘어난다.

① ㉠

② ㉡㉢

③ ㉡㉣

④ ㉠㉢㉤

✔해설 ㉠ 뚜껑과 도자기 몸체는 한 점으로 분류된다.
㉡ 파편을 찾을 수 없으면 결손이고 결손은 복원의 대상이 된다.
㉢ 재료만 동일하고 제작기법, 문양, 형태는 모두 다르다.
㉣ 한 쌍일 때도 한 점, 한 짝만 있을 때도 한 점으로 계산된다.
㉤ 파편이 발견되면 기존의 철불과 일괄로 한 점 처리된다.

Answer 18.④ 19.③

20 다음 글에서 추론할 수 있는 내용으로 옳은 것만을 고른 것은?

예술과 도덕의 관계, 더 구체적으로는 예술작품의 미적 가치와 도덕적 가치의 관계는 동서양을 막론하고 사상사의 중요한 주제들 중 하나이다. 그 관계에 대한 입장들로는 '극단적 도덕주의', '온건적 도덕주의', '자율성주의'가 있다. 이 입장들은 예술작품이 도덕적 가치판단의 대상이 될 수 있느냐는 물음에 각기 다른 대답을 한다.

극단적 도덕주의 입장은 모든 예술작품을 도덕적 가치판단의 대상으로 본다. 이 입장은 도덕적 가치를 가장 우선적인 가치이자 가장 포괄적인 가치로 본다. 따라서 모든 예술 작품은 도덕적 가치에 의해서 긍정적으로 또는 부정적으로 평가된다. 또한 도덕적 가치는 미적 가치를 비롯한 다른 가치들보다 우선한다. 이러한 입장을 대표하는 사람이 바로 톨스토이이다. 그는 인간의 형제애에 관한 정서를 전달함으로써 인류의 심정적 통합을 이루는 것이 예술의 핵심적 가치라고 보았다.

온건적 도덕주의는 오직 일부 예술작품만이 도덕적 판단의 대상이 된다고 보는 입장이다. 따라서 일부의 예술작품들에 대해서만 긍정적인 또는 부정적인 도덕적 가치판단이 가능하다고 본다. 이 입장에 따르면, 도덕적 판단의 대상이 되는 예술작품의 도덕적 가치와 미적 가치는 서로 독립적으로 성립하는 것이 아니다. 그것들은 서로 내적으로 연결되어 있기 때문에 어떤 예술작품이 가지는 도덕적 장점이 그 예술작품의 미적 장점이 된다. 또한 어떤 예술작품의 도덕적 결함은 그 예술작품의 미적 결함이 된다.

자율성주의는 어떠한 예술작품도 도덕적 가치판단의 대상이 될 수 없다고 보는 입장이다. 이 입장에 따르면, 도덕적 가치와 미적 가치는 서로 자율성을 유지한다. 즉, 도덕적 가치와 미적 가치는 각각 독립적인 영역에서 구현되고 서로 다른 기준에 의해 평가된다는 것이다. 결국 자율성주의는 예술작품에 대한 도덕적 가치판단을 범주착오에 해당하는 것으로 본다.

㉠ 자율성주의는 극단적 도덕주의와 온건한 도덕주의가 모두 범주착오를 범하고 있다고 볼 것이다.

㉡ 극단적 도덕주의는 모든 도덕적 가치가 예술작품을 통해 구현된다고 보지만 자율성주의는 그렇지 않을 것이다.

㉢ 온건한 도덕주의에서 도덕적 판단의 대상이 되는 예술작품들은 모두 극단적 도덕주의에서도 도덕적 판단의 대상이 될 것이다.

① ㉠   ② ㉡

③ ㉠㉢   ④ ㉡㉢

✅ **해설** ㉠ 자율성주의는 예술작품에 대한 도덕적 가치판단을 범주착오에 해당하는 것으로 보기 때문에 극단적 도덕주의와 온건적 도덕주의 모두를 범주착오로 본다.
㉡ 모든 도덕적 가치가 예술작품을 통해 구현된다는 말은 언급한 적이 없다.
㉢ 극단적 도덕주의는 모든 예술작품을, 온건적 도덕주의는 일부 예술작품을 도덕적 판단의 대상으로 본다.

21 다음에 설명된 '자연적'의 의미를 바르게 적용한 것은?

　　미덕은 자연적인 것이고 악덕은 자연적이지 않은 것이라는 주장보다 더 비철학적인 것은 없다. 자연이라는 단어가 다의적이기 때문이다. '자연적'이라는 말의 첫 번째 의미는 '기적적'인 것의 반대로서, 이런 의미에서는 미덕과 악덕 둘 다 자연적이다. 자연법칙에 위배되는 현상인 기적을 제외한 세상의 모든 사건이 자연적이다. 둘째로, '자연적'인 것은 '흔하고 일상적'인 것을 의미하기도 한다. 이런 의미에서 미덕은 아마도 가장 '비자연적'일 것이다. 적어도 흔하지 않다는 의미에서의 영웅적인 덕행은 짐승 같은 야만성만큼이나 자연적이지 못할 것이다. 세 번째 의미로서, '자연적'은 '인위적'에 반대된다. 행위라는 것 자체가 특정 계획과 의도를 지니고 수행되는 것이라는 점에서, 미덕과 악덕은 둘 다 인위적인 것이라 할 수 있다. 그러므로 '자연적이다', '비자연적이다'라는 잣대로 미덕과 악덕의 경계를 그을 수 없다.

---

① 수재민을 돕는 것은 첫 번째와 세 번째 의미에서 자연적이다.

② 논개의 살신성인 행위는 두 번째와 세 번째 의미에서 자연적이지 않다.

③ 내가 산 로또 복권이 당첨되는 일은 첫 번째와 두 번째 의미에서 자연적이지 않다.

④ 벼락을 두 번이나 맞고도 살아남은 사건은 첫 번째와 두 번째 의미에서 자연적이다.

> ✔ **해설**　첫 번째 의미 – 기적적인 것의 반대
> 두 번째 의미 – 흔하고 일상적인 것
> 세 번째 의미 – 인위적의 반대
> ① 기적적인 것의 반대는 맞으나 인위적인 것의 반대는 아니다.
> ② 흔하고 일상적인 것이 아니고, 인위적인 행위에 해당한다.
> ③ 기적적인 것의 반대이므로 맞으나 흔하고 일상적인 것은 아니다.
> ④ 기적적인 것의 반대이므로 맞으나 흔하고 일상적인 것은 아니다.

여름이 빨리 오고 오래 가다보니 의류업계에서 '쿨링'을 컨셉으로 하는 옷들을 앞다퉈 내놓고 있다. 그물망 형태의 옷감에서 냉감(冷感)을 주는 멘톨(박하의 주성분)을 포함한 섬유까지 접근방식도 제각각이다. 그런데 가까운 미래에는 미생물을 포함한 옷이 이 대열에 합류할지도 모르겠다. 박테리아 같은 미생물은 여름철 땀냄새의 원인이라는데 어떻게 옷에 쓰일 수 있을까.

생물계에서 흡습형태변형은 널리 관찰되는 현상이다. 솔방울이 대표적인 예로 습도가 높을 때는 비늘이 닫혀있어 표면이 매끈한 덩어리로 보이지만 습도가 떨어지면 비늘이 삐죽삐죽 튀어나온 형태로 바뀐다. 밀이나 보리의 열매(낟알) 끝에 달려 있는 까끄라기도 습도가 높을 때는 한 쌍이 거의 나란히 있지만 습도가 낮아지면 서로 벌어진다. 이런 현상은 한쪽 면에 있는 세포의 길이(크기)가 반대쪽 면에 있는 세포에 비해 습도에 더 민감하게 변하기 때문이다. 즉 습도가 낮아져 세포 길이가 짧아지면 그쪽 면을 향해 휘어지는 것이다.

MIT의 연구자들은 미생물을 이용해서도 이런 흡습형태변형을 구현할 수 있는지 알아보기로 했다. 즉 습도에 영향을 받지 않는 재질인 천연라텍스 천에 농축된 대장균 배양액을 도포해 막을 형성했다. 대장균은 별도의 접착제 없이도 소수성 상호작용으로 라텍스에 잘 달라붙는다. 라텍스 천의 두께는 150 ~ 500μm(마이크로미터. 1μm는 100만분의 1m)이고 대장균 막의 두께는 1 ~ 5μm다. 이 천을 상대습도 15%인 건조한 곳에 두자 대장균 세포에서 수분이 빠져나가며 대장균 막이 도포된 쪽으로 휘어졌다. 이 상태에서 상대습도 95%인 곳으로 옮기자 천이 서서히 펴지며 다시 평평해졌다. 이 과정을 여러 차례 반복해도 같은 현상이 재현됐다.

연구자들은 원자힘현미경(AFM)으로 대장균 막을 들여다봤고 상대습도에 따라 크기(부피)가 변한다는 사실을 확인했다. 즉 건조한 곳에서는 대장균 세포부피가 30% 정도 줄어드는데, 이 효과가 천에서 세포들이 나란히 배열된 쪽을 수축시키는 현상으로 나타나 그 방향으로 휘어지는 것이다. 연구자들은 이런 흡습형태변형이 대장균만의 특성인지 미생물의 일반 특성인지 알아보기 위해 몇 가지 박테리아와 단세포 진핵생물인 효모에 대해서도 같은 실험을 해봤다. 그 결과 정도의 차이는 있지만 패턴은 동일했다.

다음으로 연구자들은 양쪽 면에 미생물이 코팅된 천이 쿨링 소재로 얼마나 효과적인지 알아보기로 했다. 연구팀은 흡습형태변형이 효과를 낼 수 있도록 독특한 형태로 옷을 디자인했다. 즉, _____

그 결과 공간이 생기면서 땀의 배출을 돕는다. 측정 결과 미생물이 코팅된 천으로 만든 옷을 입을 경우 같은 형태의 일반 천으로 만든 옷에 비해 피부 표면 공기의 온도가 2도 정도 낮아 쿨링 효과가 있는 것으로 나타났다.

① 체온이 높은 등 쪽으로 천이 휘어지게 되는 성질을 이용해 평상시에는 옷이 바깥쪽으로 더 튀어나오도록 디자인했다.

② 미생물이 코팅된 천이 땀으로 인한 습도의 영향을 잘 받을 수 있도록 옷의 안쪽 면에 부착하여 옷의 바깥쪽과는 완전히 다른 환경을 유지할 수 있도록 디자인했다.

③ 땀이 많이 나는 등 쪽에 칼집을 낸 형태로 만들어 땀이 안 날 때는 평평하다가 땀이 나면 피부 쪽 면의 습도가 높아져 미생물이 팽창해 천이 바깥쪽으로 휘어지도록 디자인했다.

④ 땀이 나서 습도가 올라가면 등 쪽의 세포 길이가 짧아질 것을 고려해 천이 안쪽으로 휘어져 공간이 생길 수 있도록 디자인했다.

> ✔해설 흡습형태변형은 한쪽 면에 있는 세포의 길이(크기)가 반대 쪽 면에 있는 세포에 비해 습도에 더 민감하게 변하여, 습도가 낮아져 세포 길이가 짧아지면 그쪽 면을 향해 휘어지는 것을 의미한다고 언급되어 있다. 따라서 등에 땀이 나면 세포 길이가 더 짧은 바깥쪽으로 옷이 휘어지게 되므로 등 쪽 면에 공간이 생기게 되는 원리를 이용한 것임을 알 수 있다.

23 다음 글을 통해 추론할 수 있는 내용으로 가장 적절한 것은?

> 카발리는 윌슨이 모계 유전자인 mtDNA 연구를 통해 발표한 인류 진화 가설을 설득력 있게 확인 시켜 줄 수 있는 실험을 제안했다. 만약 mtDNA와는 서로 다른 독립적인 유전자 가계도를 통해서도 같은 결론에 도달할 수 있다면 윌슨의 인류 진화에 대한 가설을 강화할 수 있다는 것이다.
>
> 이에 언더힐은 Y염색체를 인류 진화 연구에 이용하였다. 그가 Y염색체를 연구에 이용한 이유가 있다. 그것은 Y염색체가 하나씩 존재하는 특성이 있어 재조합을 일으키지 않고, 그 점은 연구 진행 을 수월하게 하기 때문이다. 그는 Y염색체를 사용한 부계 연구를 통해 윌슨이 밝힌 연구결과와 매우 유사한 결과를 도출했다. 언더힐의 가계도도 윌슨의 가계도와 마찬가지로 아프리카 지역의 인류 원 조 조상에 뿌리를 두고 갈라져 나오는 수형도였다. 또 그 수형도는 인류학자들이 상상한 장엄한 떡 갈나무가 아니라 윌슨이 분석해 놓은 약 15만 년밖에 안 된 키 작은 나무와 매우 유사하였다.
>
> 별개의 독립적인 연구로 얻은 두 자료가 인류의 과거를 똑같은 모습으로 그려낸다면 그것은 대단 한 설득력을 지닌다. mtDNA와 같은 하나의 영역만이 연구된 상태에서는 그 결과가 시사적이기는 해도 결정적이지는 않다. 그 결과의 양상은 단지 DNA의 특정 영역에 일어난 특수한 역사만을 반영 하는 것일 수도 있기 때문이다. 하지만 언더힐을 Y염색체에서 유사한 양상을 발견함으로써 그 불완 전성은 크게 줄어들었다. 15만 년 전에 아마도 전염병이나 기후 변화로 인해 유전자 다양성이 급격 하게 줄어드는 현상이 일어났을 것이다.

① 윌슨의 mtDNA 연구결과는 인류 진화 가설에 대한 결정적인 증거였다.

② 부계 유전자 연구와 모계 유전자 연구를 통해 얻은 각각의 인류 진화 수형도는 매우 비슷하다.

③ 윌슨과 언더힐의 연구결과는 현대 인류 조상의 기원에 대한 인류학자들의 견해를 뒷받침한다.

④ 언더힐은 우리가 갖고 있는 Y염색체 연구를 통해 인류가 아프리카에서 유래했다는 것을 부정했다.

✔ 해설 ① mtDNA와 같은 하나의 영역만이 연구된 상태에서는 그 결과가 시사적이기는 해도 결정적이지는 않다.
③ 그 수형도는 인류학자들이 상상한 장엄한 떡갈나무가 아니라 윌슨이 분석해 놓은 약 15만 년밖에 안 된 키 작은 나무와 매우 유사하였다.
④ 언더힐의 가계도도 윌슨의 가계도와 마찬가지로 아프리카 지역의 인류 원조 조상에 뿌리를 두고 갈 라져 나오는 수형도였다.

24 다음 글의 내용과 부합하는 것은?

> '청렴(淸廉)'은 현대 사회에서 좁게는 반부패와 동의어로 사용되며 넓게는 투명성과 책임성 등을 포괄하는 통합적 개념으로 사용되고 있다. 유학자들은 청렴을 효제와 같은 인륜의 덕목보다는 하위에 두었지만 군자라면 마땅히 지켜야 할 일상의 덕목으로 중시하였다. 조선의 대표적 유학자였던 이황과 이이는 청렴을 사회 규율이자 개인 처세의 지침으로 강조하였다. 특히 공적 업무에 종사하는 사람이라면 사회 규율로서의 청렴이 개인의 처세와 직결된다는 점에 유념해야 한다고 보았다.
>
> 청렴에 대한 논의는 정약용의 「목민심서」에서 본격적으로 나타난다. 정약용은 청렴이야말로 목민관이 지켜야 할 근본적인 덕목이며 목민관의 직무는 청렴이 없이는 불가능하다고 강조하였다. 정약용은 청렴을 당위의 차원에서 주장하는 기존의 학자들과 달리 행위자 자신에게 실질적 이익이 된다는 점을 들어 설득하고자 한다. 그는 청렴은 큰 이득이 남는 장사라고 말하면서, 지혜롭고 욕심이 큰 사람은 청렴을 택하지만 지혜가 짧고 욕심이 작은 사람은 탐욕을 택한다고 설명한다. 정약용은 "지자(知者)는 인(仁)을 이롭게 여긴다."라는 공자의 말을 빌려 "지혜로운 자는 청렴함을 이롭게 여긴다."라고 하였다. 비록 재물을 얻는 데 뜻이 있더라도 청렴함을 택하는 것이 결과적으로는 지혜로운 선택이라고 정약용은 말한다. 목민관의 작은 탐욕은 단기적으로 보면 눈앞의 재물을 취하여 이익을 얻을 수 있겠지만 궁극에는 개인의 몰락과 가문의 불명예를 가져올 수 있기 때문이다.
>
> 정약용은 청렴을 지키는 것은 두 가지 효과가 있다고 보았다. 첫째, 청렴은 다른 사람에게 긍정적 효과를 미친다. 목민관이 청렴할 경우 백성을 비롯한 공동체 구성원에게 좋은 혜택이 돌아갈 것이다. 둘째, 청렴한 행위를 하는 것은 목민관 자신에게도 좋은 결과를 가져다준다. 청렴은 그 자신의 덕을 높이는 것일 뿐 아니라 자신의 가문에 빛나는 명성과 영광을 가져다줄 것이다.

① 정약용은 청렴이 목민관이 반드시 지켜야 할 덕목임을 당위론 차원에서 정당화하였다.

② 정약용은 탐욕을 택하는 것보다 청렴을 택하는 것이 이롭다는 공자의 뜻을 계승하였다.

③ 정약용은 청렴한 사람은 욕심이 작기 때문에 재물에 대한 탐욕에 빠지지 않는다고 보았다.

④ 정약용은 청렴이 백성에게 이로움을 줄 뿐 아니라 목민관 자신에게도 이로운 행위라고 보았다.

> ✔해설 ① 정약용은 청렴을 당위의 차원에서 주장하는 기존의 학자들과 달리 행위자 자신에게 실질적 이익이 된다는 점을 들어 설득하고자 하였다.
> ② 정약용은 "지자(知者)는 인(仁)을 이롭게 여긴다."라는 공자의 말을 빌려 "지혜로운 자는 청렴함을 이롭게 여긴다."라고 하였다.
> ③ 청렴은 큰 이득이 남는 장사라고 말하면서, 지혜롭고 욕심이 큰 사람은 청렴을 택하지만 지혜가 짧고 욕심이 작은 사람은 탐욕을 택한다고 설명한다.

Answer 23.② 24.④

25 다음 글을 통해 추론할 수 있는 것은?

> '핸드오버'란 이동단말기가 이동함에 따라 기존 기지국에서 이탈하여 새로운 기지국으로 넘어갈 때 통화가 끊기지 않도록 통화 신호를 새로운 기지국으로 넘겨주는 것을 말한다. 이런 핸드오버는 이동단말기, 기지국, 이동전화교환국 사이의 유무선 연결을 바탕으로 실행된다. 이동단말기가 기지국에 가까워지면 그 둘 사이의 신호가 점점 강해지는 데 반해, 이동단말기와 기지국이 멀어지면 그 둘 사이의 신호는 점점 약해진다. 이 신호의 세기가 특정값 이하로 떨어지게 되면 핸드오버가 명령되어 이동단말기와 새로운 기지국 간의 통화 채널이 형성된다. 이 과정에서 이동전화교환국과 기지국 간 연결에 문제가 발생하면 핸드오버가 실패하게 된다.
>
> 핸드오버는 이동단말기와 기지국 간 통화 채널 형성 순서에 따라 '형성 전 단절 방식'과 '단절 전 형성 방식'으로 구분될 수 있다. FDMA와 TDMA에서는 형성 전 단절 방식을, CDMA에서는 단절 전 형성 방식을 사용한다. 형성 전 단절 방식은 이동단말기와 새로운 기지국 간의 통화 채널이 형성되기 전에 기존 기지국과의 통화 채널을 단절하는 것을 말한다. 이와 반대로 단절 전 형성 방식은 이동단말기와 기존 기지국 간의 통화 채널이 단절되기 전에 새로운 기지국과의 통화 채널을 형성하는 방식이다. 이런 핸드오버 방식의 차이는 각 기지국이 사용하는 주파수 간 차이에서 비롯된다. 만약 각 기지국이 다른 주파수를 사용하고 있다면, 이동단말기는 기존 기지국과의 통화 채널을 미리 단절한 뒤 새로운 기지국에 맞는 주파수를 할당 받은 후 통화 채널을 형성해야 한다. 그러나 각 기지국이 같은 주파수를 사용하고 있다면, 그런 주파수 조정이 필요 없으며 새로운 통화 채널을 형성하고 나서 기존 통화 채널을 단절할 수 있다.

① 단절 전 형성 방식의 각 기지국은 서로 다른 주파수를 사용한다.

② 형성 전 단절 방식은 단절 전 형성 방식보다 더 빨리 핸드오버를 명령할 수 있다.

③ 이동단말기와 기존 기지국 간의 통화 채널이 단절되면 핸드오버가 성공한다.

④ CDMA에서는 하나의 이동단말기가 두 기지국과 동시에 통화 채널을 형성할 수 있지만 FDMA에서는 그렇지 않다.

> **✔해설** ① 단절 전 형성 방식은 이동단말기와 기존 기지국 간의 통화 채널이 단절되기 전에 새로운 기지국과의 통화 채널을 형성하는 방식이다.
> 각 기지국이 같은 주파수를 사용하고 있다면, 그런 주파수 조정이 필요 없으며 새로운 통화 채널을 형성하고 나서 기존 통화 채널을 단절할 수 있다.
> ② 신호의 세기가 특정값 이하로 떨어지게 되면 핸드오버가 명령되어 이동단말기와 새로운 기지국 간의 통화 채널이 형성된다. 형성 전 단절 방식과 단절 전 형성 방식의 차이와는 상관 없다.
> ③ 새로운 기지국 간의 통화 채널이 형성되어야 함도 포함되어야 한다.

26 다음 글을 통해 알 수 있는 것은?

> 고전주의적 관점에서는 보편적 규칙에 따라 고전적 이상에 일치시켜 대상을 재현한 작품에 높은 가치를 부여한다. 반면 낭만주의적 관점에서는 예술가 자신의 감정이나 가치관, 문제의식 등을 자유로운 방식으로 표현한 것에 가치를 부여한다.
> 그렇다면 예술작품을 감상할 때에는 어떠한 관점을 취해야 할까? 예술작품을 감상한다는 것은 예술가를 화자로 보고, 감상자를 청자로 설정하는 의사소통 형식으로 가정할 수 있다. 고전주의적 관점에서는 재현 내용과 형식이 정해지기 때문에 화자인 예술가가 중심이 된 의사소통 행위가 아니라 청자가 중심이 된 의사소통 행위라 할 수 있다. 즉, 예술작품 감상에 있어서 청자인 감상자는 보편적 규칙과 경험적 재현 방식을 통해 쉽게 예술작품을 수용하고 이해할 수 있게 된다. 그런데 의사소통 상황에서 청자가 중요시되지 않는 경우도 흔히 발견된다. 가령 스포츠 경기를 볼 때 주변 사람과 관련 없이 자기 혼자서 탄식하고 환호하기도 한다. 또한 독백과 같이 특정한 청자를 설정하지 않는 발화 행위도 존재한다. 낭만주의적 관점에서 예술작품을 이해하고 감상하는 것도 이와 유사하다. 낭만주의적 관점에서는, 예술작품을 예술가가 감상자를 고려하지 않은 채 자신의 생각이나 느낌을 자유롭게 표현한 것으로 보아야만 작품의 본질을 오히려 잘 포착할 수 있다고 본다.
> 낭만주의적 관점에서 올바른 작품 감상을 위해서는 예술가의 창작의도나 창작관에 대한 이해가 필요하다. 비록 관람과 감상을 전제하고 만들어진 작품이라 하더라도 그 가치는 작품이 보여주는 색채나 구도 등에 대한 감상자의 경험을 통해서만 파악되는 것이 아니다. 현대 추상회화 창시자의 한 명으로 손꼽히는 몬드리안의 예술작품을 보자. 구상적 형상 없이 선과 색으로 구성된 몬드리안의 작품들은, 그가 자신의 예술을 발전시켜 나가는 데 있어서 관심을 쏟았던 것이 무엇인지를 알지 못하면 이해하기 어렵다.

① 고전주의적 관점과 낭만주의적 관점의 공통점은 예술작품의 재현 방식이다.

② 고전주의적 관점에서 볼 때, 예술작품을 감상하는 것은 독백을 듣는 것과 유사하다.

③ 낭만주의적 관점에서 볼 때, 예술작품 창작의 목적은 감상자 위주의 의사소통에 있다.

④ 낭만주의적 관점에서 볼 때, 예술작품의 창작의도에 대한 충분한 소통은 작품 이해를 위해 중요하다.

> **✔해설** ① 고전주의적 관점에서는 보편적 규칙에 따라 고전적 이상에 일치시켜 대상을 재현한 작품에 높은 가치를 부여한다. 반면 낭만주의적 관점에서는 예술가 자신의 감정이나 가치관, 문제의식 등을 자유로운 방식으로 표현한 것에 가치를 부여한다.
> ② 독백과 같이 특정한 청자를 설정하지 않는 발화 행위도 존재한다. 낭만주의적 관점에서 예술작품을 이해하고 감상하는 것도 이와 유사하다.
> ③ 고전주의적 관점에서는 재현 내용과 형식이 정해지기 때문에 화자인 예술가가 중심이 된 의사소통 행위가 아니라 청자가 중심이 된 의사소통 행위라 할 수 있다.

27 다음 글의 내용과 부합하지 않는 것은?

1776년 애덤 스미스가 '국부론(The Wealth of Nations)'을 펴낼 때는 산업혁명이 진행되는 때여서, 그는 공장과 새로운 과학기술에 매료되었다. 공장에서 각 부품을 잘 연결해 만든 기계에 연료를 투입하면 동륜(動輪)이 저절로 돌아가는 것이 신기했던 애덤 스미스는 시장경제도 커다란 동륜처럼 생각해서 그것을 구동하는 원리를 찾은 끝에 '자기 이득(self−interest)'이라는 에너지로 작동하는 시장경제의 작동원리를 발견했다. 이는 개인이 자기 자신의 이득을 추구하기만 하면 '보이지 않는 손'에 의해 공동체 이익을 달성할 수 있다는 원리다. 이것은 모두가 잘살기 위해서는 자신의 이득을 추구하기에 앞서 공동체 이익을 먼저 생각해야 한다는 당시 교회의 가르침에 견주어볼 때 가히 혁명적 발상이었다. 경제를 기계로 파악한 애덤 스미스의 후학들인 고전학파 경제학자들은 우주의 운행원리를 '중력의 법칙'과 같은 뉴턴의 물리학 법칙으로 설명하듯, 시장경제의 작동원리를 설명해주는 '수요공급의 법칙'을 비롯한 수많은 경제법칙을 찾아냈다.

경제를 기계로 보았던 18세기 고전학파 경제학자들의 전통은 200년이나 지난 지금까지도 내려오고 있다. 경제예측을 전문으로 하는 이코노미스트들은 한 나라 거시경제를 여러 개 부문으로 구성된 것으로 상정하고, 각 부문 사이의 인과관계를 수식으로 설정하고, 에너지인 독립변수를 입력하면 국내총생산량이 얼마일지 계산할 수 있을 것으로 본다. 그래서 매년 연말이 되면 다음 해 국내총생산이 몇 % 증가할 것인지 소수점 첫째 자리까지 계산해서 발표하고, 매스컴에서는 이를 충실하게 게재하고 있다.

경제를 기계처럼 보는 인식은 기업의 생산량을 자본과 노동의 함수로 상정하고 있는 경제원론 교과서에 나오는 생산함수에서도 볼 수 있는데 기업이 얼마의 자본(기계)과 얼마의 노동을 투입하면 얼마의 제품을 생산할 수 있다고 설명한다. 하지만 이러한 인식에서 기업의 생산 과정 중 인간인 기업가의 위험부담 의지나 위기를 기회로 만드는 창의적 역할이 작용할 여지는 없다. 기계는 인간의 의지와 관계없이 만들어진 원리에 따라서 자동으로 작동하는 것이기 때문이다.

우리나라가 60년대 말에 세계은행(IBRD)에 제철소 건립에 필요한 차관을 요청했을 때 당시 후진국 개발 차관 담당자였던 영국인 이코노미스트가 후진국에서 일관제철소 건설은 불가능하다면서 차관 제공을 거절한 것은 기계론적 기업관으로 보면 이해할 수 있는데, 우리나라 기술 수준으로 보아 아무리 포항제철에 자본(기계)과 노동을 투입해도 철강이 생산되지 않을 것은 분명해 보였을 것이기 때문이다. 박태준 포철 회장이 생존해 있을 때 박 회장은 그 영국인을 만나서 "아직도 후진국에서 일관제철소 건설은 불가능하다고 생각하느냐?"라고 질문하였고 그는 여전히 "그렇다"고 대답했다고 한다. 박 회장이 세계적 종합제철소로 부상한 포항제철을 예로 들면서 한국은 가능했지 않았느냐고 반론을 제기하자, 그 사람은 "박태준이라는 인적 요인을 참작하지 못했다"고 실토했다는 이야기는 기업가와 기업가 정신의 중요성을 웅변적으로 보여주고 있다.

① 애덤 스미스는 시장 경제를 움직이는 작동 원리를 발견하였다.

② 고전학파 경제학자들은 경제를 기계처럼 보았다.

③ 일정량의 제품 생산을 투입되는 자본과 노동의 함수로 설명하는 것이 기업가 정신의 핵심이다.

④ 기업가와 기업가 정신 측면에서의 생산량 예측은 자본 및 노동 투입량만으로 계산하기 어렵다.

✔ 해설 일정량의 제품 생산을 투입되는 자본과 노동의 함수로 설명하는 것은 경제를 기계로 인식하는 고전학파 경제학자들의 주장이며, 이것은 주어진 글에서 제시한 포철의 종합제철소 건설의 예처럼 기업가의 위험 부담 의지나 위기를 기회로 만드는 창의적 역할 등 기업 활동 결과의 변수로 작용하는 기업가 정신을 고려하지 않은 것이었다.

① 애덤 스미스는 '자기 이득'을 그 원리로 찾아내었다고 설명하고 있다.

② 고전학파 경제학자들은 애덤 스미스의 이론을 따랐으며, '경제를 기계로 파악한 애덤 스미스의 후학'이라는 언급을 통해 알 수 있는 내용이다.

④ 자본 및 노동 투입량 외에 '인적 요인'이 있어야 한다.

28 다음은 주간회의를 끝마친 영업팀이 작성한 회의록이다. 다음 회의록을 통해 유추해 볼 수 있는 내용으로 적절하지 않은 것은?

[영업팀 10월 회의록]

회의일시	2021. 10. 11. 10:00 ~ 11:30	회의장소	5층 대회의실
참석자	팀장 이하 전 팀원		
회의안건	• 3/4분기 실적 분석 및 4/4사분기 실적 예상 • 본부장/팀장 해외 출장 관련 일정 수정 • 10월 바이어 내방 관련 계약 준비상황 점검 및 체류 일정 점검 • 월 말 부서 등반대회 관련 행사 담당자 지정 및 준비사항 확인		
안건별 F/up 사항	• 3/4분기 매출 및 이익 부진 원인 분석 보고서 작성(오 과장) • 항공 일정 예약 변경 확인(최 대리) • 법무팀 계약서 검토 상황 재확인(박 대리) • 바이어 일행 체류 일정(최 대리, 윤 사원) – 호텔 예약 및 차량 이동 스케줄 수립 – 업무 후 식사, 관광 등 일정 수립 • 등반대회 진행 담당자 지정(민 과장, 서 사원) – 참가 인원 파악 – 배정 예산 및 회사 지원 물품 수령 등 유관부서 협조 의뢰 – 이동 계획 수립 및 회식 장소 예약		
협조부서	총무팀, 법무팀, 회계팀		

① 오 과장은 회계팀에 의뢰하여 3/4분기 팀 집행 비용에 대한 자료를 확인해 볼 것이다.

② 최 대리와 윤 사원은 바이어 일행의 체류 기간 동안 업무 후 식사 등 모든 일정을 함께 보내게 될 것이다.

③ 윤 사원은 바이어 이동을 위하여 차량 배차 지원을 총무팀에 의뢰할 것이다.

④ 민 과장과 서 사원은 담당한 업무를 수행하기 위하여 회계팀과 총무팀의 협조를 의뢰하게 될 것이다.

해설 최 대리와 윤 사원은 바이어 일행 체류 일정을 수립하는 업무를 담당하게 되었으며, 이것은 적절한 계획 수립을 통하여 일정이나 상황에 맞는 인원을 배치하는 일이 될 것이므로, 모든 일정에 담당자가 동반하여야 한다고 판단할 수는 없다.

① 3/4분기 매출 부진 원인 분석 보고서 작성은 오 과장이 담당한다. 따라서 오 과장은 매출과 비용 집행 관련 자료를 회계팀으로부터 입수하여 분석할 것으로 판단할 수 있다.

③ 최 대리와 윤 사원은 바이어 일행의 체류 일정에 대한 업무를 담당하여야 하므로 총무팀에 차량 배차를 의뢰하게 된다.

④ 민 과장과 서 사원은 등반대회 진행을 담당하게 되었으므로 배정된 예산을 수령하기 위하여 회계팀, 회사에서 지원하는 물품을 수령하기 위하여 총무팀의 업무 협조를 의뢰하게 될 것으로 판단할 수 있다.

Answer 28.②

29 다음 글을 읽고 이 글을 뒷받침할 수 있는 주장으로 가장 적합한 것은?

> X선 사진을 통해 폐질환 진단법을 배우고 있는 의과대학 학생을 생각해 보자. 그는 암실에서 환자의 가슴을 찍은 X선 사진을 보면서, 이 사진의 특징을 설명하는 방사선 전문의의 강의를 듣고 있다. 그 학생은 가슴을 찍은 X선 사진에서 늑골뿐만 아니라 그 밑에 있는 폐, 늑골의 음영, 그리고 그것들 사이에 있는 아주 작은 반점들을 볼 수 있다. 하지만 처음부터 그럴 수 있었던 것은 아니다. 첫 강의에서는 X선 사진에 대한 전문의의 설명을 전혀 이해하지 못했다. 그가 가리키는 부분이 무엇인지, 희미한 반점이 과연 특정질환의 흔적인지 전혀 알 수가 없었다. 전문의가 상상력을 동원해 어떤 가상적 이야기를 꾸며내는 것처럼 느껴졌을 뿐이다. 그러나 몇 주 동안 이론을 배우고 실습을 하면서 지금은 생각이 달라졌다. 그는 문제의 X선 사진에서 이제는 늑골뿐 아니라 폐와 관련된 생리적인 변화, 흉터나 만성 질환의 병리학적 변화, 급성질환의 증세와 같은 다양한 현상들까지도 자세하게 경험하고 알 수 있게 될 것이다. 그는 전문가로서 새로운 세계에 들어선 것이고, 그 사진의 명확한 의미를 지금은 대부분 해석할 수 있게 되었다. 이론과 실습을 통해 새로운 세계를 볼 수 있게 된 것이다.

① 관찰은 배경지식에 의존한다.
② 과학에서의 관찰은 오류가 있을 수 있다.
③ 과학 장비의 도움으로 관찰 가능한 영역은 확대된다.
④ 관찰정보는 기본적으로 시각에 맺혀지는 상에 의해 결정된다.

✅**해설** 배경지식이 전혀 없던 상태에서는 X선 사진을 관찰하여도 아무 것도 찾을 수 없었으나 이론과 실습 등을 통하여 배경지식을 갖추고 난 후에는 X선 사진을 관찰하여 생리적 변화, 만성 질환의 병리적 변화, 급성질환의 증세 등의 현상을 알게 되었다는 것을 보면 관찰은 배경지식에 의존한다고 할 수 있다.

30 다음 글의 내용과 부합하는 것을 〈보기〉에서 모두 고른 것은?

> (개) "회원이 카드를 분실하거나 도난당한 경우에는 즉시 서면으로 신고하여야 하고 분실 또는 도난당한 카드가 타인에 의하여 부정 사용되었을 경우에는 신고접수일 이후의 부정사용액에 대하여 는 전액을 보상하나, 신고접수한 날의 전날부터 15일 전까지의 부정사용액에 대하여는 금 2백만 원의 범위 내에서만 보상하고, 16일 이전의 부정사용액에 대하여는 전액 지급할 책임이 회원에게 있다."고 신용카드 발행회사 회원규약에 규정하고 있는 경우, 위와 같은 회원규약을 신의성실의 원칙에 반하는 무효의 규약이라고 볼 수 없다.
> (내) 카드의 월간 사용한도액이 회원 본인의 책임한도액이 되는 것은 아니므로 부정사용액 중 월간 사용한도액의 범위 내에서만 회원의 책임이 있는 것은 아니다.
> (대) 신용카드업법에 의하면 "신용카드 가맹점은 신용카드에 의한 거래를 할 때마다 신용카드 상의 서명과 매출전표 상의 서명이 일치하는지를 확인하는 등 당해 신용카드가 본인에 의하여 정당하게 사용되고 있는지 여부를 확인하여야 한다."라고 규정하고 있다. 따라서 가맹점이 위와 같은 주의 의무를 게을리하여 손해를 자초하거나 확대하였다면, 그 과실의 정도에 따라 회원의 책임을 감면해 주는 것이 거래의 안전을 위한 신의성실의 원칙상 정당하다.

> 〈보기〉
> ㉠ 신용카드사는 회원에 대하여 카드의 분실 및 도난 시 서면신고 의무를 부과하고, 부정사용액에 대한 보상액을 그 분실 또는 도난당한 카드의 사용 시기에 따라 상이하게 정할 수 있다.
> ㉡ 카드의 분실 또는 도난 사실을 서면으로 신고접수한 날의 전날까지의 부정사용액에 대해서는 자신의 월간 카드 사용한도액의 범위를 초과하여 회원이 책임을 질 수 있다.
> ㉢ 월간 사용한도액이 회원의 책임한도액이 되므로 부정사용액 중 원간사용한도액의 범위 내에는 회원의 책임이 있다.
> ㉣ 신용카드 가맹점이 신용카드의 부정사용 여부를 확인하지 않은 경우에는 가맹점 과실의 경중을 묻지 않고 회원의 모든 책임이 면제된다.

① ㉠㉡   ② ㉠㉢
③ ㉡㉢   ④ ㉡㉣

✔해설 ㉢ 카드의 월간 사용한도액이 회원 본인의 책임한도액이 되는 것은 아니므로 부정사용액 중 월간 사용한도액의 범위 내에서만 회원의 책임이 있는 것은 아니다.
　㉣ 신용카드가맹점이 신용카드의 부정사용 여부를 확인하지 않은 경우에는 그 과실의 정도에 따라 회원의 책임을 감면해 주는 것이지, 회원의 모든 책임이 면제되는 것은 아니다.

CHAPTER 02

수리능력

01 직장생활과 수리능력

(1) 기초직업능력으로서의 수리능력

① **개념** … 직장생활에서 요구되는 사칙연산과 기초적인 통계를 이해하고 도표의 의미를 파악하거나 도표를 이용해서 결과를 효과적으로 제시하는 능력을 말한다.

② 수리능력은 크게 기초연산능력, 기초통계능력, 도표분석능력, 도표작성능력으로 구성된다.
  ㉠ **기초연산능력** : 직장생활에서 필요한 기초적인 사칙연산과 계산방법을 이해하고 활용할 수 있는 능력
  ㉡ **기초통계능력** : 평균, 합계, 빈도 등 직장생활에서 자주 사용되는 기초적인 통계기법을 활용하여 자료의 특성과 경향성을 파악하는 능력
  ㉢ **도표분석능력** : 그래프, 그림 등 도표의 의미를 파악하고 필요한 정보를 해석하는 능력
  ㉣ **도표작성능력** : 도표를 이용하여 결과를 효과적으로 제시하는 능력

(2) 업무수행에서 수리능력이 활용되는 경우

① 업무상 계산을 수행하고 결과를 정리하는 경우

② 업무비용을 측정하는 경우

③ 고객과 소비자의 정보를 조사하고 결과를 종합하는 경우

④ 조직의 예산안을 작성하는 경우

⑤ 업무수행 경비를 제시해야 하는 경우

⑥ 다른 상품과 가격비교를 하는 경우

⑦ 연간 상품 판매실적을 제시하는 경우

⑧ 업무비용을 다른 조직과 비교해야 하는 경우

⑨ 상품판매를 위한 지역조사를 실시해야 하는 경우

⑩ 업무수행과정에서 도표로 주어진 자료를 해석하는 경우

⑪ 도표로 제시된 업무비용을 측정하는 경우

예제 1

다음 자료를 보고 주어진 상황에 대한 물음에 답하시오.

〈근로소득에 대한 간이 세액표〉

월 급여액(천 원) [비과세 및 학자금 제외]		공제대상 가족 수				
이상	미만	1	2	3	4	5
2,500	2,520	38,960	29,280	16,940	13,570	10,190
2,520	2,540	40,670	29,960	17,360	13,990	10,610
2,540	2,560	42,380	30,640	17,790	14,410	11,040
2,560	2,580	44,090	31,330	18,210	14,840	11,460
2,580	2,600	45,800	32,680	18,640	15,260	11,890
2,600	2,620	47,520	34,390	19,240	15,680	12,310
2,620	2,640	49,230	36,100	19,900	16,110	12,730
2,640	2,660	50,940	37,810	20,560	16,530	13,160
2,660	2,680	52,650	39,530	21,220	16,960	13,580
2,680	2,700	54,360	41,240	21,880	17,380	14,010
2,700	2,720	56,070	42,950	22,540	17,800	14,430
2,720	2,740	57,780	44,660	23,200	18,230	14,850
2,740	2,760	59,500	46,370	23,860	18,650	15,280

※ 갑근세는 제시되어 있는 간이 세액표에 따름
※ 주민세=갑근세의 10%
※ 국민연금=급여액의 4.50%
※ 고용보험=국민연금의 10%
※ 건강보험=급여액의 2.90%
※ 교육지원금=분기별 100,000원(매 분기별 첫 달에 지급)

박○○ 사원의 5월 급여내역이 다음과 같고 전월과 동일하게 근무하였으나 특별수당은 없고 차량지원금으로 100,000원을 받게 된다면, 6월에 받게 되는 급여는 얼마인가? (단, 원 단위 절삭)

(주) 서원플랜테크 5월 급여내역			
성명	박○○	지급일	5월 12일
기본급여	2,240,000	갑근세	39,530
직무수당	400,000	주민세	3,950
명절 상여금		고용보험	11,970
특별수당	20,000	국민연금	119,700
차량지원금		건강보험	77,140
교육지원		기타	
급여계	2,660,000	공제합계	252,290
		지급총액	2,407,710

① 2,443,910
② 2,453,910
③ 2,463,910
④ 2,473,910

출제의도

업무상 계산을 수행하거나 결과를 정리하고 업무비용을 측정하는 능력을 평가하기 위한 문제로서, 주어진 자료에서 문제를 해결하는 데에 필요한 부분을 빠르고 정확하게 찾아내는 것이 중요하다.

해 설

기본급여	2,240,000	갑근세	46,370
직무수당	400,000	주민세	4,630
명절상여금		고용보험	12,330
특별수당		국민연금	123,300
차량지원금	100,000	건강보험	79,460
교육지원		기타	
급여계	2,740,000	공제합계	266,090
		지급총액	2,473,910

답 ④

(3) 수리능력의 중요성

① 수학적 사고를 통한 문제해결

② 직업세계의 변화에의 적응

③ 실용적 가치의 구현

(4) 단위환산표

구분	단위환산
길이	1cm = 10mm, 1m = 100cm, 1km = 1,000m
넓이	$1cm^2 = 100mm^2$, $1m^2 = 10,000cm^2$, $1km^2 = 1,000,000m^2$
부피	$1cm^3 = 1,000mm^3$, $1m^3 = 1,000,000cm^3$, $1km^3 = 1,000,000,000m^3$
들이	$1m\ell = 1cm^3$, $1d\ell = 100cm^3$, $1L = 1,000cm^3 = 10d\ell$
무게	1kg = 1,000g, 1t = 1,000kg = 1,000,000g
시간	1분 = 60초, 1시간 = 60분 = 3,600초
할푼리	1푼 = 0.1할, 1리 = 0.01할, 1모 = 0.001할

예제 2

둘레의 길이가 4.4km인 정사각형 모양의 공원이 있다. 이 공원의 넓이는 몇 a인가?

① 12,100a

② 1,210a

③ 121a

④ 12.1a

출제의도

길이, 넓이, 부피, 들이, 무게, 시간, 속도 등 단위에 대한 기본적인 환산 능력을 평가하는 문제로서, 소수점 계산이 필요하며, 자릿수를 읽고 구분할 줄 알아야 한다.

해 설

공원의 한 변의 길이는

$4.4 \div 4 = 1.1(km)$이고

$1km^2 = 10000a$이므로

공원의 넓이는

$1.1km \times 1.1km = 1.21km^2$

$= 12100a$

답 ①

02 수리능력을 구성하는 하위능력

(1) 기초연산능력

① 사칙연산 … 수에 관한 덧셈, 뺄셈, 곱셈, 나눗셈의 네 종류의 계산법으로 업무를 원활하게 수행하기 위해서는 기본적인 사칙연산뿐만 아니라 다단계의 복잡한 사칙연산까지도 수행할 수 있어야 한다.

② 검산 … 연산의 결과를 확인하는 과정으로 대표적인 검산방법으로 역연산과 구거법이 있다.
　　㉠ 역연산 : 덧셈은 뺄셈으로, 뺄셈은 덧셈으로, 곱셈은 나눗셈으로, 나눗셈은 곱셈으로 확인하는 방법이다.
　　㉡ 구거법 : 원래의 수와 각 자리 수의 합이 9로 나눈 나머지가 같다는 원리를 이용한 것으로 9를 버리고 남은 수로 계산하는 것이다.

예제 3

다음 식을 바르게 계산한 것은?

$$1 + \frac{2}{3} + \frac{1}{2} - \frac{3}{4}$$

① $\frac{13}{12}$　　　　　　② $\frac{15}{12}$

③ $\frac{17}{12}$　　　　　　④ $\frac{19}{12}$

출제의도

직장생활에서 필요한 기초적인 사칙연산과 계산방법을 이해하고 활용할 수 있는 능력을 평가하는 문제로서, 분수의 계산과 통분에 대한 기본적인 이해가 필요하다.

해　설

$$\frac{12}{12} + \frac{8}{12} + \frac{6}{12} - \frac{9}{12} = \frac{17}{12}$$

답 ③

---

(2) 기초통계능력

① 업무수행과 통계
　　㉠ 통계의 의미 : 통계란 집단현상에 대한 구체적인 양적 기술을 반영하는 숫자이다.
　　㉡ 업무수행에 통계를 활용함으로써 얻을 수 있는 이점
　　　• 많은 수량적 자료를 처리가능하고 쉽게 이해할 수 있는 형태로 축소
　　　• 표본을 통해 연구대상 집단의 특성을 유추
　　　• 의사결정의 보조수단
　　　• 관찰 가능한 자료를 통해 논리적으로 결론을 추줄·검증

ⓒ 기본적인 통계치

- 빈도와 빈도분포 : 빈도란 어떤 사건이 일어나거나 증상이 나타나는 정도를 의미하며, 빈도분포란 빈도를 표나 그래프로 종합적으로 표시하는 것이다.
- 평균 : 모든 사례의 수치를 합한 후 총 사례 수로 나눈 값이다.
- 백분율 : 전체의 수량을 100으로 하여 생각하는 수량이 그 중 몇이 되는가를 퍼센트로 나타낸 것이다.

② 통계기법

ㄱ 범위와 평균

- 범위 : 분포의 흩어진 정도를 가장 간단히 알아보는 방법으로 최곳값에서 최젓값을 뺀 값을 의미한다.
- 평균 : 집단의 특성을 요약하기 위해 가장 자주 활용하는 값으로 모든 사례의 수치를 합한 후 총 사례 수로 나눈 값이다.
- 관찰값이 1, 3, 5, 7, 9일 경우 범위는 $9 - 1 = 8$이 되고, 평균은 $\dfrac{1+3+5+7+9}{5} = 5$가 된다.

ㄴ 분산과 표준편차

- 분산 : 관찰값의 흩어진 정도로, 각 관찰값과 평균값의 차의 제곱의 평균이다.
- 표준편차 : 평균으로부터 얼마나 떨어져 있는가를 나타내는 개념으로 분산값의 제곱근 값이다.
- 관찰값이 1, 2, 3이고 평균이 2인 집단의 분산은 $\dfrac{(1-2)^2+(2-2)^2+(3-2)^2}{3} = \dfrac{2}{3}$이고 표준편차는 분산값의 제곱근 값인 $\sqrt{\dfrac{2}{3}}$이다.

③ 통계자료의 해석

ㄱ 다섯숫자요약

- 최솟값 : 원자료 중 값의 크기가 가장 작은 값
- 최댓값 : 원자료 중 값의 크기가 가장 큰 값
- 중앙값 : 최솟값부터 최댓값까지 크기에 의하여 배열했을 때 중앙에 위치하는 사례의 값
- 하위 25%값 · 상위 25%값 : 원자료를 크기 순으로 배열하여 4등분한 값

ㄴ 평균값과 중앙값 : 평균값과 중앙값은 그 개념이 다르기 때문에 명확하게 제시해야 한다.

인터넷 쇼핑몰에서 회원가입을 하고 무선 이어폰을 구매하려고 한다. 다음은 구입하고자 하는 모델에 대하여 인터넷 쇼핑몰 세 곳의 가격과 조건을 제시한 표이다. 표에 있는 모든 혜택을 적용하였을 때 배송비를 포함한 실제 구매가격을 바르게 비교한 것은?

구분	A 쇼핑몰	B 쇼핑몰	C 쇼핑몰
정상가격	129,000원	131,000원	130,000원
회원혜택	7,000원 할인	3,500원 할인	7% 할인
할인쿠폰	5% 쿠폰	3% 쿠폰	5,000원
중복할인여부	불가	가능	불가
배송비	2,000원	무료	2,500원

① A<B<C
② B<C<A
③ C<A<B
④ C<B<A

직장생활에서 자주 사용되는 기초적인 통계기법을 활용하여 자료의 특성과 경향성을 파악하는 능력이 요구되는 문제이다.

㉠ A 쇼핑몰
• 회원혜택을 선택한 경우:
$129,000 - 7,000 + 2,000 = 124,000$(원)
• 5% 할인쿠폰을 선택한 경우:
$129,000 \times 0.95 + 2,000 = 124,550$(원)
㉡ B 쇼핑몰:
$131,000 \times 0.97 - 3,500 = 123,570$(원)
㉢ C 쇼핑몰
• 회원혜택을 선택한 경우:
$130,000 \times 0.93 + 2,500 = 123,400$(원)
• 5,000원 할인쿠폰을 선택한 경우:
$130,000 - 5,000 + 2,500 = 127,500$(원)
∴ C<B<A

답 ④

(3) 도표분석능력

① 도표의 종류

　㉠ **목적별** : 관리(계획 및 통제), 해설(분석), 보고

　㉡ **용도별** : 경과 그래프, 내역 그래프, 비교 그래프, 분포 그래프, 상관 그래프, 계산 그래프

　㉢ **형상별** : 선 그래프, 막대 그래프, 원 그래프, 점 그래프, 층별 그래프, 레이더 차트

② 도표의 활용

　　㉠ 선 그래프

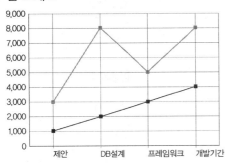

- 주로 시간의 경과에 따라 수량에 의한 변화 상황 (시계열 변화)을 절선의 기울기로 나타내는 그래프이다.
- 경과, 비교, 분포를 비롯하여 상관관계 등을 나타낼 때 쓰인다.

　　㉡ 막대 그래프

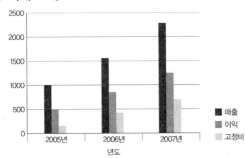

- 비교하고자 하는 수량을 막대 길이로 표시하고 그 길이를 통해 수량 간의 대소관계를 나타내는 그래프이다.
- 내역, 비교, 경과, 도수 등을 표시하는 용도로 쓰인다.

　　㉢ 원 그래프

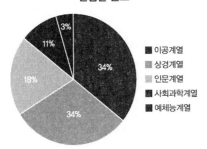

- 내역이나 내용의 구성비를 원을 분할하여 나타낸 그래프이다.
- 전체에 대해 부분이 차지하는 비율을 표시하는 용도로 쓰인다.

ⓔ 점 그래프

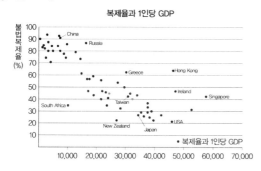

- 종축과 횡축에 2요소를 두고 보고자 하는 것이 어떤 위치에 있는가를 나타내는 그래프이다.
- 지역분포를 비롯하여 도시, 지방, 기업, 상품 등의 평가나 위치·성격을 표시하는데 쓰인다.

ⓜ 층별 그래프

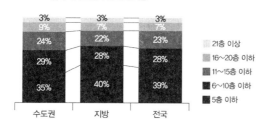

- 선 그래프의 변형으로 연속내역 봉 그래프라고 할 수 있다. 선과 선 사이의 크기로 데이터 변화를 나타낸다.
- 합계와 부분의 크기를 백분율로 나타내고 시간적 변화를 보고자 할 때나 합계와 각 부분의 크기를 실수로 나타내고 시간적 변화를 보고자 할 때 쓰인다.

ⓗ 레이더 차트(거미줄 그래프)

- 원 그래프의 일종으로 비교하는 수량을 직경, 또는 반경으로 나누어 원의 중심에서의 거리에 따라 각 수량의 관계를 나타내는 그래프이다.
- 비교하거나 경과를 나타내는 용도로 쓰인다.

③ 도표 해석상의 유의사항
  ㉠ 요구되는 지식의 수준을 넓힌다.
  ㉡ 도표에 제시된 자료의 의미를 정확히 숙지한다.
  ㉢ 도표로부터 알 수 있는 것과 없는 것을 구별한다.
  ㉣ 총량의 증가와 비율의 증가를 구분한다.
  ㉤ 백분위수와 사분위수를 정확히 이해하고 있어야 한다.

예제 5

다음 표는 2020 ~ 2021년 지역별 직장인들의 자기개발에 관해 조사한 내용을 정리한 것이다. 이에 대한 분석으로 옳은 것은?

(단위 : %)

연도 / 지역 / 구분	2020				2021			
	자기개발 하고 있음	자기개발 비용 부담 주체			자기개발 하고 있음	자기개발 비용 부담 주체		
		직장 100%	본인 100%	직장50% + 본인50%		직장 100%	본인 100%	직장50% + 본인50%
충청도	36.8	8.5	88.5	3.1	45.9	9.0	65.5	24.5
제주도	57.4	8.3	89.1	2.9	68.5	7.9	68.3	23.8
경기도	58.2	12	86.3	2.6	71.0	7.5	74.0	18.5
서울시	60.6	13.4	84.2	2.4	72.7	11.0	73.7	15.3
경상도	40.5	10.7	86.1	3.2	51.0	13.6	74.9	11.6

① 2020년과 2021년 모두 자기개발 비용을 본인이 100% 부담하는 사람의 수는 응답자의 절반 이상이다.

② 자기개발을 하고 있다고 응답한 사람의 수는 2020년과 2021년 모두 서울시가 가장 많다.

③ 자기개발 비용을 직장과 본인이 각각 절반씩 부담하는 사람의 비율은 2020년과 2021년 모두 서울시가 가장 높다.

④ 2020년과 2021년 모두 자기개발을 하고 있다고 응답한 비율이 가장 높은 지역에서 자기개발비용을 직장이 100% 부담한다고 응답한 사람의 비율이 가장 높다.

출제의도

그래프, 그림, 도표 등 주어진 자료를 이해하고 의미를 파악하여 필요한 정보를 해석하는 능력을 평가하는 문제이다.

해 설

② 지역별 인원수가 제시되어 있지 않으로, 각 지역별 응답자 수는 알 수 없다.

③ 2020년에는 경상도에서, 2021년에는 충청도에서 가장 높은 비율을 보인다.

④ 2020년과 2021년 모두 '자기 개발을 하고 있다'고 응답한 비율이 가장 높은 지역은 서울시이며, 2021년의 경우 자기개발 비용을 직장이 100% 부담한다고 응답한 사람의 비율이 가장 높은 지역은 경상도이다.

답 ①

(4) 도표작성능력

① 도표작성 절차
- ㉠ 어떠한 도표로 작성할 것인지를 결정
- ㉡ 가로축과 세로축에 나타낼 것을 결정
- ㉢ 한 눈금의 크기를 결정
- ㉣ 자료의 내용을 가로축과 세로축이 만나는 곳에 표현
- ㉤ 표현한 점들을 선분으로 연결
- ㉥ 도표의 제목을 표기

② 도표작성 시 유의사항
- ㉠ 선 그래프 작성 시 유의점
  - 세로축에 수량, 가로축에 명칭구분을 제시한다.
  - 선의 높이에 따라 수치를 파악하는 경우가 많으므로 세로축의 눈금을 가로축보다 크게 하는 것이 효과적이다.
  - 선이 두 종류 이상일 경우 반드시 그 명칭을 기입한다.
- ㉡ 막대 그래프 작성 시 유의점
  - 막대 수가 많을 경우에는 눈금선을 기입하는 것이 알아보기 쉽다.
  - 막대의 폭은 모두 같게 하여야 한다.
- ㉢ 원 그래프 작성 시 유의점
  - 정각 12시의 선을 기점으로 오른쪽으로 그리는 것이 보통이다.
  - 분할선은 구성비율이 큰 순서로 그린다.
- ㉣ 층별 그래프 작성 시 유의점
  - 눈금은 선 그래프나 막대 그래프보다 적게 하고 눈금선은 넣지 않는다.
  - 층별로 색이나 모양이 완전히 다른 것이어야 한다.
  - 같은 항목은 옆에 있는 층과 선으로 연결하여 보기 쉽도록 한다.

출제예상문제

1 시온이가 책을 펼쳐서 나온 두 면의 쪽수의 곱이 506이라면, 시온이가 펼친 두 면 중 한 면의 쪽수가 될 수 있는 것은?

① 19

② 21

③ 23

④ 25

✔**해설** 펼쳤을 때 나온 왼쪽의 쪽수를 x라 하면, 오른쪽의 쪽수는 $x+1$이 된다.
$x \times (x+1) = 506$
$x^2 + x = 506$
$x^2 + x - 506 = 0$
$(x-22)(x+23) = 0$
$\therefore x = 22$
펼친 두 면의 쪽수는 각각 22, 23가 된다.

2 10개의 공 중 빨간 공이 3개 들어 있다. 영희와 철수 두 사람이 차례로 한 개씩 공을 꺼낼 때 두 사람 중 한 사람만이 빨간 공을 꺼낼 확률을 구하면? (단, 꺼낸 공은 다시 넣지 않는다)

① $\dfrac{2}{5}$

② $\dfrac{7}{15}$

③ $\dfrac{8}{15}$

④ $\dfrac{3}{5}$

✔**해설** 영희가 빨간 공을 꺼내고 철수가 빨간 공을 꺼내지 않을 확률 : $\dfrac{3}{10} \times \dfrac{7}{9} = \dfrac{21}{90}$

영희가 빨간 공을 꺼내지 않고 철수가 빨간 공을 꺼낼 확률 : $\dfrac{7}{10} \times \dfrac{3}{9} = \dfrac{21}{90}$

두 확률을 더하면 $\dfrac{42}{90} = \dfrac{7}{15}$

3 배를 타고 길이가 10km인 강을 거슬러 올라가는 데 1시간, 내려오는 데 30분이 걸렸다. 이 강에 종이배를 띄우면 이 종이배가 1km를 떠내려가는데 몇 분이 걸리는가? (단, 배와 강물의 속력은 일정하고, 종이배는 바람 등의 외부의 영향을 받지 않는다.)

① 10분 ② 12분

③ 14분 ④ 16분

 배의 속력을 x, 강물의 속력을 y라 하면 거슬러 올라가는 데 걸리는 시간은 $\dfrac{10}{x-y}=1$이 되고, 내려오는 데 걸리는 시간은 $\dfrac{10}{x+y}=0.5$가 된다. 따라서 두 방정식을 연립하면 $x=3y$가 되므로 식에 적용하면 $x=15,\ y=5$가 된다. 따라서 종이배가 1km를 떠내려가는 데 시간 $=\dfrac{\text{거리}}{\text{속력}}=\dfrac{1km}{5km/h}=0.2h=12$분이 걸린다.

4 정아와 민주가 계단에서 가위바위보를 하는데, 이긴 사람은 2계단을 올라가고, 진 사람은 1계단을 내려간다고 한다. 두 사람이 가위바위보를 하여 처음보다 정아는 14계단, 민주는 5계단을 올라갔을 때, 민주는 몇 번 이겼는가? (단, 비기는 경우는 없다.)

① 7회 ② 8회

③ 10회 ④ 11회

 정아가 이긴 횟수를 x, 민주가 이긴 횟수를 y라 하면
$$\begin{cases}2x-y=14\\2y-x=5\end{cases}$$
$3y=24 \Rightarrow y=8$
따라서 민주가 이긴 횟수는 8회이다.

5 40cm 높이의 수조 A와 30cm 높이의 수조 B에 물이 가득 차있다. 수조 A의 물 높이는 분당 0.6cm씩 감소되고 있고, 수조 B에서도 물이 감소되고 있다. 두 수조의 물 높이가 같아지는 것이 25분 후라고 할 때, 수조 B의 물 높이는 분당 몇 cm씩 감소되고 있는가?

① 0.1cm

② 0.15cm

③ 0.2cm

④ 0.25cm

✔ 해설 수조 B에서 분당 감소되는 물의 높이를 x 라 하면,

$40 - (25 \times 0.6) = 30 - (25 \times x)$

$\therefore x = 0.2cm$

6 지수가 낮잠을 자는 동안 엄마가 집에서 마트로 외출을 했다. 곧바로 잠에서 깬 지수는 엄마가 출발하고 10분 후 엄마의 뒤를 따라 마트로 출발했다. 엄마는 매분 100m의 속도로 걷고, 지수는 매분 150m의 속도로 걷는다면 지수는 몇 분 만에 엄마를 만나게 되는가?

① 10분

② 20분

③ 30분

④ 40분

✔ 해설 지수가 걸린 시간을 y, 엄마가 걸린 시간을 x 라 하면

$\begin{cases} x - y = 10 \\ 100x = 150y \end{cases}$

$100(y + 10) = 150y \Rightarrow 5y = 100 \Rightarrow y = 20$

따라서 지수는 20분 만에 엄마를 만나게 된다.

7 소금 40g으로 5%의 소금물을 만들었다. 이 소금물에 새로운 소금물 40g을 넣었더니 농도가 7%가 되었다. 이때 넣은 소금물의 농도는?

① 41%   ② 43%

③ 45%   ④ 47%

 해설 처음 소금의 양이 40g, 농도가 5%이므로 소금물의 양을 x라 하면 $\frac{40}{x} \times 100 = 5 \cdots x = 800$이 된다. 여기에 첨가한 소금물 속 소금의 양을 y라 하면 최종 소금물의 농도가 7이므로 $\frac{40+y}{800+40} \times 100 = 7 \cdots y = 18.8$이 된다. 따라서 추가한 소금물의 농도는 $\frac{18.8}{40} \times 100 = 47\%$가 된다.

8 유리는 자신이 운영하는 커피숍에서 커피 1잔에 원가의 3할 정도의 이익을 덧붙여서 판매를 하고 있다. 오전의 경우에는 타임할인을 적용해 450원을 할인해 판매하는데 이 때 원가의 15% 정도의 이익이 발생한다고 한다. 만약 커피 70잔을 오전에 판매하였을 시에 이익금을 계산하면?

① 27,352원   ② 28,435원

③ 30,091원   ④ 31,500원

✔해설 커피 한 잔의 원가를 x라 하면,

$1.3x - 450 = 1.15x$

$0.15x = 450$

$= 3,000$

∴ 커피 70잔을 팔았을 때의 총 이익금은 $3,000 \times \frac{15}{100} \times 70 = 31,500$원이 된다.

9 A, B 두 사람이 가위바위보를 하여 이긴 사람은 세 계단씩 올라가고 진 사람은 한 계단씩 내려가기로 하였다. 이 게임이 끝났을 때 A는 처음보다 27계단, B는 7계단 올라가 있었다. A가 이긴 횟수는? (단, 비기는 경우는 없다.)

① 8회   ② 9회

③ 10회   ④ 11회

✔해설 A가 이긴 횟수를 a, B가 이긴 횟수를 b라고 하면
$3a-b=27$, $3b-a=7$인 연립방정식이 만들어진다.
해를 구하면 $a=11$, $b=6$이므로, A는 11회를 이긴 것이 된다.

10 다음 표는 각국의 연구비에 대한 부담원과 사용 조직을 제시한 것이다. 알맞은 것은?

(단위 : 억 엔)

부담원	사용 조직 \ 국가	일본	미국	독일	프랑스	영국
정부	정부	8,827	33,400	6,590	7,227	4,278
	산업	1,028	71,300	4,526	3,646	3,888
	대학	10,921	28,860	7,115	4,424	4,222
산업	정부	707	0	393	52	472
	산업	81,161	145,000	34,771	11,867	16,799
	대학	458	2,300	575	58	322

① 독일 정부가 부담하는 연구비는 미국 정부가 부담하는 연구비의 약 반이다.
② 정부부담 연구비 중에서 산업의 사용 비율이 가장 높은 것은 프랑스이다.
③ 산업이 부담하는 연구비를 산업 자신이 사용하는 비율이 가장 높은 것은 프랑스이다.
④ 미국의 대학이 사용하는 연구비는 일본의 대학이 사용하는 연구비의 약 두 배이다.

✔해설 ① 독일 정부가 부담하는 연구비 : $6,590+4,526+7,115=18,231$
독일 정부가 부담하는 연구비 : $33,400+71,300+28,860=133,560$
② 정부부담 연구비 중에서 산업의 사용 비율이 가장 높은 것은 미국이며, 가장 낮은 것은 일본이다.
④ 미국 대학이 사용하는 연구비 : $28,860+2,300=31,160$
일본 대학이 사용하는 연구비 : $10,921+458=11,379$

┃17~18┃ 다음 두 자료는 일제강점기 중 1930~1936년 소작쟁의 현황에 관한 자료이다. 두 표를 보고 물음에 답하시오.

〈표1〉 소작쟁의 참여인원

(단위 : 명)

연도 구분	1930	1931	1932	1933	1934	1935	1936
지주	860	1,045	359	1,693	6,090	22,842	29,673
마름	0	0	0	586	1,767	3,958	3,262
소작인	12,151	9,237	4,327	8,058	14,597	32,219	39,518
전체	13,011	10,282	4,686	10,337	22,454	59,019	72,453

〈표2〉 지역별 소작쟁의 발생건수

(단위 : 건)

연도 지역	1930	1931	1932	1933	1934	1935	1936
강원도	4	1	6	4	92	734	2,677
경기도	95	54	24	119	321	1,873	1,299
경상도	230	92	59	300	1,182	5,633	7,040
전라도	240	224	110	1,263	5,022	11,065	7,712
충청도	139	315	92	232	678	3,714	8,136
평안도	5	1	0	16	68	1,311	1,733
함경도	0	0	0	2	3	263	404
황해도	13	10	14	41	178	1,241	947
전국	726	697	305	1,977	7,544	25,834	29,948

Answer 9.④ 10.③

11 위의 두 표에 관한 설명으로 옳지 않은 것은?

① 1932년부터 지주의 소작쟁의 참여인원은 매년 증가하고 있다.

② 전국 소작쟁의 발생건수에서 강원도 소작쟁의 발생건수가 차지하는 비중은 1933년보다 1934년에 증가했다.

③ 충청도의 1936년 소작쟁의 발생건수는 전년도의 두 배 이상이다.

④ 1930년에 비해 1931년에 소작쟁의 발생건수가 증가한 지역은 없다.

✔해설 ④ 1930년에 비해 1931년에 소작쟁의 발생건수가 증가한 지역은 충청도 한 곳 뿐이다.

12 위의 두 표에서 전국 소작쟁의 발생 건당 참여인원이 가장 많은 해는?

① 1930년   ② 1933년

③ 1934년   ④ 1935년

✔해설 ① 1930년 : $\frac{13,011}{726} = 17.92$

② 1933년 : $\frac{10,337}{1,977} = 5.22$

③ 1934년 : $\frac{22,454}{7,544} = 2.97$

④ 1935년 : $\frac{59,019}{25,834} = 2.28$

⑤ 1936년 : $\frac{72,453}{29,948} = 2.42$

13 다음은 도시 갑, 을, 병, 정의 공공시설 수에 대한 통계자료이다. A~D 도시를 바르게 연결한 것은?

(단위 : 개)

구분	2019			2020			2021		
	공공청사	문화시설	체육시설	공공청사	문화시설	체육시설	공공청사	문화시설	체육시설
A	472	54	36	479	57	40	479	60	42
B	239	14	22	238	15	22	247	16	23
C	94	5	9	96	5	10	100	6	10
D	96	14	10	98	13	12	98	13	12

※ 공공시설이란 공공청사, 문화시설, 체육시설만을 일컫는다고 가정한다.

> ⊙ 병의 모든 공공시설은 나머지 도시들의 공공시설보다 수가 적지만 2021년에 처음으로 공공청사의 수가 을보다 많아졌다.
> ⓛ 을을 제외하고 2020년 대비 2021년 공공시설 수의 증가율이 가장 작은 도시는 정이다.
> ⓒ 2020년 갑의 공공시설 수는 2019년과 동일하다.

```
   A    B    C    D
① 갑   을   병   정
② 을   갑   병   정
③ 병   정   갑   을
④ 정   갑   병   을
```

해설 ⊙ 모든 공공시설의 수가 나머지 도시들의 수보다 적은 도시는 C 도시이고, 2021년에 C도시의 공공청사의 수가 D 도시보다 많아졌으므로 C 도시는 병, D 도시는 을이다.
ⓛ 을(D 도시)을 제외하고 2020년 대비 2021년 공공시설 수의 증가는 A 5개, B 11개, C(병) 5개이다. A의 공공시설의 수가 월등히 많은 데 비해 증가 수는 많이 않으므로 증가율이 가장 작은 도시인 정은 A 도시이다.
ⓒ 2020년과 2021년의 공공시설 수가 같은 도시는 B 도시이다.
∴ A : 정, B : 갑, C : 병, D : 을

14 다음 그림에 대한 설명으로 가장 옳은 것은?

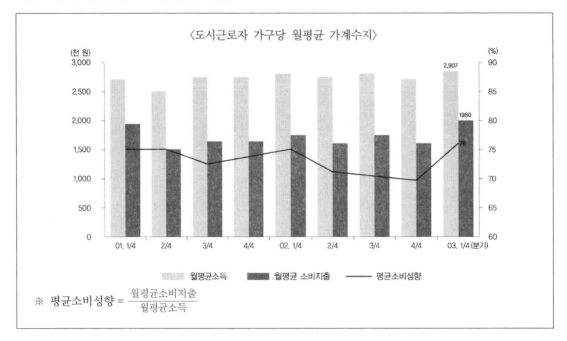

〈도시근로자 가구당 월평균 가계수지〉

※ 평균소비성향 = $\dfrac{월평균소비지출}{월평균소득}$

① 소득이 증가할수록 소비지출도 소득에 비례하여 증가하였다.
② 매년 1/4분기에는 동일 연도 다른 분기에 비해 소득에서 더 많은 부분을 소비하였다.
③ 우리나라 도시 근로자 가구는 대개 소득의 75~80% 정도를 지출하고 있다.
④ 월평균 소득과 평균소비성향은 서로 반비례적인 관계를 보인다.

> **해설** ① 소득의 증가와 소비지출의 증가가 반드시 일치하지는 않는다.
> ③ 우리나라 도시 근로자 가구는 대개 소득의 70 ~ 76% 정도를 지출하고 있다.
> ④ 월평균 소득과 평균소비성향은 서로 반비례적인 관계를 보이지 않는다.

┃21~22┃ 다음 표는 1885~1892년 동안 조선의 대청·대일 무역규모를 나타낸 자료이다. 다음 표를 보고 물음에 답하시오.

(단위 : 달러)

연도	조선의 수출액		조선의 수입액	
	대청	대일	대청	대일
1885	9,479	377,775	313,342	1,377,392
1886	15,977	488,041	455,015	2,064,353
1887	18,873	783,752	742,661	2,080,787
1888	71,946	758,238	860,328	2,196,115
1889	109,789	1,122,276	1,101,585	2,299,118
1890	70,922	3,475,098	1,660,075	3,086,897
1891	136,464	3,219,887	2,148,294	3,226,468
1892	149,861	2,271,628	2,055,555	2,555,675

※ 무역수지＝수출액－수입액

15 위의 표에 대한 설명으로 옳지 않은 것은?

① 1889년 조선의 대청 수출액은 수입액보다 적었다.

② 1887년 조선의 대일 수출액은 1885년의 대일 수출액의 2배 이상이다.

③ 1885~1892년 동안 조선의 대일 수입액은 매년 증가하고 있다.

④ 1885~1892년 동안 매년 조선의 대일 수출액은 대청 수출액의 10배 이상이다.

✔해설 ③ 1892년 조선의 대일 수입액은 전년에 비해 감소하였다.

16 1890년 조선의 대일 무역수지를 구하면?

① 378,201

② 388,201

③ 398,210

④ 387,201

✔해설 $3,475,098-3,086,897=388,201$

Answer 14.② 15.③ 16.②

┃ 23~24 ┃ 다음 〈표〉는 이용부문별 프린터 판매 및 매출 현황이다. 다음을 보고 물음에 답하시오.

(단위 : 대, 백만달러)

이용부문	판매대수	매출액
정부	317,593	122.7
교육	190,301	41.0
일반 가정	1,092,452	121.2
자영업	704,415	165.5
소규모 기업	759,294	270.6
중규모 기업	457,886	207.9
대규모 기업	415,620	231.4
계	3,937,561	1,160.3

※ 시장가격 $= \dfrac{\text{매출액}}{\text{판매대수}}$

17 위의 표에 대한 설명으로 옳지 않은 것은?

① 판매대수가 가장 많은 부문은 일반 가정 부문이다.

② 판매대수 총계에서 정부의 판매대수가 차지하는 비중은 10% 이하이다.

③ 판매대수가 많은 부문일수록 매출액도 크다.

④ 판매대수가 가장 적은 부문은 교육 부문이다.

✔해설 ③ 일반 가정 부문은 정부 부문보다 판매대수가 많지만 매출액은 더 적다.

18 위의 표에서 교육 부문의 시장가격은 약 얼마인가? (단, 소수점 이하는 버린다)

① 200달러　　　　　　　　　　② 215달러

③ 230달러　　　　　　　　　　④ 245달러

✔해설 $\dfrac{41,000,000}{190,301} = 215.44$

| 25～26 | 다음은 연도별 유·초·중고등 휴직 교원의 휴직사유를 나타낸 표이다. 다음을 보고 물음에 답하시오.

(단위 : 명)

구분	질병	병역	육아	간병	동반	학업	기타
2022	1,202	1,631	20,826	721	927	327	2,928
2021	1,174	1,580	18,719	693	1,036	353	2,360
2020	1,019	1,657	15,830	719	1,196	418	2,043
2019	547	1,677	12,435	561	1,035	420	2,196
2018	532	1,359	10,925	392	1,536	559	808
2017	495	1,261	8,911	485	1,556	609	806
2016	465	1,188	6,098	558	1,471	587	752
2015	470	1,216	5,256	437	1,293	514	709
2014	471	1,071	4,464	367	1,120	456	899

19 위의 표에 대한 설명으로 옳지 않은 것은?

① 2019년부터 2022년까지 휴직의 사유를 보면 육아의 비중이 가장 높다.

② 2014년부터 2022년까지 휴직의 사유 중 병역은 항상 질병의 비중보다 높다.

③ 2021년부터는 육아가 휴직 사유에서 차지하는 비중이 70%를 넘어서고 있다.

④ 2019년 휴직 사유 중 간병의 비중이 질병보다 낮다.

✔해설 2019년 휴직의 사유 중 간병이 질병의 비중보다 높다.

20 2016년 휴직의 사유 중 간병이 차지하는 비중으로 옳은 것은? (소수 둘째자리에서 반올림하시오)

① 4.7%

② 4.8%

③ 4.9%

④ 5.0%

> ✔ 해설 2016년의 휴직 합계＝4,65＋1,188＋6,098＋558＋1,471＋587＋752＝11,119
>
> 따라서 2016년 휴직 사유 중 간병이 차지하는 비율＝$\frac{558}{11,119} \times 100 = 5.01 \cdots 5.0\%$

21 2021년의 휴직 사유 중 육아가 차지하는 비율은 질병이 차지하는 비율의 몇 배인가?(모든 계산은 소수 첫째자리에서 반올림하시오)

① 12배

② 13배

③ 14배

④ 15배

> ✔ 해설 2021년의 휴직 합계＝ 1,174＋1,580＋18,719＋693＋1,036＋353＋2,360＝25,915
>
> 육아가 차지하는 비율＝$\frac{18,719}{25,915} \times 100 = 72.2 \cdots 72\%$
>
> 질병이 차지하는 비율＝$\frac{1,174}{25,915} \times 100 = 4.5 \cdots 5\%$
>
> 72÷5＝14.4⋯14

22 다음 표는 2020~2022년 동안 국립공원 내 사찰의 문화재 관람료에 관한 자료이다. 다음 자료에 대한 설명으로 옳지 않은 것은?

(단위 : 원)

국립공원	사찰	2020년	2021년	2022년
지리산	쌍계사	1,800	1,800	1,800
	화엄사	2,200	3,000	3,000
	천은사	1,600	1,600	1,600
	연곡사	1,600	2,000	2,000
경주	불국사	0	0	4,000
	석굴암	0	0	4,000
	기림사	0	0	3,000
계룡산	동학사	1,600	2,000	2,000
	갑사	1,600	2,000	2,000
	신원사	1,600	2,000	2,000
한려해상	보리암	1,000	1,000	1,000
설악산	신흥사	1,800	2,500	2,500
	백담사	1,600	0	0
속리산	법주사	2,200	3,000	3,000
내장산	내장사	1,600	2,000	2,000
	백양사	1,800	2,500	2,500
가야산	해인사	1,900	2,000	2,000
덕유산	백련사	1,600	0	0
	안국사	1,600	0	0
오대산	월정사	1,800	2,500	2,500
주왕산	대전사	1,600	2,000	2,000
치악산	구룡사	1,600	2,000	2,000
소백산	희방사	1,600	2,000	2,000
월출산	도갑사	1,400	2,000	2,000
변산반도	내소사	1,600	2,000	2,000

① 2022년에 관람료 인상폭이 가장 큰 국립공원은 경주이다.

② 2022년 관람료가 2,000원인 사찰은 11곳이다.

③ 2021년 무료로 관람할 수 있는 사찰은 6곳이다.

④ 3년 내내 동일한 관람료를 받고 있는 사찰은 4곳뿐이다.

✔ **해설** ④ 3년 내내 동일한 관람료를 받고 있는 사찰은 쌍계사, 천은사, 보리암 3곳뿐이다.

Answer 20.④ 21.③ 22.④

23 다음은 2013 ～ 2022년 5개 자연재해 유형별 피해금액에 관한 자료이다. 이에 대한 설명으로 옳은 것만을 모두 고른 것은?

〈5개 자연재해 유형별 피해금액〉

(단위 : 억 원)

연도 유형	2013	2014	2015	2016	2017	2018	2019	2020	2021	2022
태풍	3,416	1,385	118	1,609	9	0	1,725	2,183	8,765	17
호우	2,150	3,520	19,063	435	581	2,549	1,808	5,276	384	1,581
대설	6,739	5,500	52	74	36	128	663	480	204	113
강풍	0	93	140	69	11	70	2	0	267	9
풍랑	0	0	57	331	0	241	70	3	0	0
전체	12,305	10,498	19,430	2,518	637	2,988	4,268	7,942	9,620	1,720

> ㉠ 2013 ～ 2022년 강풍 피해금액 합계는 풍랑 피해금액 합계보다 적다.
> ㉡ 2021년 태풍 피해금액은 2021년 5개 자연재해 유형 전체 피해금액의 90% 이상이다.
> ㉢ 피해금액이 매년 10억 원보다 큰 자연재해 유형은 호우 뿐이다.
> ㉣ 피해금액이 큰 자연재해 유형부터 순서대로 나열하면 2019년과 2020년의 순서는 동일하다.

① ㉠㉡
② ㉠㉢
③ ㉢㉣
④ ㉠㉡㉣

 해설 ㉠ 주어진 기간 동안 강풍 피해금액과 풍랑 피해금액의 합계를 각각 계산하여 비교하기 보다는 소거법을 이용하여 비교하는 것이 좋다. 비슷한 크기의 값들을 서로 비교하여 소거한 뒤 남은 값들의 크기를 비교해주는 것으로 2018년 강풍과 2019년 풍랑 피해금액이 70억 원으로 동일하고 2014, 2015, 2017년 강풍 피해금액의 합 244억 원과 2018년 풍랑 피해금액 241억 원이 비슷하다. 또한 2016, 2021년 강풍 피해금액의 합 336억 원과 2016년 풍랑 피해금액 331억 원이 비슷하다. 이 값들을 소거한 뒤 남은 값들을 비교해보면 강풍 피해금액의 합계가 풍랑 피해금액의 합계보다 더 작다는 것을 알 수 있다.
㉡ 2021년 태풍 피해금액이 2021년 5개 자연재해 유형 전체 피해금액의 90% 이상이라는 것은 즉, 태풍을 제외한 나머지 4개 유형 피해금액의 합이 전체 피해금액의 10% 미만이라는 것을 의미한다. 2021년 태풍을 제외한 나머지 4개 유형 피해금액의 합을 계산하면 전체 피해금액의 10% 밖에 미치지 못함을 알 수 있다.
㉢ 피해금액이 매년 10억 원보다 큰 자연재해 유형은 호우, 대설이 있다.
㉣ 피해금액이 큰 자연재해 유형부터 순서대로 나열하면 2019년 호우, 태풍, 대설, 풍랑, 강풍이며 이 순서는 2020년의 순서와 동일하다.

24 다음은 어떤 회사 직원들의 인사이동에 따른 4개 지점별 직원 이동 현황을 나타낸 자료이다. 다음 자료를 참고할 때, ㈎와 ㈏에 들어갈 수치로 알맞은 것은?

〈인사이동에 따른 지점별 직원 이동 현황〉

(단위 : 명)

이동 후 \ 이동 전	A	B	C	D
A	–	24	11	28
B	17	–	31	23
C	33	14	–	10
D	12	9	17	–

〈지점 별 직원 현황〉

(단위 : 명)

지점 \ 시기	인사이동 전	인사이동 후
A	345	㈎
B	419	㈏
C	263	261
D	372	349

① 346, 443 ② 344, 441

③ 346, 395 ④ 313, 402

 해설 • A지점에서 다른 지점으로 이동한 사람 : 17+33+12=62
다른 지점에서 A지점으로 이동한 사람 : 24+11+28=63
인사이동 후 345−62+63=346
• B지점에서 다른 지점으로 이동한 사람 : 24+14+9=47
다른 지점에서 B지점으로 이동한 사람 : 17+31+23=71
인사이동 후 419−47+71=443

25 다음은 학생들의 시험성적에 관한 자료이다. 순위산정방식을 이용하여 순위를 산정할 경우 옳은 설명만으로 바르게 짝지어진 것은?

〈학생들의 시험성적〉

(단위 : 점)

학생 \ 과목	국어	영어	수학	과학
미연	75	85	90	97
수정	82	83	79	81
대현	95	75	75	85
상민	89	70	91	90

〈순위산정방식〉
• A방식 : 4개 과목의 총점이 높은 학생부터 순서대로 1, 2, 3, 4위로 하되, 4개 과목의 총점이 동일한 학생의 경우 국어 성적이 높은 학생을 높은 순위로 한다.
• B방식 : 과목별 등수의 합이 작은 학생부터 순서대로 1, 2, 3, 4위로 하되, 과목별 등수의 합이 동일한 학생의 경우 A방식에 따라 산정한 순위가 높은 학생을 높은 순위로 한다.
• C방식 : 80점 이상인 과목의 수가 많은 학생부터 순서대로 1, 2, 3, 4위로 하되, 80점 이상인 과목의 수가 동일한 학생의 경우 A방식에 따라 산정한 순위가 높은 학생은 높은 순위로 한다.

㉠ A방식과 B방식으로 산정한 대현의 순위는 동일하다.
㉡ C방식으로 산정한 상민의 순위는 2위이다.
㉢ 상민의 과학점수만 95점으로 변경된다면, B방식으로 산정한 미연의 순위는 2위가 된다.

① ㉠
② ㉡
③ ㉢
④ ㉠㉡

A방식

구분	미연	수정	대현	상민
총점	347	325	330	340
순위	1	4	3	2

B방식

구분	미연	수정	대현	상민
등수의 합	8	12	11	9
순위	1	4	3	2

C방식

구분	미연	수정	대현	상민
80점 이상 과목 수	3	3	2	3
순위	1	3	4	2

26 서원이는 2022년 1월 전액 현금으로만 다음 표와 같이 지출하였다. 만약 서원이가 2022년 1월에 A ~ C 신용카드 중 하나만을 발급받아 할인 전 금액이 표와 동일하도록 그 카드로만 지출하였다면 신용카드별 할인혜택에 근거한 할인 후 예상청구액이 가장 적은 카드부터 순서대로 바르게 나열한 것은?

〈2022년 1월 지출내역〉

(단위 : 만 원)

분류	세부항목		금액	합계
교통비	버스 · 지하철 요금		8	20
	택시 요금		2	
	KTX 요금		10	
식비	외식비	평일	10	30
		주말	5	
	카페 지출액		5	
	식료품 구입비	대형마트	5	
		재래시장	5	
의류구입비	온라인		15	30
	오프라인		15	
여가 및 자기계발비	영화관람료(1만원/회×2회)		2	30
	도서구입비 (2만원/권×1권, 1만5천원/권×2권, 1만원/권×3권)		8	
	학원 수강료		20	

〈신용카드별 할인혜택〉

○ A 신용카드
- 버스, 지하철, KTX 요금 20% 할인(단, 할인액의 한도는 월 2만원)
- 외식비 주말 결제액 5% 할인
- 학원 수강료 15% 할인
- 최대 총 할인한도액은 없음
- 연회비 1만 5천 원이 발급 시 부과되어 합산됨

○ B 신용카드
- 버스, 지하철, KTX 요금 10% 할인(단, 할인액의 한도는 월 1만원)
- 온라인 의류구입비 10% 할인
- 도서구입비 권당 3천 원 할인(단, 권당 가격이 1만 2천 원 이상인 경우에만 적용)
- 최대 총 할인한도액은 월 3만 원
- 연회비 없음
○ C 신용카드
- 버스, 지하철, 택시 요금 10% 할인(단, 할인액의 한도는 월 1만 원)
- 카페 지출액 10% 할인
- 재래시장 식료품 구입비 10% 할인
- 영화관람료 회당 2천원 할인(월 최대 2회)
- 최대 총 할인한도액은 월 4만 원
- 연회비 없음

※ 할부나 부분청구는 없으며, A ~ C 신용카드는 매달 1일부터 말일까지의 사용분에 대하여 익월 청구됨

① A - B - C   ② A - C - B
③ B - A - C   ④ B - C - A

✔ 해설   할인내역을 정리하면
- A 신용카드
- 교통비 20,000원
- 외식비 2,500원
- 학원수강료 30,000원
- 할인합계 52,500원 - 연회비 15,000원=37,500원
- B 신용카드
- 교통비 10,000원
- 온라인 의류구입비 15,000원
- 도서구입비 9,000원
- 할인합계 30,000원
- C 신용카드
- 교통비 10,000원
- 카페 지출액 5,000원
- 재래시장 식료품 구입비 5,000원
- 영화관람료 4,000원
- 할인합계 24,000원

27 다음은 '갑'국의 2008 ~ 2021년 알코올 관련 질환 사망자 수에 대한 자료이다. 이에 대한 설명으로 옳은 것은?

(단위 : 명)

구분 / 연도	남성		여성		전체	
	사망자 수	인구 10만 명당 사망자 수	사망자 수	인구 10만 명당 사망자 수	사망자 수	인구 10만 명당 사망자 수
2008	2,542	10.7	156	0.7	2,698	5.9
2009	2,870	11.9	199	0.8	3,069	6.3
2010	3,807	15.8	299	1.2	4,106	8.4
2011	4,400	18.2	340	1.4	4,740	9.8
2012	4,674	19.2	374	1.5	5,048	10.2
2013	4,289	17.6	387	1.6	4,676	9.6
2014	4,107	16.8	383	1.6	4,490	9.3
2015	4,305	17.5	396	1.6	4,701	9.5
2016	4,243	17.1	400	1.6	4,643	9.3
2017	4,010	16.1	420	1.7	4,430	8.9
2018	4,111	16.5	424	1.7	( )	9.1
2019	3,996	15.9	497	2.0	4,493	9.0
2020	4,075	16.2	474	1.9	( )	9.1
2021	3,955	15.6	521	2.1	4,476	8.9

※ 인구 10만 명당 사망자 수는 소수점 아래 둘째 자리에서 반올림한 값이다.

① 2018년과 2020년의 전체 사망자 수는 같다.

② 여성 사망자 수는 매년 증가한다.

③ 매년 남성 인구 10만 명당 사망자 수는 여성 인구 10만 명당 사망자 수의 8배 이상이다.

④ 남성 인구 10만 명당 사망자 수가 가장 많은 해의 전년대비 남성 사망자 수 증가율은 5% 이상이다.

✔ **해설** ① 2018년 전체 사망자 수는 4,111 + 424 = 4,535 명이고, 2020년 전체 사망자 수는 4,075 + 474 = 4,549 명이다.
② 2014년과 2020년에는 전년대비 감소하였다.
③ 2019년과 2021년에는 각각 7.95배, 7.43배 차이가 난다.
④ 남성 인구 10만 명당 사망자 수가 가장 많은 해는 2012년으로 전년대비 사망자 수 증가율은 6.2%이다.
※ 전년대비 증가율 = (후년 ÷ 전년 - 1) × 100(%)

28 다음은 문화산업부문 예산에 관한 자료이다. 다음 중 ㈜의 값을 구하면?

분야	예산(억 원)	비율(%)
출판	㈎	㈐
영상	40.85	19
게임	51.6	24
광고	㈏	31
저작권	23.65	11
총합	㈜	100

① 185

② 195

③ 205

④ 215

✔ 해설 ㉠ 영상 분야의 예산은 40.85(억 원), 비율은 19(%)이므로, 40.85 : 19 =㈎ : ㈐
　　　• ㈐=100−(19+24+31+11)=15%
　　　• 40.85×15=19×㈎,　∴ 출판 분야의 예산 ㈎ = 32.25(억 원)
　　㉡ 위와 동일하게 광고 분야의 예산을 구하면, 40.85 : 19 = ㈏ : 31
　　　• 40.85×31=19×㈏,　∴ 광고 분야의 예산 ㈏=66.65(억 원)
　　㉢ 예산의 총합 ㈜는 32.25+40.85+51.6+66.65+23.65=215(억 원)

29 다음은 어느 보험회사의 보험계약 현황에 관한 표이다. 이에 대한 설명으로 옳지 않은 것은?

(단위 : 건, 억 원)

구분		2021년		2020년	
		건수	금액	건수	금액
개인보험		5,852,844	1,288,847	5,868,027	1,225,968
	생존보험	1,485,908	392,222	1,428,422	368,731
	사망보험	3,204,140	604,558	3,241,308	561,046
	생사혼합	1,162,792	292,068	1,198,297	296,191
단체보험		0	0	0	0
	단체보장	0	0	0	0
	단체저축	0	0	0	0
소계		5,852,844	1,288,847	5,868,027	1,225,968

※ 건수는 보유계약의 건수임

※ 금액은 주계약 및 특약의 보험가입금액임

① 2020년과 2021년에 단체보험 보유계약의 건수는 0건이다.

② 2021년은 2020년에 비해 개인보험 보유계약 건수가 감소하였다.

③ 2021년은 2020년에 비해 개인보험 보험가입금액은 증가하였다.

④ 2021년 개인보험 보험가입금액에서 생존보험 금액이 차지하는 비중은 30% 미만이다.

 해설 ④ $\dfrac{392,222}{1,288,847} \times 100 = 30.43\%$

따라서 30%를 초과한다.

30 다음은 어느 재단의 연도별 재무 현황이다. 다음 중 자산부채비율이 가장 높은 해는?

(단위 : 억 원, %)

연도 \ 구분	2018	2019	2020	2021
자산	31,303	56,898	77,823	91,464
부채	20,379	47,295	67,708	83,754
재단채	12,500	37,611	59,105	74,751
기타	7,879	9,684	8,603	9,003
자본	10,924	9,603	10,115	7,711

※ 자산부채비율(%) $= \dfrac{자산}{부채} \times 100$

① 2018년

② 2019년

③ 2020년

④ 2021년

✔ 해설

① 2018년 : $\dfrac{31,303}{20,379} \times 100 = 153.6$

② 2019년 : $\dfrac{56,898}{47,295} \times 100 = 120.3$

③ 2020년 : $\dfrac{77,823}{67,708} \times 100 = 114.9$

④ 2021년 : $\dfrac{91,464}{83,754} \times 100 = 109.2$

문제해결능력

01 **문제와 문제해결**

(1) 문제의 정의와 분류

① 정의 … 문제란 업무를 수행함에 있어서 답을 요구하는 질문이나 의논하여 해결해야 되는 사항이다.

② 문제의 분류

구분	창의적 문제	분석적 문제
문제제시 방법	현재 문제가 없더라도 보다 나은 방법을 찾기 위한 문제 탐구 → 문제 자체가 명확하지 않음	현재의 문제점이나 미래의 문제로 예견될 것에 대한 문제 탐구 → 문제 자체가 명확함
해결방법	창의력에 의한 많은 아이디어의 작성을 통해 해결	분석, 논리, 귀납과 같은 논리적 방법을 통해 해결
해답 수	해답의 수가 많으며, 많은 답 가운데 보다 나은 것을 선택	답의 수가 적으며 한정되어 있음
주요특징	주관적, 직관적, 감각적, 정성적, 개별적, 특수성	객관적, 논리적, 정량적, 이성적, 일반적, 공통성

(2) 업무수행과정에서 발생하는 문제 유형

① **발생형 문제(보이는 문제)** … 현재 직면하여 해결하기 위해 고민하는 문제이다. 원인이 내재되어 있기 때문에 원인지향적인 문제라고도 한다.
   ㉠ **일탈문제** : 어떤 기준을 일탈함으로써 생기는 문제
   ㉡ **미달문제** : 어떤 기준에 미달하여 생기는 문제

② **탐색형 문제(찾는 문제)** … 현재의 상황을 개선하거나 효율을 높이기 위한 문제이다. 방치할 경우 큰 손실이 따르거나 해결할 수 없는 문제로 나타나게 된다.
   ㉠ **잠재문제** : 문제가 잠재되어 있어 인식하지 못하다가 확대되어 해결이 어려운 문제
   ㉡ **예측문제** : 현재로는 문제가 없으나 현 상태의 진행 상황을 예측하여 찾아야 앞으로 일어날 수 있는 문제가 보이는 문제

ⓒ **발견문제** : 현재로서는 담당 업무에 문제가 없으나 선진기업의 업무 방법 등 보다 좋은 제도나 기법을 발견하여 개선시킬 수 있는 문제

③ **설정형 문제(미래 문제)** … 장래의 경영전략을 생각하는 것으로 앞으로 어떻게 할 것인가 하는 문제이다. 문제해결에 창조적인 노력이 요구되어 창조적 문제라고도 한다.

예제 1

D회사 신입사원으로 입사한 귀하는 신입사원 교육에서 업무수행과정에서 발생하는 문제 유형 중 설정형 문제를 하나씩 찾아오라는 지시를 받았다. 이에 대해 귀하는 교육받은 내용을 다시 복습하려고 한다. 설정형 문제에 해당하는 것은?

① 현재 직면하여 해결하기 위해 고민하는 문제
② 현재의 상황을 개선하거나 효율을 높이기 위한 문제
③ 앞으로 어떻게 할 것인가 하는 문제
④ 원인이 내재되어 있는 원인지향적인 문제

출제의도

업무수행 중 문제가 발생하였을 때 문제 유형을 구분하는 능력을 측정하는 문항이다.

해 설

업무수행과정에서 발생하는 문제 유형으로는 발생형 문제, 탐색형 문제, 설정형 문제가 있으며 ①④는 발생형 문제이며 ②는 탐색형 문제, ③이 설정형 문제이다.

답 ③

---

(3) 문제해결

① **정의** … 목표와 현상을 분석하고 이 결과를 토대로 과제를 도출하여 최적의 해결책을 찾아 실행·평가해 가는 활동이다.

② **문제해결에 필요한 기본적 사고**
　　㉠ **전략적 사고** : 문제와 해결방안이 상위 시스템과 어떻게 연결되어 있는지를 생각한다.
　　ⓒ **분석적 사고** : 전체를 각각의 요소로 나누어 그 의미를 도출하고 우선순위를 부여하여 구체적인 문제해결방법을 실행한다.
　　ⓒ **발상의 전환** : 인식의 틀을 전환하여 새로운 관점으로 바라보는 사고를 지향한다.
　　㉣ **내·외부자원의 활용** : 기술, 재료, 사람 등 필요한 자원을 효과적으로 활용한다.

③ **문제해결의 장애요소**
　　㉠ 문제를 철저하게 분석하지 않는 경우
　　ⓒ 고정관념에 얽매이는 경우
　　ⓒ 쉽게 떠오르는 단순한 정보에 의지하는 경우
　　㉣ 너무 많은 자료를 수집하려고 노력하는 경우

④ 문제해결방법
- ㉠ 소프트 어프로치 : 문제해결을 위해서 직접적인 표현보다는 무언가를 시사하거나 암시를 통하여 의사를 전달하여 문제해결을 도모하고자 한다.
- ㉡ 하드 어프로치 : 상이한 문화적 토양을 가지고 있는 구성원을 가정하고, 서로의 생각을 직설적으로 주장하고 논쟁이나 협상을 통해 서로의 의견을 조정해 가는 방법이다.
- ㉢ 퍼실리테이션(facilitation) : 촉진을 의미하며 어떤 그룹이나 집단이 의사결정을 잘 하도록 도와주는 일을 의미한다.

02 문제해결능력을 구성하는 하위능력

(1) 사고력

① 창의적 사고 … 개인이 가지고 있는 경험과 지식을 통해 새로운 가치 있는 아이디어를 산출하는 사고능력이다.
- ㉠ 창의적 사고의 특징
  - 정보와 정보의 조합
  - 사회나 개인에게 새로운 가치 창출
  - 창조적인 가능성

예제 2

M사 홍보팀에서 근무하고 있는 귀하는 입사 5년차로 창의적인 기획안을 제출하기로 유명하다. S부장은 이번 신입사원 교육 때 귀하에게 창의적인 사고란 무엇인지 교육을 맡아달라고 부탁하였다. 창의적인 사고에 대한 귀하의 설명으로 옳지 않은 것은?

① 창의적인 사고는 새롭고 유용한 아이디어를 생산해 내는 정신적인 과정이다.
② 창의적인 사고는 특별한 사람들만이 할 수 있는 대단한 능력이다.
③ 창의적인 사고는 기존의 정보들을 특정한 요구조건에 맞거나 유용하도록 새롭게 조합시킨 것이다.
④ 창의적인 사고는 통상적인 것이 아니라 기발하거나, 신기하며 독창적인 것이다.

출제의도

창의적 사고에 대한 개념을 정확히 파악하고 있는지를 묻는 문항이다.

해 설

흔히 사람들은 창의적인 사고에 대해 특별한 사람들만이 할 수 있는 대단한 능력이라고 생각하지만 그리 대단한 능력이 아니며 이미 알고 있는 경험과 지식을 해체하여 다시 새로운 정보로 결합하여 가치 있는 아이디어를 산출하는 사고라고 할 수 있다.

답 ②

ⓛ 발산적 사고 : 창의적 사고를 위해 필요한 것으로 자유연상법, 강제연상법, 비교발상법 등을 통해 개발할 수 있다.

구분	내용
자유연상법	생각나는 대로 자유롭게 발상 ex) 브레인스토밍
강제연상법	각종 힌트에 강제적으로 연결 지어 발상 ex) 체크리스트
비교발상법	주제의 본질과 닮은 것을 힌트로 발상 ex) NM법, Synectics

Point ≫ 브레인스토밍

　ⓙ 진행방법
　　• 주제를 구체적이고 명확하게 정한다.
　　• 구성원의 얼굴을 볼 수 있는 좌석 배치와 큰 용지를 준비한다.
　　• 구성원들의 다양한 의견을 도출할 수 있는 사람을 리더로 선출한다.
　　• 구성원은 다양한 분야의 사람들로 5~8명 정도로 구성한다.
　　• 발언은 누구나 자유롭게 할 수 있도록 하며, 모든 발언 내용을 기록한다.
　　• 아이디어에 대한 평가는 비판해서는 안 된다.
　ⓛ 4대 원칙
　　• 비판엄금(Support) : 평가 단계 이전에 결코 비판이나 판단을 해서는 안 되며 평가는 나중까지 유보한다.
　　• 자유분방(Silly) : 무엇이든 자유롭게 말하고 이런 바보 같은 소리를 해서는 안 된다는 등의 생각은 하지 않아야 한다.
　　• 질보다 양(Speed) : 질에는 관계없이 가능한 많은 아이디어들을 생성해내도록 격려한다.
　　• 결합과 개선(Synergy) : 다른 사람의 아이디어에 자극되어 보다 좋은 생각이 떠오르고, 서로 조합하면 재미있는 아이디어가 될 것 같은 생각이 들면 즉시 조합시킨다.

② 논리적 사고 … 사고의 전개에 있어 전후의 관계가 일치하고 있는가를 살피고 아이디어를 평가하는 사고능력이다.

　ⓙ 논리적 사고를 위한 5가지 요소 : 생각하는 습관, 상대 논리의 구조화, 구체적인 생각, 타인에 대한 이해, 설득

　ⓛ 논리적 사고 개발 방법

　　• 피라미드 구조 : 하위의 사실이나 현상부터 사고하여 상위의 주장을 만들어가는 방법

　　• so what기법 : '그래서 무엇이지?'하고 자문자답하여 주어진 정보로부터 가치 있는 정보를 이끌어내는 사고 기법

③ 비판적 사고 … 어떤 주제나 주장에 대해서 적극적으로 분석하고 종합하며 평가하는 능동적인 사고이다.

　ⓙ 비판적 사고 개발 태도 : 비판적 사고를 개발하기 위해서는 지적 호기심, 객관성, 개방성, 융통성, 지적 회의성, 지적 정직성, 체계성, 지속성, 결단성, 다른 관점에 대한 존중과 같은 태도가 요구된다.

ⓛ 비판적 사고를 위한 태도
  • 문제의식 : 비판적인 사고를 위해서 가장 먼저 필요한 것은 바로 문제의식이다. 자신이 지니고 있는 문제와 목적을 확실하고 정확하게 파악하는 것이 비판적인 사고의 시작이다.
  • 고정관념 타파 : 지각의 폭을 넓히는 일은 정보에 대한 개방성을 가지고 편견을 갖지 않는 것으로 고정관념을 타파하는 일이 중요하다.

(2) 문제처리능력과 문제해결절차

① 문제처리능력 … 목표와 현상을 분석하고 이를 토대로 문제를 도출하여 최적의 해결책을 찾아 실행 · 평가하는 능력이다.

② 문제해결절차 … 문제 인식 → 문제 도출 → 원인 분석 → 해결안 개발 → 실행 및 평가
  ⓐ 문제 인식 : 문제해결과정 중 'waht'을 결정하는 단계로 환경 분석 → 주요 과제 도출 → 과제 선정의 절차를 통해 수행된다.
  • 3C 분석 : 환경 분석 방법의 하나로 사업환경을 구성하고 있는 요소인 자사(Company), 경쟁사(Competitor), 고객(Customer)을 분석하는 것이다.

예제 3

L사에서 주력 상품으로 밀고 있는 TV의 판매 이익이 감소하고 있는 상황에서 귀하는 B부장으로부터 3C분석을 통해 해결방안을 강구해 오라는 지시를 받았다. 다음 중 3C에 해당하지 않는 것은?

① Customer
② Company
③ Competitor
④ Content

출제의도

3C의 개념과 구성요소를 정확히 숙지하고 있는지를 측정하는 문항이다.

해 설

3C 분석에서 사업 환경을 구성하고 있는 요소인 자사(Company), 경쟁사(Competitor), 고객을 3C(Customer)라고 한다. 3C 분석에서 고객 분석에서는 '고객은 자사의 상품 · 서비스에 만족하고 있는지'를, 자사 분석에서는 '자사가 세운 달성목표와 현상 간에 차이가 없는지'를 경쟁사 분석에서는 '경쟁 기업의 우수한 점과 자사의 현상과 차이가 없는지'에 대한 질문을 통해서 환경을 분석하게 된다.

답 ④

- SWOT 분석 : 기업내부의 강점과 약점, 외부환경의 기회와 위협요인을 분석·평가하여 문제해결 방안을 개발하는 방법이다.

		내부환경요인	
		강점(Strengths)	약점(Weaknesses)
외부환경요인	기회 (Opportunities)	SO 내부강점과 외부기회 요인을 극대화	WO 외부기회를 이용하여 내부약점을 강점으로 전환
	위협 (Threat)	ST 외부위협을 최소화하기 위해 내부강점을 극대화	WT 내부약점과 외부위협을 최소화

ⓛ 문제 도출 : 선정된 문제를 분석하여 해결해야 할 것이 무엇인지를 명확히 하는 단계로, 문제 구조 파악→핵심 문제 선정 단계를 거쳐 수행된다.
- Logic Tree : 문제의 원인을 파고들거나 해결책을 구체화할 때 제한된 시간 안에서 넓이와 깊이를 추구하는데 도움이 되는 기술로 주요 과제를 나무모양으로 분해·정리하는 기술이다.

ⓒ 원인 분석 : 문제 도출 후 파악된 핵심 문제에 대한 분석을 통해 근본 원인을 찾는 단계로 Issue 분석→Data 분석→원인 파악의 절차로 진행된다.

ⓔ 해결안 개발 : 원인이 밝혀지면 이를 효과적으로 해결할 수 있는 다양한 해결안을 개발하고 최선의 해결안을 선택하는 것이 필요하다.

ⓜ 실행 및 평가 : 해결안 개발을 통해 만들어진 실행계획을 실제 상황에 적용하는 활동으로 실행계획 수립→실행→Follow-up의 절차로 진행된다.

예제 4

C사는 최근 국내 매출이 지속적으로 하락하고 있어 사내 분위기가 심상치 않다. 이에 대해 Y부장은 이 문제를 극복하고자 문제처리 팀을 구성하여 해결방안을 모색하도록 지시하였다. 문제처리 팀의 문제해결 절차를 올바른 순서로 나열한 것은?

① 문제 인식→원인 분석→해결안 개발→문제 도출→실행 및 평가
② 문제 도출→문제 인식→해결안 개발→원인 분석→실행 및 평가
③ 문제 인식→원인 분석→문제 도출→해결안 개발→실행 및 평가
④ 문제 인식→문제 도출→원인 분석→해결안 개발→실행 및 평가

출제의도

실제 업무 상황에서 문제가 일어났을 때 해결 절차를 알고 있는지를 측정하는 문항이다.

해 설

일반적인 문제해결절차는 '문제 인식→문제 도출→원인 분석→해결안 개발→실행 및 평가로 이루어진다.

답 ④

출제예상문제

1 갑, 을, 병, 정, 무 5명이 해외연수를 받는 순서로 가능한 경우에 해당하는 것은?

> • 병과 무가 해외연수를 받는 사이에 적어도 두 사람이 해외연수를 받는다.
> • 해외연수는 다섯 달 동안 매달 진행되며, 한 달에 한 사람만 받는다.
> • 무가 5명 중에서 가장 먼저 해외연수를 받는 것은 아니다.
> • 정이 해외연수를 받은 달은 갑이 해외연수를 받은 달과 인접하지 않는다.

① 을 - 갑 - 병 - 정 - 무
② 을 - 무 - 갑 - 정 - 병
③ 정 - 병 - 을 - 갑 - 무
④ 정 - 을 - 갑 - 병 - 무

✔**해설** 보기에 조건을 대입하여 하나씩 제거하면 답을 금방 찾을 수 있다.
• 병과 무가 해외연수를 받는 사이에 적어도 두 사람이 해외연수를 받는다고 하였으므로 병과 무 사이에 두 명이 존재한다.
• 한 달에 한 사람이 받으므로 겹치지는 않는다.
• 정과 갑은 인접해 있을 수 없으므로 최소 사이에 1명은 있어야 한다.

2 A, B, C, D 네 명의 수강생이 외국어 학원에서 영어, 일본어, 중국어, 러시아어를 수강하고 있다. 다음에 제시된 내용을 모두 고려하였을 경우 항상 거짓인 것은?

- C는 한 과목만 수강하며, 한 명도 수강하지 않는 과목은 없다.
- 남자는 세 명, 여자는 한 명이다.
- 러시아어는 세 사람이 함께 수강해야 하며, 남자만 수강할 수 있다.
- 중국어는 여자만 수강할 수 있다.
- A는 남자이며, 일본어는 반드시 수강해야 한다.
- 남자는 모두 두 과목을 수강한다.

① 한 과목은 남자 두 명이 수강하게 된다.
② D는 반드시 두 과목을 수강하게 된다.
③ B는 일본어와 러시아어를 함께 수강하고 있지 않다.
④ B와 D는 영어를 수강하지 않는다.

✔ **해설** 제시된 내용에 따라 정리를 하면

	영어	일본어	중국어	러시아어
A	×	○	×	○
B			×	○
C	×	×	○	×
D			×	○

① 영어, 일본어 둘 중 하나는 남자 두 명이 수강하게 된다.
② D는 남자이므로 반드시 두 과목을 수강하게 된다.
③ B는 영어와 러시아어를 수강하게 되면 옳은 내용이 된다.
④ B와 D는 영어 또는 일본어를 수강하게 되므로 틀린 내용이다.

3 A, B, C, D, E가 서로 거주하고 있는 집에 한 번씩 방문하려고 할 때, 세 번째로 방문하는 집은 누구의 집인가?

> • A ~ E는 각각의 집에 함께 방문하며, 동시에 여러 집을 방문할 수 없다.
> • A의 집을 방문한 후에 B의 집을 방문하나, 바로 이어서 방문하는 것은 아니다.
> • D의 집을 방문한 후에 바로 C의 집을 방문한다.
> • E의 집을 A의 집보다 먼저 방문한다.

① A   ② B

③ C   ④ D

> ✔해설 주어진 내용에 따라 정리해 보면 다음과 같음을 알 수 있다.
> A집 다음에 B집을 방문하나 이어서 방문하지 않고, D집 다음에는 바로 C집을 방문한다.
> 그리고 E집을 A집 보다 먼저 방문하므로
> E→A→D→C→B

4 다음 주어진 내용을 모두 고려하였을 때 A, B, C, D, E를 몸무게가 무거운 사람부터 나열하였을 때 C는 몇 번째에 해당하는가?

> A, B, C, D, E가 신체검사를 한 결과는 다음과 같다.
> • D는 E보다 키도 크고 몸무게도 많이 나간다.
> • A는 E보다 키는 크지만 몸무게는 적게 나간다.
> • C의 키는 E보다 작으며, A의 몸무게가 가장 적게 나가는 것은 아니다.
> • B는 A보다 몸무게가 많이 나간다.

① 첫 번째   ② 두 번째

③ 세 번째   ④ 다섯 번째

> ✔해설 제시된 내용에 따라 정리해 보면
> 첫 번째와 두 번째 내용에 따라 D > E > A
> 세 번째 내용을 보면 A가 가장 적게 나가는 것이 아니므로 A 뒤에 C가 온다.
> 그러므로 D > E > B > A > C가 된다.

5 오 부장, 최 차장, 박 과장, 남 대리, 조 사원, 양 사원 6명은 주간회의를 진행하고 있다. 둥근 테이블에 둘러 앉아 회의를 하는 사람들의 위치가 다음과 같을 때, 조 사원의 양 옆에 위치한 사람으로 짝지어진 것은?

> • 최 차장과 남 대리는 마주보고 앉았다.
> • 박 과장은 오 부장의 옆에 앉았다.
> • 오 부장은 회의의 진행을 맡기로 하였다.
> • 남 대리는 양 사원이 앉은 기준으로 오른쪽에 앉았다.

① 양 사원, 최 차장
② 양 사원, 남 대리
③ 박 과장, 최 차장
④ 오 부장, 양 사원

✔해설 둥글게 앉은 자리를 일렬로 펼쳐 생각해 볼 수 있다.

최 차장과 남 대리가 마주보고 앉았다는 것은 이 두 사람을 기준으로 양쪽으로 두 개의 자리씩 있다는 것이 된다. 또한 오 부장과 박 과장이 나란히 앉아 있으므로 오 부장과 박 과장은 최 차장과 남 대리가 둘로 가른 양쪽 중 어느 한쪽을 차지하고 앉아 있게 된다.

남 대리가 양 사원의 오른쪽에 앉았다고 했으므로 양 사원의 왼쪽은 남은 조 사원이 앉게 되는 경우만 있게 됨을 알 수 있다. 따라서 오 부장과 박 과장의 정확한 자리만 결정되지 않았으며, 이를 오 부장을 중심으로 시계 방향으로 순서대로 정리하면, 오 부장-박 과장-남 대리-양 사원-조 사원-최 차장의 순서 또는 오 부장-남 대리-양 사원-조 사원-최 차장-박 과장의 순서가 됨을 알 수 있다. 결국 조 사원의 양 옆에는 두 가지 경우에 모두 양 사원과 최 차장이 앉아 있게 된다.

6 홍보팀에서는 신입사원 6명(A, B, C, D, E, F)을 선배 직원 3명(갑, 을, 병)이 각각 2명씩 맡아 문서작성 및 결재 요령에 대하여 1주일 간 교육을 실시하고 있다. 다음 조건을 만족할 때, 신입사원과 교육을 담당한 선배 직원의 연결에 대한 설명이 올바른 것은?

> • B와 F는 같은 조이다.
> • 갑은 A에게 문서작성 요령을 가르쳐 주었다.
> • 을은 C와 F에게 문서작성 및 결재 요령에 대하여 가르쳐 주지 않았다.

① 병은 A를 교육한다.

② D는 을에게 교육을 받지 않는다.

③ C는 갑에게 교육을 받는다.

④ 을은 C를 교육한다.

✔해설 주어진 조건에서 확정 조건은 다음과 같다.

B, F	A, ( )	C, D, E 중 2명
( )	갑	( )

그런데 세 번째 조건에서 을은 C와 F에게 교육을 하지 않았다고 하였으므로 F가 있는 조와 이미 갑이 교육을 하는 조를 맡지 않은 것이 된다. 따라서 맨 오른쪽은 을이 되어야 하고 남는 한 조인 B, F조는 병이 될 수밖에 없다. 또한 이 경우, 을이 C를 교육하지 않았다고 하였으므로 을의 조는 D와 E가 남게 되며, C는 A와 한 조가 되어 결국 다음과 같이 정리될 수 있다.

B, F	A, C	D, E
병	갑	을

따라서 선택지 ③에서 설명된 'C는 갑에게 교육을 받는다.'가 정답이 된다.

7 다음 내용을 근거로 판단할 때 참말을 한 사람은 누구인가?

A 동아리 학생 5명은 각각 B 동아리 학생들과 30회씩 가위바위보 게임을 하였다. 각 게임에서 이길 경우 5점, 비길 경우 1점, 질 경우 −1점을 받는다. 게임이 모두 끝나자 A 동아리 학생 5명은 자신들이 얻은 합산 점수를 다음과 같이 말하였다.

- 갑 : 내 점수는 148점이다.
- 을 : 내 점수는 145점이다.
- 병 : 내 점수는 143점이다.
- 정 : 내 점수는 140점이다.
- 무 : 내 점수는 139점이다.

이들 중 한 명만 참말을 하고 있다.

---

① 갑   ② 을

③ 병   ④ 정

✔해설   가위바위보를 해서 모두 이기면 $30 \times 5 = 150$점이 된다.
여기서 한 번 비기면 총점에서 4점이 줄고, 한 번 지면 총점에서 6점이 줄어든다.
만약 29번 이기고 1번 지게 되면 $(29 \times 5) + (-1) = 144$점이 된다.
즉, 150점에서 −6, 또는 −4를 통해서 나올 수 있는 점수를 가진 사람만이 참말을 하는 것이다. 정의 점수 140점은 1번 지고, 1번 비길 경우 나올 수 있다. $(28 \times 5) + 1 - 1 = 140$

8 다음은 H기업의 채용 시험에 응시한 최종 6명의 평가 결과를 나타낸 자료이다. 다음 중 응시자 A와 D의 면접 점수가 동일하며, 6명의 면접 평균 점수가 17.5점일 경우, 최종 채용자 2명 중 어느 한 명이라도 변경될 수 있는 조건으로 올바른 설명은 어느 것인가?

〈평가 결과표〉

분야 응시자	어학	컴퓨터	실무	NCS	면접	평균
A	( )	14	13	15	( )	( )
B	12	14	( )	10	14	12.0
C	10	12	9	( )	18	11.8
D	14	14	( )	17	( )	( )
E	( )	20	19	17	19	18.6
F	10	( )	16	( )	16	( )
계	80	( )	( )	84	( )	( )
평균	( )	14.5	14.5	( )	( )	( )

※ 평균 점수가 높은 두 명을 최종 채용자로 결정함

① E의 '컴퓨터' 점수가 5점 낮아질 경우
② A의 '실무' 점수가 최고점, D의 '실무' 점수가 13점일 경우
③ F의 '어학' 점수가 최고점일 경우
④ B의 '실무'와 'NCS' 점수가 모두 최고점일 경우

✔해설 A와 D의 면접 점수(x로 치환)가 동일하므로 $14 + 18 + 19 + 16 + 2x = 17.5 \times 6 = 105$가 된다. 따라서 A와 D의 면접 점수는 19점이 된다. 이를 통해 문제의 표를 정리하면 다음과 같다.

분야 응시자	어학	컴퓨터	실무	NCS	면접	평균
A	16	14	13	15	19	15.4
B	12	14	10	10	14	12.0
C	10	12	9	10	18	11.8
D	14	14	20	17	19	16.8
E	18	20	19	17	19	18.6
F	10	13	16	15	16	14
계	80	87	87	84	105	88.6
평균	13.3	14.5	14.5	14	17.5	14.8

따라서 2명의 최종 채용자는 D와 E가 된다. 그러므로 ②와 같은 조건의 경우에는 A와 D의 평균 점수가 각각 16.8점과 15.4점이 되어 최종 채용자가 A와 E로 바뀌게 된다.

① E의 평균 점수가 17.6점이 되어 여전히 1위의 성적이므로 채용자는 변경되지 않는다.
③ F의 평균 점수가 16점이 되므로 채용자는 변경되지 않는다.
④ B의 평균 점수가 16점이 되므로 채용자는 변경되지 않는다.

9 갑사, 을사, 병사는 A, B, C 3개 운동 종목에 대한 3사 간의 경기를 실시하였으며, 결과는 다음 표와 같다. 이에 대한 설명으로 올바르지 않은 것은? (단, 무승부인 경기는 없다고 가정한다)

구분	갑	을	병
A 종목	4승 6패	7승 3패	4승 6패
B 종목	7승 3패	2승 8패	6승 4패
C 종목	5승 5패	3승 7패	7승 3패

① 갑사가 병사로부터 거둔 A 종목 경기 승수가 1승뿐이었다면 을사는 병사에 압도적인 우세를 보였다.
② 을사의 B 종목 경기 8패가 나머지 두 회사와의 경기에서 절반씩 거둔 결과라면 갑사와 병사의 상대 전적은 갑사가 더 우세하다.
③ 갑사가 세 종목에서 거둔 승수 중 을사와 병사로부터 각각 적어도 2승 이상씩을 거두었다면, 적어도 을사는 병사보다 A 종목의, 병사는 을사보다 C 종목의 상대 전적이 더 우세하다.
④ 갑사는 C 종목에서 을사, 병사와의 상대 전적이 동일하여 우열을 가릴 수 없다.

✔해설 3개 회사는 각 종목 당 다른 회사와 5번씩 경기를 가졌으며 이에 따른 승수와 패수의 합은 항상 10이 된다. 갑사가 C 종목에서 거둔 5승과 5패는 어느 팀으로부터 거둔 것인지 알 수 있는 근거가 없어 을 사, 병사와 상대 전적이 동일하다고 말할 수 없다. 또한, 특정 팀과 5회 경기를 하여 무승부인 결과는 없는 것이므로 상대 전적이 동일한 두 팀이 생길 수는 없다.
① 병사의 6패 중 나머지 5패를 을사로부터 당한 것이 된다. 따라서 을사와의 전적은 0승 5패의 압도적인 결과가 된다.
② 갑사와 병사의 승수 중 각각 4승씩을 제외한 나머지 승수가 상대방으로부터 거둔 승수가 된다. 따라서 갑사는 병사로부터 3승을, 병사는 갑사로부터 2승을 거둔 것이 되어 갑사의 상대 전적이 병사보다 더 우세하게 된다.
③ 을사의 A 종목 3패 중 적어도 2패 이상이 갑사에게 당한 것이 되고 나머지 패수가 병사에게 당한 것이 되므로 을사는 병사보다 A 종목의 상대 전적이 더 우세하다. 이와 같은 논리로 살펴보면 병사의 C 종목 3패 중 1패 또는 0패가 을사와의 경기 결과가 되어 병사는 을사보다 C 종목 상대 전적이 더 우세하게 된다.

┃ 10 ~ 11 ┃ 다음 SWOT 분석에 대한 설명과 사례를 보고 이어지는 물음에 답하시오.

〈SWOT 분석방법〉

구분		내부환경요인	
		강점 (Strengths)	약점 (Weaknesses)
외부 환경요인	기회 (Opportunities)	SO 내부강점과 외부기회 요인을 극대화	WO 외부기회를 이용하여 내부약점을 강점으로 전환
	위협 (Threats)	ST 강점을 이용한 외부환경 위협의 대응 및 전략	WT 내부약점과 외부위협을 최소화

〈사례〉

S	편의점 운영 노하우 및 경험 보유, 핵심 제품 유통채널 차별화로 인해 가격 경쟁력 있는 제품 판매 가능
W	아르바이트 직원 확보 어려움, 야간 및 휴일 등 시간에 타 지역 대비 지역주민 이동이 적어 매출 증가 어려움
O	주변에 편의점 개수가 적어 기본 고객 확보 가능, 매장 앞 휴게 공간 확보로 소비 유발 효과 기대
T	지역주민의 생활패턴에 따른 편의점 이용률 저조, 근거리에 대형 마트 입점 예정으로 매출 급감 우려 존재

10 다음 중 위의 SWOT 분석방법을 올바르게 설명하지 못한 것은?

① 외부환경요인 분석 시에는 자신을 제외한 모든 것에 대한 요인을 기술하여야 한다.

② 구체적인 요인부터 시작하여 점차 객관적이고 상식적인 내용으로 기술한다.

③ 같은 데이터도 자신에게 미치는 영향에 따라 기회요인과 위협요인으로 나뉠 수 있다.

④ 외부환경요인 분석에는 SCEPTIC 체크리스트가, 내부환경요인 분석에는 MMMITI 체크리스트가 활용될 수 있다.

> ✔해설 외부환경요인 분석은 언론매체, 개인 정보망 등을 통하여 입수한 상식적인 세상의 변화 내용을 시작으로 당사자에게 미치는 영향을 순서대로, 점차 구체화하는 것이다. 내부환경과 외부환경을 구분하는 기준은 '나', '나의 사업', '나의 회사' 등 환경 분석 주체에 직접적인 관련성이 있는지 여부가 된다. 대내외적인 환경을 분석하기 위하여 이를 적절하게 구분하는 것이 매우 중요한 요소가 된다.

11 다음 중 위의 SWOT 분석 사례에 따른 전략으로 적절하지 않은 것은?

① 가족들이 남는 시간을 투자하여 인력 수급 및 인건비 절감을 도모하는 것은 WT 전략으로 볼 수 있다.

② 저렴한 제품을 공급하여 대형 마트 등과의 경쟁을 극복하고자 하는 것은 SW 전략으로 볼 수 있다.

③ 다년간의 경험을 활용하여 지역 내 편의점 이용 환경을 더욱 극대화시킬 수 있는 방안을 연구하는 것은 SO 전략으로 볼 수 있다.

④ 매장 앞 공간을 쉼터로 활용해 지역 주민 이동 시 소비를 유발하도록 하는 것은 WO 전략으로 볼 수 있다.

> ✔**해설** 저렴한 제품을 공급하는 것은 자사의 강점(S)이며, 이를 통해 외부의 위협요인인 대형 마트와의 경쟁(T)에 대응하는 것은 ST 전략이 된다.
> ① 직원 확보 문제 해결과 매출 감소에 대응하는 인건비 절감 등의 효과를 거둘 수 있어 약점과 위협요인을 최소화하는 WT 전략이 된다.
> ③ 자사의 강점과 외부환경의 기회 요인을 이용한 SO 전략이 된다.
> ④ 자사의 기회요인인 매장 앞 공간을 이용해 지역 주민 이동 시 쉼터를 이용할 수 있도록 활용하는 것은 매출 증대에 기여할 수 있으므로 WO 전략이 된다.

12 영업부서에서는 주말을 이용해 1박 2일의 워크숍을 다녀올 계획이며, 워크숍 장소로 선정된 N연수원에서는 다음과 같은 시설 이용료와 식사에 대한 견적서를 보내왔다. 다음 내용을 참고할 때, 250만 원의 예산으로 주문할 수 있는 저녁 메뉴가 될 수 없는 것은?

<N연수원 워크숍 견적서>

- 참석 인원 : 총 35명(회의실과 운동장 추가 사용 예정)
- 숙박요금 : 2인실 기준 50,000원/룸(모두 2인실 사용)
- 회의실 : 250,000원/40인 수용
- 운동장 : 130,000원
- 1층 식당 석식 메뉴

식사류	설렁탕	7,000원	1인분
	낙지볶음	8,000원	
	비빔밥	6,500원	
안주류	삼겹살	10,000원	1인분
	골뱅이 무침	9,000원	2인분
	마른안주	11,000원	3인 기준
	과일안주	12,000원	3인 기준
주류	맥주	4,500원	1병
	소주	3,500원	1병

① 낙지볶음 30인분과 설렁탕 5인분, 삼겹살 55인분과 마른안주 10개, 맥주와 소주 각각 40병

② 식사류 1인분씩과 삼겹살 60인분, 맥주와 소주 각각 30병

③ 삼겹살 60인분과 마른안주, 과일안주 각각 12개, 맥주와 소주 각각 30병

④ 식사류 1인분씩과 삼겹살 60인분, 골뱅이 무침 10개와 맥주 50병

✔ 해설 35명이므로 2인실을 이용할 경우 총 18개의 방이 필요하게 된다. 또한 회의실과 운동장을 사용하게 되므로 식사를 제외한 총 소요비용은 900,000 + 250,000 + 130,000 = 1,280,000원이 되어 식사비용으로 총 1,220,000원을 사용할 수 있다.

따라서 낙지볶음 30인분과 설렁탕 5인분, 삼겹살 55인분과 마른안주 10개, 맥주와 소주 각각 40병은 240,000+35,000+500,000+110,000+180,000+140,000=1,255,000원이 되어 예산을 초과하게 된다.
② 삼겹살 60인분과 맥주, 소주 각각 30병은 740,000원이 되므로 식사류 어느 메뉴를 주문해도 예산을 초과하지 않게 된다.
③ 600,000+132,000+144,000+135,000+105,000=1,116,000원이 되어 주문이 가능하다.
④ 삼겹살 60인분, 골뱅이 무침 10개와 맥주 50병은 915,000원이므로 역시 식사류 어느 것을 주문해도 예산을 초과하지 않게 된다.

13 김 과장은 다음 달로 예정되어 있는 해외 출장 일정을 확정하려 한다. 다음 상황의 조건을 만족할 경우 김 과장의 출장 일정에 대한 설명으로 올바른 것은 어느 것인가?

> 김 과장은 다음 달 3박 4일 간의 해외 출장이 계획되어 있다. 회사에서는 출발일과 복귀일에 업무 손실을 최소화할 수 있도록 가급적 평일에 복귀하도록 권장하고 있고, 출장 기간에 토요일과 일요일이 모두 포함되는 일정은 지양하도록 요구한다. 이번 출장에서는 매우 중요한 계약 건이 이루어져야 하기 때문에 김 과장은 출장 복귀 바로 다음 날 출장 결과 보고를 하고자 한다. 다음 달의 첫째 날은 금요일이며 마지막 주 수요일과 13일은 김 과장이 빠질 수 없는 회사 업무 일정이 잡혀 있다.

① 금요일에 출장을 떠나는 일정도 가능하다.
② 김 과장은 월요일이나 화요일에 출장 결과 보고를 할 수 있다.
③ 김 과장이 출발일로 잡을 수 있는 날짜는 모두 4개이다.
④ 김 과장은 마지막 주에 출장을 가게 될 수도 있다.

✔해설 다음 달의 첫째 날이 금요일이므로 아래와 같은 달력을 그려 볼 수 있다.

일	월	화	수	목	금	토
					1	2
3	4	5	6	7	8	9
10	11	12	13	14	15	16
17	18	19	20	21	22	23
24	25	26	27	28	29	30

3박 4일 일정이므로 평일에 복귀해야 하며 주말이 모두 포함되는 일정을 피하기 위해서는 출발일이 일, 월, 화요일이어야 한다. 또한 출장 결과 보고를 위해서는 금요일에 복귀하게 되는 화요일 출발 일정도 불가능하다. 따라서 일요일과 월요일에만 출발이 가능하다. 그런데 27일과 13일이 출장 일정에 포함될 수 없으므로 10, 11, 24, 25일은 제외된다. 따라서 3, 4, 17, 18일에 출발하는 4가지 일정이 가능하다.

14 다음 글의 내용과 날씨를 근거로 판단할 경우 甲이 여행을 다녀온 시기로 가능한 것은?

〈내용〉

• 甲은 선박으로 '포항 → 울릉도 → 독도 → 울릉도 → 포항' 순으로 3박 4일의 여행을 다녀왔다.
• '포항 → 울릉도' 선박은 매일 오전 10시, '울릉도 → 포항' 선박은 매일 오후 3시에 출발하며, 편도 운항에 3시간이 소요된다.
• 울릉도에서 출발해 독도를 돌아보는 선박은 매주 화요일과 목요일 오전 8시에 출발하여 당일 오전 11시에 돌아온다.
• 최대 파고가 3m 이상인 날은 모든 노선의 선박이 운항되지 않는다.
• 甲은 매주 금요일에 술을 마시는데, 술을 마신 다음날은 멀미가 심해 선박을 탈 수 없다.
• 이번 여행 중 甲은 울릉도에서 호박엿 만들기 체험을 했는데, 호박엿 만들기 체험은 매주 월 · 금요일 오후 6시에만 할 수 있다.

〈날씨〉

(㉠ : 최대 파고)

日	月	火	水	木	金	土
16	17	18	19	20	21	22
㉠ 1.0m	㉠ 1.4m	㉠ 3.2m	㉠ 2.7m	㉠ 2.8m	㉠ 3.7m	㉠ 2.0m
23	24	25	26	27	28	29
㉠ 0.7m	㉠ 3.3m	㉠ 2.8m	㉠ 2.7m	㉠ 0.5m	㉠ 3.7m	㉠ 3.3m

① 19일(水) ~ 22일(土)

② 20일(木) ~ 23일(日)

③ 23일(日) ~ 26일(水)

④ 25일(火) ~ 28일(金)

✔해설 ① 19일 수요일 오후 1시 울릉도 도착, 20일 목요일 독도 방문, 22일 토요일은 복귀하는 날인데 甲은 매주 금요일에 술을 마시므로 멀미로 인해 선박을 이용하지 못한다. 또한 금요일 오후 6시 호박엿 만들기 체험도 해야 한다.
② 20일 목요일 오후 1시 울릉도 도착, 독도는 화요일과 목요일만 출발하므로 불가능
③ 23일 일요일 오후 1시 울릉도 도착, 24일 월요일 호박엿 만들기 체험, 25일 화요일 독도 방문, 26일 수요일 포항 도착
④ 25일 화요일 오후 1시 울릉도 도착, 27일 목요일 독도 방문, 28일 금요일 호박엿 만들기 체험은 오후 6시인데, 복귀하는 선박은 오후 3시 출발이라 불가능

15 영식이는 자신의 업무에 필요하다고 생각하여 국제인재개발원에서 수강할 과목을 선택하려고 한다. 영식이가 선택할 과목에 대해 주변의 지인 A ~ E가 다음과 같이 진술하였는데 이 중 한 사람의 진술을 거짓이고 나머지 사람들의 진술은 모두 참인 것으로 밝혀졌다. 영식이가 반드시 수강할 과목만으로 바르게 짝지어진 것은?

> • A : 영어를 수강할 경우 중국어도 수강한다.
> • B : 영어를 수강하지 않을 경우, 일본어도 수강하지 않는다.
> • C : 영어와 중국어 중 적어도 하나를 수강한다.
> • D : 일본어를 수강할 경우에만 중국어를 수강한다.
> • E : 일본어를 수강하지만 영어는 수강하지 않는다.

① 일본어

② 영어

③ 일본어, 중국어

④ 일본어, 영어

✔해설 • A : 영어 → 중국어
• B : ~영어 → ~일본어, 일본어 → 영어
• C : 영어 또는 중국어
• D : 일본어 ↔ 중국어
• E : 일본어
㉠ B는 참이고 E는 거짓인 경우
• 영어와 중국어 중 하나는 반드시 수강한다(C).
• 영어를 수강할 경우 중국어를 수강(A), 일본어를 수강(D)
• 중국어를 수강할 경우 일본어를 수강(D), 영어를 수강(E는 거짓이므로) → 중국어도 수강(A)
• 그러므로 B가 참인 경우 일본어, 중국어, 영어 수강
㉡ B가 거짓이고 E가 참인 경우
• 일본어를 수강하고 영어를 수강하지 않으므로(E) 반드시 중국어를 수강한다(C)
• 중국어를 수강하므로 일본어를 수강한다(D)
• 그러므로 E가 참인 경우 일본어, 중국어 수강
• 영식이가 반드시 수강할 과목은 일본어, 중국어이다.

16 다음 글을 근거로 유추할 경우 옳은 내용만을 바르게 짝지은 것은?

- 9명의 참가자는 1번부터 9번까지의 번호 중 하나를 부여 받고, 동시에 제비를 뽑아 3명은 범인, 6명은 시민이 된다.
- '1번의 오른쪽은 2번, 2번의 오른쪽은 3번, …, 8번의 오른쪽은 9번, 9번의 오른쪽은 1번'과 같이 번호 순서대로 동그랗게 앉는다.
- 참가자는 본인과 바로 양 옆에 앉은 사람이 범인인지 시민인지 알 수 있다.
- "옆에 범인이 있다."라는 말은 바로 양 옆에 앉은 2명 중 1명 혹은 2명이 범인이라는 뜻이다.
- "옆에 범인이 없다."라는 말은 바로 양 옆에 앉은 2명 모두 범인이 아니라는 뜻이다.
- 범인은 거짓말만 하고, 시민은 참말만 한다.

㉠ 1, 4, 6, 7, 8번의 진술이 "옆에 범인이 있다."이고, 2, 3, 5, 9번의 진술이 "옆에 범인이 없다." 일 때, 8번이 시민임을 알면 범인들을 모두 찾아낼 수 있다.

㉡ 만약 모두가 "옆에 범인이 있다."라고 진술한 경우, 범인이 부여받은 번호의 조합은 (1, 4, 7) / (2, 5, 8) / (3, 6, 9) 3가지이다.

㉢ 한 명만이 "옆에 범인이 없다."라고 진술한 경우는 없다.

---

① ㉡
② ㉢
③ ㉠㉡
④ ㉠㉢

✔해설 ㉠ "옆에 범인이 있다."고 진술한 경우를 ○, "옆에 범인이 없다."고 진술한 경우를 ×라고 하면

1	2	3	4	5	6	7	8	9
○	×	×	○	×	○	○	○	×
							시민	

- 9번이 범인이라고 가정
  9번은 "옆에 범인이 없다.'고 진술하였으므로 8번과 1번 중에 범인이 있어야 한다. 그러나 8번이 시민이므로 1번이 범인이 된다. 1번은 "옆에 범인이 있다."라고 진술하였으므로 2번과 9번에 범인이 없어야 한다. 그러나 9번이 범인이므로 모순이 되어 9번은 범인일 수 없다.
- 9번이 시민이라고 가정
  9번은 "옆에 범인이 없다."라고 진술하였으므로 1번도 시민이 된다. 1번은 "옆에 범인이 있다."라고 진술하였으므로 2번은 범인이 된다. 2번은 "옆에 범인이 없다."라고 진술하였으므로 3번도 범인이 된다. 8번은 시민인데 "옆에 범인이 있다."라고 진술하였으므로 9번은 시민이므로 7번은 범인이 된다. 그러므로 범인은 2, 3, 7번이고 나머지는 모두 시민이 된다.

㉡ 모두가 "옆에 범인이 있다."라고 진술하면 시민 2명, 범인 1명의 순으로 반복해서 배치되므로 옳은 설명이다.

ⓒ 다음과 같은 경우가 있음으로 틀린 설명이다.

1	2	3	4	5	6	7	8	9
○	○	○	○	○	○	○	×	○
범인	시민	시민	범인	시민	범인	시민	시민	시민

17 다음 주어진 조건을 모두 고려했을 때 옳은 것은?

〈조건〉
- A, B, C, D, E의 월급은 각각 10만 원, 20만 원, 30만 원, 40만 원, 50만 원 중 하나이다.
- A의 월급은 C의 월급보다 많고, E의 월급보다는 적다.
- D의 월급은 B의 월급보다 많고, A의 월급도 B의 월급보다 많다.
- C의 월급은 B의 월급보다 많고, D의 월급보다는 적다.
- D는 가장 많은 월급을 받지는 않는다.

① 월급이 세 번째로 많은 사람은 A이다.
② E와 C의 월급은 20만 원 차이가 난다.
③ B와 E의 월급의 합은 A와 C의 월급의 합보다 많다.
④ 월급이 제일 많은 사람은 E이다.

✔해설 두 번째 조건을 부등호로 나타내면, C < A < E
세 번째 조건을 부등호로 나타내면, B < D, B < A
네 번째 조건을 부등호로 나타내면, B < C < D
다섯 번째 조건에 의해 다음과 같이 정리할 수 있다.
∴ B < C < D, A < E
① 주어진 조건만으로는 세 번째로 월급이 많은 사람이 A인지, D인지 알 수 없다.
② B < C < D, A < E이므로 월급이 가장 많은 E는 월급을 50만 원을 받고, A와 D는 각각 40만 원 또는 30만 원을 받으며, C는 20만 원을, B는 10만 원을 받는다. E와 C의 월급은 30만 원 차이가 난다.
③ B의 월급은 10만 원, E의 월급은 50만 원이므로 합하면 60만 원이다.
C의 월급은 20만 원을 받지만, A는 40만 원을 받는지 30만 원을 받는지 알 수 없으므로 B와 E의 월급의 합은 A와 C의 월급의 합보다 많을 수도 있고, 같을 수도 있다.

18 다음은 '갑'지역의 친환경농산물 인증심사에 대한 자료이다. 2022년부터 인증심사원 1인당 연간 심사할 수 있는 농가수가 상근직은 400호, 비상근직은 250호를 넘지 못하도록 규정이 바뀐다고 할 때, 〈조건〉을 근거로 예측한 내용 중 옳지 않은 것은?

〈2021년 '갑' 지역의 인증기관별 인증현황〉

(단위 : 호, 명)

인증기관	심사 농가수	승인 농가수	인증심사원		
			상근	비상근	합
A	2,540	542	4	2	6
B	2,120	704	2	3	5
C	1,570	370	4	3	7
D	1,878	840	1	2	3
계	8,108	2,456	11	10	21

※ 1) 인증심사원은 인증기관 간 이동이 불가능하고 추가고용을 제외한 인원변동은 없음
   2) 각 인증기관은 추가 고용 시 최소인원만 고용함

〈조건〉

- 인증기관의 수입은 인증수수료가 전부이고, 비용은 인증심사원의 인건비가 전부라고 가정한다.
- 인증수수료 : 승인농가 1호당 10만 원
- 인증심사원의 인건비는 상근직 연 1,800만 원, 비상근직 연 1,200만 원이다.
- 인증기관별 심사 농가수, 승인 농가수, 인증심사원 인건비, 인증수수료는 2021년과 2022년에 동일하다.

① 2021년에 인증기관 B의 수수료 수입은 인증심사원 인건비보다 적다.

② 2022년 인증기관 A가 추가로 고용해야 하는 인증심사원은 최소 2명이다.

③ 인증기관 D가 2022년에 추가로 고용해야 하는 인증심사원을 모두 상근으로 충당한다면 적자이다.

④ 만약 정부가 '갑'지역에 2021년 추가로 필요한 인증심사원을 모두 상근으로 고용하게 하고 추가로 고용되는 상근 심사원 1인당 보조금을 연 600만 원씩 지급한다면 보조금 액수는 연간 5,000만 원 이상이다.

✔ **해설** A지역에는 (4 × 400호) + (2 × 250호) = 2,100이므로 440개의 심사 농가 수에 추가의 인증심사원이 필요하다. 그런데 모두 상근으로 고용할 것이고 400호 이상을 심사할 수 없으므로 추가로 2명의 인증심사원이 필요하다. 그리고 같은 원리로 B지역도 2명, D지역에서는 3명의 추가의 상근 인증심사원이 필요하다. 따라서 총 7명을 고용해야 하며 1인당 지급되는 보조금이 연간 600만 원이라고 했으므로 보조금 액수는 4,200만 원이 된다.

19 갑, 을, 병, 정, 무 다섯 사람은 일요일부터 목요일까지 5일 동안 각각 이틀 이상 아르바이트를 한다. 다음 조건을 모두 충족시켜야 할 때, 다음 중 항상 옳지 않은 것은?

> ㉠ 가장 적은 수가 아르바이트를 하는 요일은 수요일뿐이다.
> ㉡ 갑은 3일 이상 아르바이트를 하는데 병이 아르바이트를 하는 날에는 쉰다.
> ㉢ 을과 정 두 사람만이 아르바이트 일수가 같다.
> ㉣ 병은 평일에만 아르바이트를 하며, 연속으로 이틀 동안만 한다.
> ㉤ 무는 항상 갑이나 병과 같은 요일에 함께 아르바이트를 한다.

① 어느 요일이든 아르바이트 인원수는 확정된다.

② 갑과 을, 병과 정의 아르바이트 일수를 합한 값은 같다.

③ 두 사람만이 아르바이트를 하는 요일이 확정된다.

④ 어떤 요일이든 아르바이트를 하는 인원수는 짝수이다.

✔해설 아르바이트 일수가 갑은 3일, 병은 2일임을 알 수 있다. 무는 갑이나 병이 아르바이트를 하는 날 항상 함께 한다고 했으므로 5일 내내 아르바이트를 하게 된다. 을과 정은 일, 월, 화, 목 4일간 아르바이트를 하게 된다. 병에 따라 갑이 아르바이트를 하는 요일이 달라지므로 아르바이트 하는 요일이 확정되는 사람은 세 명이다.
① 수요일에는 2명, 나머지 요일에는 4명으로 인원수는 확정된다.
② 갑은 3일, 을은 4일, 병은 2일, 무는 5일 이므로 갑과 을, 병과 정의 아르바이트 일수를 합한 값은 7로 같다.
④ 일별 인원수는 4명 또는 2명으로 모두 짝수이다.

20 다음은 영업사원인 윤석 씨가 오늘 미팅해야 할 거래처 직원들과 방문해야 할 업체에 관한 정보이다. 다음의 정보를 모두 반영하여 하루의 일정을 짠다고 할 때 순서가 올바르게 배열된 것은? (단, 장소 간 이동 시간은 없는 것으로 가정한다)

〈거래처 직원들의 요구 사항〉

• A거래처 과장 : 회사 내부 일정으로 인해 미팅은 10시 ~ 12시 또는 16 ~ 18시까지 2시간 정도 가능합니다.

• B거래처 대리 : 12시부터 점심식사를 하거나, 18시부터 저녁식사를 하시죠. 시간은 2시간이면 될 것 같습니다.

• C거래처 사원 : 외근이 잡혀서 오전 9시부터 10시까지 1시간만 가능합니다.

• D거래처 부장 : 외부 일정으로 18시부터 저녁식사만 가능합니다.

〈방문해야 할 장소와 가능 시간〉

• E서점 : 14 ~ 18시, 소요 시간은 2시간

• F은행 : 12 ~ 16시, 소요 시간은 1시간

• G미술관 관람 : 하루 3회(10시, 13시, 15시), 소요 시간은 1시간

---

① C거래처 사원 – A거래처 과장 – B거래처 대리 – E서점 – G미술관 – F은행 – D거래처 부장

② C거래처 사원 – A거래처 과장 – F은행 – B거래처 대리 – G미술관 – E서점 – D거래처 부장

③ C거래처 사원 – G미술관 – F은행 – B거래처 대리 – E서점 – A거래처 과장 – D거래처 부장

④ C거래처 사원 – A거래처 과장 – B거래처 대리 – F은행 – G미술관 – E서점 – D거래처 부장

✔ **해설** C거래처 사원(9시 ~ 10시) – A거래처 과장(10시 ~ 12시) – B거래처 대리(12시 ~ 14시) – F은행(14시 ~ 15시) – G미술관(15시 ~ 16시) – E서점(16 ~ 18시) – D거래처 부장(18시 ~)

① E서점까지 들리면 16시가 되는데, 그 이후에 G미술관을 관람할 수 없다.

② F은행까지 들리면 13시가 되는데, B거래처 대리 약속은 18시에 가능하다.

③ G미술관 관람을 마치고 나면 11시가 되는데 F은행은 12시에 가야 한다. 1시간 기다려서 F은행 일이 끝나면 13시가 되는데, B거래처 대리 약속은 18시에 가능하다.

21 다음의 내용에 따라 두 번의 재배정을 한 결과, 병이 홍보팀에서 수습 중이다. 다른 신입사원과 최종 수습부서를 바르게 연결한 것은?

신입사원을 뽑아서 1년 동안의 수습 기간을 거치게 한 후, 정식사원으로 임명을 하는 한 회사가 있다. 그 회사는 올해 신입사원으로 2명의 여자 직원 갑과 을, 그리고 2명의 남자 직원 병과 정을 뽑았다. 처음 4개월의 수습기간 동안 갑은 기획팀에서, 을은 영업팀에서, 병은 총무팀에서, 정은 홍보팀에서 각각 근무하였다. 그 후 8개월 동안 두 번의 재배정을 통해서 신입사원들은 다른 부서에서도 수습 중이다. 재배정할 때마다 다음의 세 원칙 중 한 가지 원칙만 적용되었고, 같은 원칙은 다시 적용되지 않았다.

〈원칙〉
1. 기획팀에서 수습을 거친 사람과 총무팀에서 수습을 거친 사람은 서로 교체해야 하고, 영업팀에서 수습을 거친 사람과 홍보팀에서 수습을 거치 사람은 서로 교체한다.
2. 총무팀에서 수습을 거친 사람과 홍보팀에서 수습을 거친 사람만 서로 교체한다.
3. 여성 수습사원만 서로 교체한다.

① 갑 – 총무팀   ② 을 – 영업팀
③ 정 – 총무팀   ④ 정 – 영업팀

✔ **해설** 사원과 근무부서를 표로 나타내면

배정부서	기획팀	영업팀	총무팀	홍보팀
처음 배정 부서	갑	을	병	정
2번째 배정 부서				
3번째 배정 부서				병

㉠ 규칙 1을 2번째 배정에 적용하고 규칙 2를 3번째 배정에 적용하면 기획팀↔총무팀 / 영업팀↔홍보팀이므로 갑↔병 / 을↔정, 규칙 2까지 적용하면 다음과 같다.

배정부서	기획팀	영업팀	총무팀	홍보팀
처음 배정 부서	갑	을	병	성
2번째 배정 부서	병	정	갑	을
3번째 배정 부서			을	갑

㉡ 규칙 3을 먼저 적용하고 규칙 2를 적용하면

배정부서	기획팀	영업팀	총무팀	홍보팀
처음 배정 부서	갑	을	병	정
2번째 배정 부서	을	갑	병	정
3번째 배정 부서	을	갑	정	병

22 다음 글의 내용이 참이라고 할 때 〈보기〉의 문장 중 반드시 참인 것만을 바르게 나열한 것은?

우리는 사람의 인상에 대해서 "선하게 생겼다." 또는 "독하게 생겼다."라는 판단을 할 뿐만 아니라 사람의 인상을 중요시한다. 오래 전부터 사람의 얼굴을 보고 그 사람의 길흉을 판단하는 관상의 원리가 있었다. 관상의 원리를 어떻게 받아들여야 할까?

관상의 원리가 받아들일 만하다면, 얼굴이 검붉은 사람은 육체적 고생을 하기 마련이다. 그런데 우리는 주위에서 얼굴이 검붉지만 육체적 고생을 하지 않고 편하게 살아가는 사람을 얼마든지 볼 수 있다. 관상의 원리가 받아들일 만하다면, 우리가 사람의 얼굴에 대해서 갖는 인상이란 한갓 선입견에 불과한 것이 아니다. 사람의 인상이 평생에 걸쳐 고정되어 있다고 할 수 있는 경우에만 관상의 원리는 받아들일 만하다. 또한 관상의 원리가 받아들일 만하지 않다면, 관상의 원리에 대한 과학적 근거를 찾으려는 노력은 헛된 것이다. 실제로 많은 사람들이 관상의 원리가 과학적 근거를 가질 것이라고 기대한다. 그런데 우리는 자주 관상가의 판단이 받아들일 만하다고 느끼고, 그런 느낌 때문에 관상의 원리가 과학적 근거를 가질 것이라고 기대하는 것이다. 관상의 원리가 실제로 과학적 근거를 갖는지의 여부는 논외로 하더라도, 관상의 원리에 대하여 과학적 근거가 있을 것이라고 기대하는 사람은 관상의 원리에 의존하는 것이 우리의 삶에 위안을 주는 필요조건 중의 하나라고 믿는다.

〈보기〉

㉠ 관상의 원리는 받아들일 만한 것이 아니다.
㉡ 우리가 사람의 얼굴에 대해서 갖는 인상이란 선입견에 불과하다.
㉢ 사람의 인상은 평생에 걸쳐 고정되어 있다고 할 수 있다.
㉣ 관상의 원리에 대한 과학적 근거를 찾으려는 노력은 헛된 것이다.
㉤ 관상의 원리가 과학적 근거를 갖는다고 기대하는 사람들은 우리가 관상의 원리에 의존하면 삶의 위안을 얻을 것이라고 믿는다.

① ㉠㉣
② ㉡㉤
③ ㉣㉤
④ ㉠㉡㉣

✔해설 얼굴이 검붉은 사람은 육체적 고생을 한다고 하나 얼굴이 검붉은 사람이 편하게 사는 것을 보았다.
→ ㉠ 관상의 원리는 받아들일 만한 것이 아니다. (참)
• 선입견이 있으면 관상의 원리를 받아들일 만하다.
• 사람의 인상이 평생에 걸쳐 고정되어 있다고 할 수 있는 경우에만 관상의 원리를 받아들일 만하다.
• 관상의 원리가 받아들일 만하지 않다면 관상의 원리에 대한 과학적 근거를 찾으려는 노력은 헛된 것이다.
→ ㉣ 관상의 원리에 대한 과학적 근거를 찾으려는 노력은 헛된 것이다. (참)
㉤ 관상의 원리가 과학적 근거를 갖는다고 기대하는 사람들은 우리가 관상의 원리에 의존하면 삶의 위안을 얻을 것이라고 믿는다. → 관상의 원리에 대하여 과학적 근거가 있을 것이라고 기대하는 사람은 우리의 삶에 위안을 얻기 위해 관상의 원리에 의존한다고 믿는다.

23 다음 글에서 추론할 수 있는 내용만을 바르게 나열한 것은?

> 빌케와 블랙은 얼음이 녹는점에 있다 해도 이를 완전히 물로 녹이려면 상당히 많은 열이 필요함을 발견하였다. 당시 널리 퍼진 속설은 얼음이 녹는점에 이르면 즉시 녹는다는 것이었다. 빌케는 쌓여있는 눈에 뜨거운 물을 끼얹어 녹이는 과정에서 이 속설에 오류가 있음을 알게 되었다. 눈이 녹는점에 있음에도 불구하고 많은 양의 뜨거운 물은 눈을 조금밖에 녹이지 못했기 때문이다.
>
> 블랙은 1757년에 이 속설의 오류를 설명할 수 있는 실험을 수행하였다. 블랙은 따뜻한 방에 두 개의 플라스크 A와 B를 두었는데, A에는 얼음이, B에는 물이 담겨 있었다. 얼음과 물은 양이 같고 모두 같은 온도, 즉 얼음의 녹는점에 있었다. 시간이 지남에 따라 B에 있는 물의 온도는 계속해서 올라갔다. 하지만 A에서는 얼음이 녹으면서 생긴 물과 녹고 있는 얼음의 온도가 녹는점에서 일정하게 유지되었는데 이 상태는 얼음이 완전히 녹을 때까지 지속되었다. 얼음을 녹이는 데 필요한 열량은 같은 양의 물의 온도를 녹는점에서 화씨 140도까지 올릴 수 있는 정도의 열량과 같았다. 블랙은 이 열이 실제로 온도계에 변화를 주지 않기 때문에 이를 '잠열(潛熱)'이라 불렀다.

> ㉠ A의 온도계로는 잠열을 직접 측정할 수 없었다.
> ㉡ 얼음이 녹는점에 이르러도 완전히 녹지 않는 것은 잠열 때문이다.
> ㉢ A의 얼음이 완전히 물로 바뀔 때까지, A의 얼음물 온도는 일정하게 유지된다.

① ㉠

② ㉡

③ ㉠㉢

④ ㉠㉡㉢

✔ **해설** 블랙은 이 열이 실제로 온도계에 변화를 주지 않기 때문에 이를 '잠열(潛熱)'이라 불렀다.
→ ㉠ A의 온도계로는 잠열을 직접 측정할 수 없었다. (참)
   눈이 녹는점에 있음에도 불구하고 많은 양의 뜨거운 물은 눈을 조금밖에 녹이지 못했다. 이는 잠열 때문이다.
→ ㉡ 얼음이 녹는점에 이르러도 완전히 녹지 않는 것은 잠열 때문이다. (참)
   A에서는 얼음이 녹으면서 생긴 물과 녹고 있는 얼음의 온도가 녹는점에서 일정하게 유지되었는데 이 상태는 얼음이 완전히 녹을 때까지 지속되었다.
→ ㉢ A의 얼음이 완전히 물로 바뀔 때까지, A의 얼음물 온도는 일정하게 유지된다. (참)

24 쓰레기를 무단 투기하는 사람을 찾기 위해 고심하던 아파트 관리인 세상 씨는 다섯 명의 입주자 A, B, C, D, E를 면담했다. 이들은 각자 다음과 같이 이야기를 했다. 이 가운데 두 사람의 이야기는 모두 거짓인 반면, 세 명의 이야기는 모두 참이라고 한다. 다섯 명 가운데 한 명이 범인이라고 할 때 쓰레기를 무단 투기한 사람은 누구인가?

- A : 쓰레기를 무단 투기하는 것을 나와 E만 보았다. B의 말은 모두 참이다.
- B : 쓰레기를 무단 투기한 것은 D이다. D가 쓰레기를 무단 투기하는 것을 E가 보았다.
- C : D는 쓰레기를 무단 투기하지 않았다. E의 말은 참이다.
- D : 쓰레기를 무단 투기하는 것을 세 명의 주민이 보았다. B는 쓰레기를 무단 투기하지 않았다.
- E : 나와 A는 쓰레기를 무단 투기하지 않았다. 나는 쓰레기를 무단 투기하는 사람을 아무도 보지 못했다.

---

① A   ② B

③ C   ④ D

✔ **해설**   ㉠ A가 참인 경우
- E는 무단 투기하는 사람을 못 봤다고 했으므로 E의 말은 거짓이 된다.
- A는 B가 참이라고 했으므로 B에 의해 D가 범인이 된다.
- 그러나 C는 D가 무단 투기하지 않았다고 했으므로 C도 거짓이 된다.
- 거짓말을 한 주민이 C, E 두 명이 되었으므로 D의 말은 참이 된다.
- 그러나 D는 쓰레기를 무단 투기하는 사람을 세 명이 주민이 보았다고 했는데 A는 본인과 E만 보았다고 했으므로 D는 범인이 될 수 없다.

㉡ A가 거짓인 경우
- A의 말이 거짓이면 B의 말도 모두 거짓이 된다.
- 거짓말을 한 사람이 A, B이므로 C, D, E는 참말을 한 것이 된다.
- C에 의하면 D는 범인이 아니다.
- D에 의하면 B는 범인이 아니다.
- E에 의하면 A는 범인이 아니다.

따라서 C가 범인이다.

25 다음 조건을 참고할 때, 5명이 입고 있는 옷의 색깔을 올바르게 설명하고 있는 것은?

> • 갑, 을, 병, 정, 무 5명은 각기 빨간색, 파란색, 검은색, 흰색 옷을 입고 있으며 같은 색 옷을 입은 사람은 2명이다.
> • 병과 정은 파란색과 검은색 옷을 입지 않았다.
> • 을과 무는 흰색과 빨간색 옷을 입지 않았다.
> • 갑, 을, 병, 정은 모두 다른 색 옷을 입고 있다.
> • 을, 병, 정, 무는 모두 다른 색 옷을 입고 있다.

① 병과 정은 같은 색 옷을 입고 있다.
② 정이 흰색 옷을 입고 있다면 병은 무와 같은 색 옷을 입고 있다.
③ 무가 파란색 옷을 입고 있다면 갑은 검은색 옷을 입고 있다.
④ 을이 검은색 옷을 입고 있다면 파란색 옷을 입은 사람은 2명이다.

✔ **해설** 주어진 조건을 표로 정리하면 다음과 같다.

경우	갑	을	병	정	무
㉠	검은색	파란색	빨간색	흰색	검은색
㉡	파란색	검은색	흰색	빨간색	파란색

따라서 보기 ⑤에서 언급한 바와 같이 을이 검은색 옷을 입고 있다면 갑과 무는 파란색 옷을 입고 있는 것이 되므로 파란색 옷을 입고 있는 사람은 2명이 된다.

26 다음 조건이 참이라고 할 때 항상 참인 것을 고르면?

> • 민수는 A기업에 다닌다.
> • 영어를 잘하면 업무 능력이 뛰어난 것이다.
> • 영어를 잘하지 못하면 A기업에 다닐 수 없다.
> • A기업은 우리나라 대표 기업이다.

① 민수는 업무 능력이 뛰어나다.
② A기업에 다니는 사람들은 업무 능력이 뛰어나지 못하다.
③ 민수는 영어를 잘하지 못한다.
④ 민수는 수학을 매우 잘한다.

✔해설 주어진 조건을 잘 풀어보면 민수는 A기업에 다닌다, 영어를 잘하면 업무 능력이 뛰어나다, 업무 능력이 뛰어나지 못하면 영어를 못한다, 영어를 못하는 사람은 A기업에 다니지 않는다, A기업 사람은 영어를 잘한다. 전체적으로 연결시켜 보면 '민수 → A기업에 다닌다. → 영어를 잘한다. → 업무 능력이 뛰어나다.' 이므로 '민수는 업무 능력이 뛰어나다.'는 결론을 도출할 수 있다.

27 A, B, C, D, E, F가 달리기 경주를 하여 보기와 같은 결과를 얻었다. 1등부터 6등까지 순서대로 나열한 것은?

> ㉠ A는 D보다 먼저 결승점에 도착하였다.
> ㉡ E는 B보다 더 늦게 도착하였다.
> ㉢ D는 C보다 먼저 결승점에 도착하였다.
> ㉣ B는 A보다 더 늦게 도착하였다.
> ㉤ E가 F보다 더 앞서 도착하였다.
> ㉥ C보다 먼저 결승점에 들어온 사람은 두 명이다.

① A - D - C - B - E - F
② A - D - C - E - B - F
③ F - E - B - C - D - A
④ B - F - C - E - D - A

✔해설 ㉠과 ㉢에 의해 A - D - C 순서이다.
㉥에 의해 나머지는 모두 C 뒤에 들어왔다는 것을 알 수 있다.
㉡과 ㉤에 의해 B - E - F 순서이다.
따라서 A - D - C - B - E - F 순서가 된다.

28 다음 조건을 만족할 때, 영호의 비밀번호에 쓰일 수 없는 숫자는 어느 것인가?

- 영호는 회사 컴퓨터에 비밀번호를 설정해 두었으며, 비밀번호는 1 ~ 9까지의 숫자 중 중복되지 않는 네 개의 숫자이다.
- 네 자리의 비밀번호는 오름차순으로 정리되어 있으며, 네 자릿수의 합은 20이다.
- 가장 큰 숫자는 8이며, 짝수가 2개, 홀수가 2개이다.
- 짝수 2개는 연이은 자릿수에 쓰이지 않았다.

---

① 2   ② 3

③ 4   ④ 6

✔해설 오름차순으로 정리되어 있으므로 마지막 숫자가 8이다. 따라서 앞의 세 개의 숫자는 1 ~ 7까지의 숫자들이며, 이를 더해 12가 나와야 한다. 8을 제외한 세 개의 숫자가 4이하의 숫자만으로 구성되어 있다면 12가 나올 수 없으므로 5, 6, 7 중 하나 이상의 숫자는 반드시 사용되어야 한다. 또한 짝수와 홀수가 각각 2개씩이어야 한다.

- 세 번째 숫자가 7일 경우
  앞 두 개의 숫자의 합은 5가 되어야 하므로 1, 4 또는 2, 3이 가능하여 1478, 2378의 비밀번호가 가능하다.
- 세 번째 숫자가 6일 경우
  앞 두 개의 숫자는 모두 홀수이면서 합이 6이 되어야 하므로 1, 5가 가능하나, 이 경우 1568의 네 자리는 짝수가 연이은 자릿수에 쓰였으므로 비밀번호 생성이 불가능하다.
- 세 번째 숫자가 5일 경우
  앞 두 개의 숫자의 합은 7이어야 하며 홀수와 짝수가 한 개씩 이어야 한다. 따라서 3458이 가능하다.
결국 가능한 비밀번호는 1478, 2378, 3458의 세 가지가 되어 이 비밀번호에 쓰일 수 없는 숫자는 6이 되는 것을 알 수 있다.

29 다음 글의 내용이 참일 때 최종 선정되는 단체는 어디인가?

> 문화체육관광부는 우수 문화예술 단체 A, B, C, D, E 중 한 곳을 선정하여 지원하려 한다. 문화체육관광부의 금번 선정 방침은 다음 두 가지이다. 첫째, 어떤 형태로든 지원을 받고 있는 단체는 최종 후보가 될 수 없다. 둘째, 최종 선정 시 올림픽 관련 단체를 엔터테인먼트 사업(드라마, 영화, 가요) 단체보다 우선한다.
>
> A 단체는 자유무역협정을 체결한 필리핀에 드라마 콘텐츠를 수출하고 있지만 올림픽과 관련한 사업은 하지 않는다. B 단체는 올림픽의 개막식 행사를, C 단체는 올림픽의 폐막식 행사를 각각 주관하는 단체이다. E 단체는 오랫동안 한국 음식문화를 세계에 보급해 온 단체이다. A와 C 단체 중 적어도 한 단체가 최종 후보가 되지 못한다면, 대신 B와 E 중 적어도 한 단체는 최종 후보가 된다. 반면 게임 개발로 각광을 받는 단체인 D가 최종 후보가 된다면, 한국과 자유무역협정을 체결한 국가와 교역을 하는 단체는 모두 최종 후보가 될 수 없다.
>
> 후보 단체들 중 가장 적은 부가가치를 창출한 단체는 최종 후보가 될 수 없고, 최종 선정은 최종 후보가 된 단체 중에서만 이루어진다.
>
> 문화체육관광부의 조사 결과, 올림픽의 개막식 행사를 주관하는 모든 단체는 이미 보건복지부로부터 지원을 받고 있다. 그리고 위 문화예술 단체 가운데 한국 음식문화 보급과 관련된 단체의 부가가치 창출이 가장 저조하였다.

① A   ② B

③ C   ④ D

✅ 해설
① A 단체는 자유무역협정을 체결한 필리핀에 드라마 콘텐츠를 수출하고 있지만 올림픽과 관련된 사업은 하지 않는다. 최종 선정 시 올림픽 관련 단체를 엔터테인먼트 사업 단체보다 우선하므로 B, C와 같이 최종 후보가 된다면 A는 선정될 수 없다.

② 올림픽의 개막식 행사를 주관하는 모든 단체는 이미 보건복지부로부터 지원을 받고 있다. B 단체는 올림픽의 개막식 행사를 주관하는 단체이다. → B 단체는 선정될 수 없다.

③ A와 C 단체 중 적어도 한 단체가 최종 후보가 되지 못한다면, 대신 B와 E 중 적어도 한 단체는 최종 후보가 된다. ②를 통해 B, E 단체를 후보가 될 수 없다. 후보는 A와 C가 된다.

④ D가 최종 후보가 된다면, 한국과 자유무역협정을 체결한 국가와 교역을 하는 단체는 모두 최종 후보가 될 수 없다. D가 최종 후보가 되면 A가 될 수 없고 A가 된다면 D는 될 수 없다.

30 김 대리는 모스크바 현지 영업소로 출장을 갈 계획이다. 4일 오후 2시 모스크바에서 회의가 예정되어 있어 모스크바 공항에 적어도 오전 11시 이전에는 도착하고자 한다. 인천에서 모스크바까지 8시간이 걸리며, 시차는 인천이 모스크바보다 6시간이 더 빠르다. 김 대리는 인천에서 늦어도 몇 시에 출발하는 비행기를 예약하여야 하는가?

① 3일 09 : 00

② 3일 19 : 00

③ 4일 09 : 00

④ 4일 11 : 00

> ✔ 해설 인천에서 모스크바까지 8시간이 걸리고, 6시간이 인천이 더 빠르므로
> 09 : 00시 출발 비행기를 타면 $9 + (8-6) = 11$시 도착
> 19 : 00시 출발 비행기를 타면 $19 + (8-6) = 21$시 도착
> 02 : 00시 출발 비행기를 타면 $2 + (8-6) = 4$시 도착.

CHAPTER

04 자원관리능력

01 자원과 자원관리

(1) 자원

① **자원의 종류** ··· 시간, 돈, 물적자원, 인적자원

② **자원의 낭비요인** ··· 비계획적 행동, 편리성 추구, 자원에 대한 인식 부재, 노하우 부족

(2) 자원관리 기본 과정

① 필요한 자원의 종류와 양 확인

② 이용 가능한 자원 수집하기

③ 자원 활용 계획 세우기

④ 계획대로 수행하기

예제 1

당신은 A출판사 교육훈련 담당자이다. 조직의 효율성을 높이기 위해 전사적인 시간관리에 대한 교육을 실시하기로 하였지만 바쁜 일정 상 직원들을 집합교육에 동원할 수 있는 시간은 제한적이다. 다음 중 귀하가 최우선의 교육 대상으로 삼아야 하는 것은 어느 부분인가?

구분	긴급한 일	긴급하지 않은 일
중요한 일	제1사분면	제2사분면
중요하지 않은 일	제3사분면	제4사분면

출제의도

주어진 일들을 중요도와 긴급도에 따른 시간관리 매트릭스에서 우선순위를 구분할 수 있는가를 측정하는 문항이다.

해 설

교육훈련에서 최우선 교육대상으로 삼아야 하는 것은 긴급하지 않지만 중요한 일이다. 이를 긴급하지 않다고 해서 뒤로 미루다보면 급박하게 처리해야하는 업무가 증가하여 효율적인 시간관리가 어려워진다.

① 중요하고 긴급한 일로 위기사항이나 급박한 문제, 기간이 정해진 프로젝트 등이 해당되는 제1사분면
② 긴급하지는 않지만 중요한 일로 인간관계구축이나 새로운 기회의 발굴, 중장기 계획 등이 포함되는 제2사분면
③ 긴급하지만 중요하지 않은 일로 잠깐의 급한 질문, 일부 보고서, 눈 앞의 급박한 사항이 해당되는 제3사분면
④ 중요하지 않고 긴급하지 않은 일로 하찮은 일이나 시간낭비거리, 즐거운 활동 등이 포함되는 제4사분면

구분	긴급한 일	긴급하지 않은 일
중요한 일	위기사항, 급박한 문제, 기간이 정해진 프로젝트	인간관계구축, 새로운 기회의 발굴, 중장기계획
중요하지 않은 일	잠깐의 급한 질문, 일부 보고서, 눈앞의 급박한 사항	하찮은 일, 우편물, 전화, 시간낭비거리, 즐거운 활동

답 ②

2 자원관리능력을 구성하는 하위능력

(1) 시간관리능력

① 시간의 특성

㉠ 시간은 매일 주어지는 기적이다.

㉡ 시간은 똑같은 속도로 흐른다.

㉢ 시간의 흐름은 멈추게 할 수 없다.

㉣ 시간은 꾸거나 저축할 수 없다.

㉤ 시간은 사용하기에 따라 가치가 달라진다.

② 시간관리의 효과

㉠ 생산성 향상

㉡ 가격 인상

㉢ 위험 감소

㉣ 시장 점유율 증가

③ 시간계획

　㉠ 개념 : 시간 자원을 최대한 활용하기 위하여 가장 많이 반복되는 일에 가장 많은 시간을 분배하고, 최단시간에 최선의 목표를 달성하는 것을 의미한다.

　㉡ 60 : 40의 Rule

계획된 행동 (60%)	계획 외의 행동 (20%)	자발적 행동 (20%)
총 시간		

예제 2

유아용품 홍보팀의 사원 은이씨는 일산 킨텍스에서 열리는 유아용품박람회에 참여하고자 한다. 당일 회의 후 출발해야 하며 회의 종료 시간은 오후 3시이다.

장소	일시
일산 킨텍스 제2전시장	2022. 5. 20(금) PM 15:00~19:00 * 입장가능시간은 종료 2시간 전까지

오시는 길
지하철 : 4호선 대화역(도보 30분 거리)
버스 : 8109번, 8407번(도보 5분 거리)

• 회사에서 버스정류장 및 지하철역까지 소요시간

출발지	도착지		소요시간
회사	×× 정류장	도보	15분
		택시	5분
	지하철역	도보	30분
		택시	10분

• 일산 킨텍스 가는 길

교통편	출발지	도착지	소요시간
지하철	강남역	대화역	1시간 25분
버스	×× 정류장	일산 킨텍스 정류장	1시간 45분

위의 제시 상황을 보고 은이씨가 선택할 교통편으로 가장 적절한 것은?

① 도보 – 지하철　　　　② 도보 – 버스
③ 택시 – 지하철　　　　④ 택시 – 버스

출제의도

주어진 여러 시간정보를 수집하여 실제 업무 상황에서 시간자원을 어떻게 활용할 것인지 계획하고 할당하는 능력을 측정하는 문항이다.

해 설

④ 택시로 버스정류장까지 이동해서 버스를 타고 가게 되면 택시(5분), 버스(1시간 45분), 도보(5분)으로 1시간 55분이 걸린다.
① 도보-지하철 : 도보(30분), 지하철(1시간 25분), 도보(30분)이므로 총 2시간 25분이 걸린다.
② 도보-버스 : 도보(15분), 버스(1시간 45분), 도보(5분)이므로 총 2시간 5분이 걸린다.
③ 택시-지하철 : 택시(10분), 지하철(1시간 25분), 도보(30분)이므로 총 2시간 5분이 걸린다.

답 ④

(2) 예산관리능력

① 예산과 예산관리

    ㉠ 예산 : 필요한 비용을 미리 헤아려 계산하는 것이나 그 비용

    ㉡ 예산관리 : 활동이나 사업에 소요되는 비용을 산정하고, 예산을 편성하는 것뿐만 아니라 예산을 통제하는 것 모두를 포함한다.

② 예산의 구성요소

비용	직접비용	재료비, 원료와 장비, 시설비, 여행(출장) 및 잡비, 인건비 등
	간접비용	보험료, 건물관리비, 광고비, 통신비, 사무비품비, 각종 공과금 등

③ 예산수립 과정 … 필요한 과업 및 활동 구명 → 우선순위 결정 → 예산 배정

예제 3

당신은 가을 체육대회에서 총무를 맡으라는 지시를 받았다. 다음과 같은 계획에 따라 예산을 진행하였으나 확보된 예산이 생각보다 적게 되어 불가피하게 비용 항목을 줄여야 한다. 다음 중 귀하가 비용 항목을 없애기에 가장 적절한 것은 무엇인가?

〈○○산업공단 춘계 1차 워크숍〉

1. 해당부서 : 인사관리팀, 영업팀, 재무팀
2. 일　　정 : 2022년 4월 21일~23일(2박 3일)
3. 장　　소 : 강원도 속초 ○○연수원
4. 행사내용 : 바다열차탑승, 체육대회, 친교의 밤 행사, 기타

① 숙박비　　　　　　　　② 식비
③ 교통비　　　　　　　　④ 기념품비

(3) 물적관리능력

① 물적자원의 종류
　　㉠ 자연자원 : 자연상태 그대로의 자원(예 석탄, 석유 등)
　　㉡ 인공자원 : 인위적으로 가공한 자원(예 시설, 장비 등)

② 물적자원관리 … 물적자원을 효과적으로 관리할 경우 경쟁력 향상이 향상되어 과제 및 사업의 성공으로 이어지며, 관리가 부족할 경우 경제적 손실로 인해 과제 및 사업의 실패 가능성이 커진다.

③ 물적자원 활용의 방해요인
　　㉠ 보관 장소의 파악 문제
　　㉡ 훼손
　　㉢ 분실

④ 물적자원관리 과정

과정	내용
사용 물품과 보관 물품의 구분	• 반복 작업 방지 • 물품활용의 편리성
동일 및 유사 물품으로의 분류	• 동일성의 원칙 • 유사성의 원칙
물품 특성에 맞는 보관 장소 선정	• 물품의 형상 • 물품의 소재

예제 4

S호텔의 외식사업부 소속인 K씨는 예약일정 관리를 담당하고 있다. 아래의 예약 일정과 정보를 보고 K씨의 판단으로 옳지 않은 것은?

〈S호텔 일식 뷔페 1월 ROOM 예약 일정〉

* 예약 : ROOM 이름(시작시간)

SUN	MON	TUE	WED	THU	FRI	SAT
					1	2
					백합(16)	장미(11) 백합(15)
3	4	5	6	7	8	9
라일락(15)		백향목(10) 백합(15)	장미(10) 백향목(17)	백합(11) 라일락(18)	백향목(15)	장미(10) 라일락(15)

ROOM 구분	수용가능인원	최소투입인력	연회장 이용시간
백합	20	3	2시간
장미	30	5	3시간
라일락	25	4	2시간
백향목	40	8	3시간

- 오후 9시에 모든 업무를 종료함
- 한 타임 끝난 후 1시간씩 세팅 및 정리
- 동 시간 대 서빙 투입인력은 총 10명을 넘을 수 없음

안녕하세요, 1월 첫째 주 또는 둘째 주에 신년회 행사를 위해 ROOM을 예약하려고 하는데요, 저희 동호회의 총 인원은 27명이고 오후 8시쯤 마무리하려고 합니다. 신정과 주말, 월요일은 피하고 싶습니다. 예약이 가능할까요?

① 인원을 고려했을 때 장미ROOM과 백향목ROOM이 적합하겠군.
② 만약 2명이 안 온다면 예약 가능한 ROOM이 늘어나겠구나.
③ 조건을 고려했을 때 예약 가능한 ROOM은 5일 장미ROOM뿐이겠구나.
④ 오후 5시부터 8시까지 가능한 ROOM을 찾아야해.

출제의도

주어진 정보와 일정표를 토대로 이용 가능한 물적자원을 확보하여 이를 정확하게 안내할 수 있는 능력을 측정하는 문항이다. 고객이 제공한 정보를 정확하게 파악하고 그 조건 안에서 가능한 자원을 제공할 수 있어야 한다.

해 설

③ 조건을 고려했을 때 5일 장미ROOM과 7일 장미ROOM이 예약 가능하다.
① 참석 인원이 27명이므로 30명 수용 가능한 장미ROOM과 40명 수용 가능한 백향목ROOM 두 곳이 적합하다.
② 만약 2명이 안 온다면 총 참석인원 25명이므로 라일락ROOM, 장미ROOM, 백향목ROOM이 예약 가능하다.
④ 오후 8시에 마무리하려고 계획하고 있으므로 적절하다.

답 ③

(4) 인적자원관리능력

① **인맥** ··· 가족, 친구, 직장동료 등 자신과 직접적인 관계에 있는 사람들인 핵심인맥과 핵심인맥들로부터 알게 된 파생인맥이 존재한다.

② **인적자원의 특성** ··· 능동성, 개발가능성, 전략적 자원

③ **인력배치의 원칙**

  ㉠ **적재적소주의** : 팀의 효율성을 높이기 위해 팀원의 능력이나 성격 등과 가장 적합한 위치에 배치하여 팀원 개개인의 능력을 최대로 발휘해 줄 것을 기대하는 것

  ㉡ **능력주의** : 개인에게 능력을 발휘할 수 있는 기회와 장소를 부여하고 그 성과를 바르게 평가하며 평가된 능력과 실적에 대해 그에 상응하는 보상을 주는 원칙

  ㉢ **균형주의** : 모든 팀원에 대한 적재적소를 고려

④ **인력배치의 유형**

  ㉠ **양적 배치** : 부문의 작업량과 조업도, 여유 또는 부족 인원을 감안하여 소요인원을 결정하여 배치하는 것

  ㉡ **질적 배치** : 적재적소의 배치

  ㉢ **적성 배치** : 팀원의 적성 및 흥미에 따라 배치하는 것

예제 5

최근 조직개편 및 연봉협상 과정에서 직원들의 불만이 높아지고 있다. 온갖 루머가 난무한 가운데 인사팀원인 당신에게 사내 게시판의 직원 불만사항에 대한 진위여부를 파악하고 대안을 세우라는 팀장의 지시를 받았다. 다음 중 당신이 조치를 취해야 하는 직원은 누구인가?

① 사원 A는 팀장으로부터 업무 성과가 탁월하다는 평가를 받았는데도 조직개편으로 인한 부서 통합으로 인해 승진을 못한 것이 불만이다.
② 사원 B는 회사가 예년에 비해 높은 영업 이익을 얻었는데도 불구하고 연봉 인상에 인색한 것이 불만이다.
③ 사원 C는 회사가 급여 정책을 변경해서 고정급 비율을 낮추고 기본급과 인센티브를 지급하는 제도로 바꾼 것이 불만이다.
④ 사원 D는 입사 동기인 동료가 자신보다 업무 실적이 좋지 않고 불성실한 근무태도를 가지고 있는데, 팀장과의 친분으로 인해 자신보다 높은 평가를 받은 것이 불만이다.

출제의도

주어진 직원들의 정보를 통해 시급하게 진위여부를 가리고 조치하여 인력배치를 해야 하는 사항을 확인하는 문제이다.

해 설

사원 A, B, C는 각각 조직 정책에 대한 불만이기에 논의를 통해 조직적으로 대처하는 것이 옳지만, 사원 D는 팀장의 독단적인 전횡에 대한 불만이기 때문에 조사하여 시급히 조치할 필요가 있다. 따라서 가장 적절한 답은 ④번이 된다.

답 ④

출제예상문제

1 다음 중 신입사원 인성씨가 해야 할 일을 시간관리 매트릭스 4단계로 구분한 것으로 잘못 된 것은?

〈인성씨가 해야 할 일〉

㉠ 어제 못 본 드라마보기
㉡ 마감이 정해진 프로젝트
㉢ 인간관계 구축하기
㉣ 업무 보고서 작성하기
㉤ 회의하기
㉥ 자기개발하기
㉦ 상사에게 급한 질문하기

〈시간관리 매트릭스〉

	긴급함	긴급하지 않음
중요함	제1사분면	제2사분면
중요하지 않음	제3사분면	제4사분면

① 제1사분면 : ㉢   ② 제2사분면 : ㉥

③ 제3사분면 : ㉣   ④ 제3사분면 : ㉤

 해설

〈시간관리 매트릭스〉

	긴급함	긴급하지 않음
중요함	㉡	㉢㉥
중요하지 않음	㉣㉤㉦	㉠

2 다음 중, 조직에서 인적자원이 예산이나 물적자원보다 중요한 이유로 적절하지 않은 것은 어느 것인가?

① 예산이나 물적자원을 활용하는 것이 바로 사람이기 때문이다.

② 인적자원은 수동적인 예산이나 물적자원에 비해 능동적이다.

③ 인적자원은 개발될 수 있는 많은 잠재능력과 자질을 보유하고 있다.

④ 조직의 영리 추구에 부합하는 이득은 인적자원에서 나온다.

> ✔ **해설** 조직의 영리 추구에 부합하는 이득은 인적자원뿐 아니라 시간, 돈, 물적자원과의 적절한 조화를 통해서 창출된다. 그러나 인적자원은 능동성, 개발가능성, 전략적 차원이라는 특성에서 예산이나 물적자원보다 중요성이 크다고 할 수 있다.

3 S사의 재고 물품 보관 창고에는 효율적인 물품 관리에 대한 기준이 마련되어 있다. 다음 중 이 기준에 포함될 내용으로 가장 적절하지 않은 것은 어느 것인가?

① 물품의 입고일을 기준으로 오래된 것은 안쪽에, 새로 입고된 물품은 출입구 쪽에 보관해야 한다.

② 동일한 물품은 한 곳에, 유사한 물품은 인접한 장소에 보관하고 동일성이 떨어지는 물품일수록 보관 장소도 멀리 배치한다.

③ 당장 사용해야 할 물품과 한동안 사용하지 않을 것으로 예상되는 물품을 구분하여 각기 다른 장소에 보관한다.

④ 물품의 재질을 파악하여 동일 재질의 물품을 한 곳에, 다른 재질의 물품을 다른 곳에 각각 보관한다.

> ✔ **해설** 물품 보관 시에는 사용 물품과 보관 물품의 구분, 동일 및 유사 물품으로의 분류, 물품 특성에 맞는 보관 장소 선정 등의 원칙을 따라야 한다. 보관의 가장 중요한 포인트는 '물품의 손쉽고 효과적인 사용'이 되어야 하므로, 단순히 입고일을 기준으로 물품을 보관하는 것은 특별히 필요한 경우가 아니라면 바람직한 물품 관리 기준이 될 수 없다.

4 한국산업은 네트워크상의 여러 서버에 분산되어 있는 모든 문서 자원을 발생부터 소멸까지 통합관리해주는 문서관리시스템을 도입하였다. 이 문서관리시스템의 장점으로 가장 거리가 먼 것은?

① 결재과정의 불필요한 시간, 인력, 비용의 낭비를 줄인다.

② 문서의 검색이 신속하고 정확해진다.

③ 결재문서를 불러서 재가공할 수 있어 기안작성의 효율을 도모한다.

④ 지역적으로 떨어져 있는 경우 컴퓨터를 이용해서 원격 전자 회의를 가능하게 한다.

> ✔ **해설** 그룹웨어(groupware) … 기업 등의 구성원들이 컴퓨터로 연결된 작업장에서, 서로 협력하여 업무를 수행 하는 그룹 작업을 지원하기 위한 소프트웨어나 소프트웨어를 포함하는 구조를 말한다.

5 다음 ㉠~㉧ 중, 시간계획을 함에 있어 명심하여야 할 사항으로 적절하지 않은 설명을 모두 고른 것은 어느 것인가?

> ㉠ 자신에게 주어진 시간 중 적어도 60%는 계획된 행동을 해야 한다.
> ㉡ 계획은 다소 어렵더라도 의지를 담은 목표치를 반영한다.
> ㉢ 예정 행동만을 계획하는 것이 아니라 기대되는 성과나 행동의 목표도 기록한다.
> ㉣ 여러 일 중에서 어느 일이 가장 우선적으로 처리해야 할 것인가를 결정한다.
> ㉤ 유연하고 융통성 있는 시간계획을 정하기보다 가급적 변경 없이 계획대로 밀고 나갈 수 있어야 한다.
> ㉥ 예상 못한 방문객 접대, 전화 등의 사건으로 예정된 시간이 부족할 경우를 대비하여 여유시간을 확보한다.
> ㉦ 반드시 해야 할 일을 끝내지 못했을 경우, 다음 계획에 영향이 없도록 가급적 빨리 잊는다.
> ㉧ 자기 외의 다른 사람(비서, 부하, 상사)의 시간 계획을 감안하여 계획을 수립한다.

① ㉠, ㉡, ㉦　　　　　　　　　　② ㉢, ㉤, ㉥

③ ㉡, ㉤, ㉦　　　　　　　　　　④ ㉡, ㉢, ㉤

✔해설 시간 관리를 효율적으로 하기 위하여 ㉡, ㉤, ㉦은 다음과 같이 수정되어야 한다.

㉡ 시간 배정을 계획하는 일이므로 무리한 계획을 세우지 말고, 실현 가능한 것만을 계획하여야 한다.

㉤ 시간계획은 유연하게 해야 한다. 시간계획은 그 자체가 중요한 것이 아니고, 목표달성을 위해 필요한 것이다.

㉦ 꼭 해야만 할 일을 끝내지 못했을 경우에는 차기 계획에 반영하여 끝내도록 하는 계획을 세우는 것이 바람직하다.

6 외국계 은행 서울지사에 근무하는 甲은 런던지사 乙, 시애틀지사 丙과 같은 프로젝트를 진행하면서 다음과 같이 영상업무회의를 진행하였다. 회의 시각은 런던을 기준으로 11월 1일 오전 9시라고 할 때, ㉠에 들어갈 일시는? (단 런던은 GMT+0, 서울은 GMT+9, 시애틀은 GMT−7을 표준시로 사용한다.)

甲 : 제가 프로젝트에서 맡은 업무는 오늘 오후 10시면 마칠 수 있습니다. 런던에서 받아서 1차 수정을 부탁드립니다.

乙 : 네, 저는 甲님께서 제시간에 끝내 주시면 다음날 오후 3시면 마칠 수 있습니다. 시애틀에서 받아서 마지막 수정을 부탁드립니다.

丙 : 알겠습니다. 저는 앞선 두 분이 제시간에 끝내 주신다면 서울을 기준으로 모레 오전 10시면 마칠 수 있습니다. 제가 업무를 마치면 프로젝트가 최종 마무리 되겠군요.

甲 : 잠깐, 다들 말씀하신 시각의 기준이 다른 것 같은데요? 저는 처음부터 런던을 기준으로 이해하고 말씀드렸습니다.

乙 : 저는 처음부터 시애틀을 기준으로 이해하고 말씀드렸는데요?

丙 : 저는 처음부터 서울을 기준으로 이해하고 말씀드렸습니다. 그렇다면 계획대로 진행될 때 서울을 기준으로 (㉠)에 프로젝트를 최종 마무리할 수 있겠네요.

甲, 乙 : 네, 맞습니다.

---

① 11월 2일 오후 3시
② 11월 2일 오후 11시
③ 11월 3일 오전 10시
④ 11월 3일 오후 7시

✔해설 회의 시간이 런던을 기준으로 11월 1일 9시이므로, 이때 서울은 11월 1일 18시, 시애틀은 11월 1일 2시이다.

- 甲은 런던을 기준으로 말했으므로 甲이 프로젝트에서 맡은 업무를 마치는 시간은 런던 기준 11월 1일 22시로, 甲이 맡은 업무를 마치는 데 필요한 시간은 22 − 9 = 13시간이다.
- 乙은 시애틀을 기준으로 이해하고 말했으므로 乙은 甲이 말한 乙이 말한 다음날 오후 3시는 시애틀 기준 11월 2일 15시이다. 乙은 甲이 시애틀을 기준으로 11월 1일 22시에 맡은 일을 끝내 줄 것이라고 생각하였으므로, 乙이 맡은 업무를 마치는 데 필요한 시간은 2 + 15 = 17시간이다.
- 丙은 서울을 기준으로 말했으므로 丙이 말한 모레 오전 10시는 11월 3일 10시이다. 丙은 乙이 서울을 기준으로 11월 2일 15시에 맡은 일을 끝내 줄 것이라고 생각하였으므로, 丙이 맡은 업무를 마치는 데 필요한 시간은 9 + 10 = 19시간이다.

따라서 계획대로 진행될 경우 甲, 乙, 丙이 맡은 업무를 끝내는 데 필요한 총 시간은 13 + 17 + 19 = 49시간으로, 2일하고 1시간이라고 할 수 있다. 이를 서울 기준으로 보면 11월 1일 18시에서 2일하고 1시간이 지난 후이므로, 11월 3일 19시이다.

7 인적자원 관리의 특징에 관한 다음 ㉠~㉣의 설명 중 그 성격이 같은 것끼리 알맞게 구분한 것은 어느 것인가?

㉠ 개인에게 능력을 발휘할 수 있는 기회와 장소를 부여하고, 그 성과를 바르게 평가하고, 평가된 능력과 실적에 대해 그에 상응하는 보상을 주어야 한다.

㉡ 팀 전체의 능력향상, 의식개혁, 사기앙양 등을 도모하는 의미에서 전체와 개체가 균형을 이루어야 한다.

㉢ 많은 사람들이 번거롭다는 이유로 자신의 인맥관리에 소홀히 하는 경우가 많지만 인맥관리는 자신의 성공을 위한 첫걸음이라는 생각을 가져야 한다.

㉣ 효율성을 높이기 위해 팀원의 능력이나 성격 등과 가장 적합한 위치에 배치하여 팀원 개개인의 능력을 최대로 발휘해 줄 것을 기대한다.

---

① [㉠, ㉡] ― [㉢, ㉣]
② [㉠] ― [㉡, ㉢, ㉣]
③ [㉠, ㉣] ― [㉡, ㉢]
④ [㉠, ㉡, ㉣] ― [㉢]

✔**해설** ㉠, ㉡, ㉣은 조직 차원에서의 인적자원관리의 특징이고, ㉢은 개인 차원에서의 인적자원관리능력의 특징으로 구분할 수 있다. 한편, 조직의 인력배치의 3대 원칙에는 적재적소주의(㉣), 능력주의(㉠), 균형주의(㉡)가 있다.

8 다음 ㉠~㉣에 제시된 자원관리의 기본 과정들을 순서에 맞게 재배열한 것은 어느 것인가?

㉠ 확보된 자원을 활용하여 계획에 맞는 업무를 수행해 나가야 한다. 물론 계획에 얽매일 필요는 없지만 최대한 계획대로 수행하는 것이 바람직하다. 불가피하게 수정해야 하는 경우는 전체 계획에 미칠 수 있는 영향을 고려하여야 할 것이다.

㉡ 자원을 실제 필요한 업무에 할당하여 계획을 세워야 한다. 여기에서 중요한 것은 업무나 활동의 우선순위를 고려하는 것이다. 최종적인 목적을 이루는 데 가장 핵심이 되는 것에 우선순위를 두고 계획을 세울 필요가 있다. 만약, 확보한 자원이 실제 활동 추진에 비해 부족할 경우 우선순위가 높은 것에 중심을 두고 계획하는 것이 바람직하다.

㉢ 실제 상황에서 그 자원을 확보하여야 한다. 수집 시 가능하다면 필요한 양보다 좀 더 여유 있게 확보할 필요가 있다. 실제 준비나 활동을 하는 데 있어서 계획과 차이를 보이는 경우가 빈번하기 때문에 여유 있게 확보하는 것이 안전할 것이다.

㉣ 업무를 추진하는 데 있어서 어떤 자원이 필요하며, 또 얼마만큼 필요한지를 파악하는 단계이다. 자원의 종류는 크게 시간, 예산, 물적자원, 인적자원으로 나눌 수 있지만 실제 업무 수행에서는 이보다 더 구체적으로 나눌 필요가 있다. 구체적으로 어떤 활동을 할 것이며, 이 활동에 어느 정도의 시간, 돈, 물적·인적자원이 필요한지를 파악한다.

① ㉢ - ㉣ - ㉡ - ㉠   ② ㉣ - ㉢ - ㉠ - ㉡

③ ㉠ - ㉢ - ㉡ - ㉣   ④ ㉣ - ㉢ - ㉡ - ㉠

✔ **해설** 자원을 활용하기 위해서는 가장 먼저 나에게 필요한 자원은 무엇이고 얼마나 필요한지를 명확히 설정하는 일이다. 무턱대고 많은 자원을 수집하는 것은 효율적인 자원 활용을 위해 바람직하지 않다. 나에게 필요한 자원을 파악했으면 다음으로 그러한 자원을 수집하고 확보해야 할 것이다. 확보된 자원을 유용하게 사용할 수 있는 활용 계획을 세우고 수립된 계획에 따라 자원을 활용하는 것이 적절한 자원관리 과정이 된다. 따라서 이를 정리하면, 다음 순서와 같다.
1) 어떤 자원이 얼마나 필요한지를 확인하기
2) 이용 가능한 자원을 수집(확보)하기
3) 자원 활용 계획 세우기
4) 계획에 따라 수행하기

9 회계팀에서 업무를 시작하게 된 A씨는 각종 내역의 비용이 어느 항목으로 분류되어야 하는지 정리 작업을 하고 있다. 다음 중 A씨가 나머지와 다른 비용으로 분류해야 하는 것은 어느 것인가?

① 구매부 자재 대금으로 지불한 U$7,000

② 상반기 건물 임대료 및 관리비

③ 임직원 급여

④ 계약 체결을 위한 영업부 직원 출장비

> ✔ 해설　②는 간접비용, 나머지(①③④)는 직접비용의 지출 항목으로 분류해야 한다.
> 직접비용과 간접비용으로 분류되는 지출 항목은 다음과 같은 것들이 있다.
> • 직접비용: 재료비, 원료와 장비, 시설비, 출장 및 잡비, 인건비
> • 간접비용: 보험료, 건물관리비, 광고비, 통신비, 사무비품비, 각종 공과금

10 다음 중 직무상 필요한 가장 핵심적인 네 가지 자원에 해당하지 않는 설명은 어느 것인가?

① 민간 기업이나 공공단체 및 기타 조직체는 물론이고 개인의 수입·지출에 관한 것도 포함하는 가치

② 인간이 약한 신체적 특성을 보완하기 위하여 활용하는, 정상적인 인간의 활동에 수반되는 많은 자원들

③ 기업이 나아가야 할 방향과 목적 등 기업 전체가 공유하는 비전, 가치관, 사훈, 기본 방침 등으로 표현되는 것

④ 매일 주어지며 똑같은 속도로 흐르지만 멈추거나 빌리거나 저축할 수 없는 것

> ✔ 해설　③은 기업 경영의 목적이다. 기업 경영에 필수적인 네 가지 자원으로는 시간(④), 예산(①), 물적자원(②)이 있으며 물적자원은 다시 인공자원과 천연자원으로 나눌 수 있다.

11 '갑'시에 위치한 B공사 권 대리는 다음과 같은 일정으로 출장을 계획하고 있다. 출장비 지급 내역에 따라 권 대리가 받을 수 있는 출장비의 총액은 얼마인가?

<표 title="지역별 출장비 지급 내역">

출장 지역	일비	식비
'갑'시	15,000원	15,000원
'갑'시 외 지역	23,000원	17,000원

* 거래처 차량으로 이동할 경우, 일비 5,000원 차감
* 오후 일정 시작일 경우, 식비 7,000원 차감

〈출장 일정〉

출장 일자	지역	출장 시간	이동계획
화요일	'갑'시	09:00~18:00	거래처 배차
수요일	'갑'시 외 지역	10:30~16:00	대중교통
금요일	'갑'시	14:00~19:00	거래처 배차

① 75,000원

② 78,000원

③ 83,000원

④ 85,000원

✔ **해설** 일자별 출장비 지급액을 살펴보면 다음과 같다. 화요일 일정에는 거래처 차량이 지원되므로 5,000원이 차감되며, 금요일 일정에는 거래처 차량 지원과 오후 일정으로 인해 5,000+7,000=12,000원이 차감된다.

출장 일자	지역	출장 시간	이동계획	출장비
화요일	'갑'시	09:00~18:00	거래처 배차	30,000−5,000 = 25,000원
수요일	'갑'시 외 지역	10:30~16:00	대중교통	40,000원
금요일	'갑'시	14:00~19:00	거래처 배차	30,000−5,000−7,000 = 18,000원

따라서 출장비 총액은 25,000+40,000+18,000=83,000원이 된다.

12 다음은 N사 판매관리비의 2분기 집행 내역과 3분기 배정 내역이다. 자료를 참고하여 판매관리비 집행과 배정 내역을 올바르게 파악하지 못한 것은 어느 것인가?

〈판매관리비 집행 및 배정 내역〉

(단위 : 원)

항목	2분기	3분기
판매비와 관리비	236,820,000	226,370,000
직원급여	200,850,000	195,000,000
상여금	6,700,000	5,700,000
보험료	1,850,000	1,850,000
세금과 공과금	1,500,000	1,350,000
수도광열비	750,000	800,000
잡비	1,000,000	1,250,000
사무용품비	230,000	180,000
여비교통비	7,650,000	5,350,000
퇴직급여충당금	15,300,000	13,500,000
통신비	460,000	620,000
광고선전비	530,000	770,000

① 직접비와 간접비를 합산한 3분기의 예산 배정액은 전 분기보다 10% 이내의 범위에서 로 감소하였다.

② 간접비는 전 분기의 5%에 조금 못 미치는 금액만큼 증가하였다.

③ 2분기와 3분기 모두 간접비에서 가장 큰 비중을 차지하는 항목은 보험료이다.

④ 3분기에는 직접비와 간접비가 모두 2분기 집행 내역보다 더 많이 배정되었다.

> ✔해설 직접비에는 인건비, 재료비, 원료와 장비비, 여행 및 잡비, 시설비 등이 포함되며, 간접비에는 보험료, 건물관리비, 광고비, 통신비, 사무비품비, 각종 공과금 등이 포함된다. 따라서 제시된 예산 집행 및 배정 현황을 직접비와 간접비를 구분하여 다음과 같이 나누어 볼 수 있다.

항목	2분기		3분기	
	직접비	간접비	직접비	간접비
직원급여	200,850,000		195,000,000	
상여금	6,700,000		5,700,000	
보험료		1,850,000		1,850,000
세금과 공과금		1,500,000		1,350,000
수도광열비		750,000		800,000
잡비	1,000,000		1,250,000	
사무용품비		230,000		180,000
여비교통비	7,650,000		5,350,000	
퇴직급여충당금	15,300,000		13,500,000	
통신비		460,000		620,000
광고선전비		530,000		770,000
합계	231,500,000	5,320,000	220,800,000	5,570,000

따라서 2분기보다 3분기에 간접비 배정 금액은 증가한 반면, 직접비의 배정 금액은 감소했음을 알 수 있다.

13 H사 기획팀에서는 해외 거래처와의 중요한 계약을 성사시키기 위해 이를 담당할 사내 TF팀 인원을 보강하고자 한다. 다음 상황을 참고할 때, 반드시 선발해야 할 2명의 직원은 누구인가?

기획팀은 TF팀에 추가로 필요한 직원 2명을 보강해야 한다. 계약실무, 협상, 시장조사, 현장교육 등 4가지 업무는 새롭게 선발될 2명의 직원이 분담하여 모두 수행해야 한다.

4가지 업무를 수행하기 위해 필수적으로 갖추어야 할 자질은 다음과 같다.

업무	필요 자질
계약실무	스페인어, 국제 감각
협상	스페인어, 설득력
시장조사	설득력, 비판적 사고
현장교육	국제 감각, 의사 전달력

* 기획팀에서 1차로 선발한 직원은 오 대리, 최 사원, 남 대리, 조 사원 4명이며, 이들은 모두 3가지씩의 '필요 자질'을 갖추고 있다.
* 의사 전달력은 남 대리를 제외한 나머지 3명이 모두 갖추고 있다.
* 조 사원이 시장조사 업무를 제외한 모든 업무를 수행하려면, 스페인어 자질만 추가로 갖추면 된다.
* 오 대리는 계약실무 업무를 수행할 수 있고, 최 사원과 남 대리는 시장조사 업무를 수행할 수 있다.
* 국제 감각을 갖춘 직원은 2명이다.

---

① 오 대리, 최 사원
② 오 대리, 남 대리
③ 최 사원, 조 사원
④ 최 사원, 조 사원

✔ **해설** 주어진 설명에 의해 4명의 자질과 가능 업무를 표로 정리하면 다음과 같다.

	오 대리	최 사원	남 대리	조 사원
스페인어	○	×	○	×
국제 감각	○	×	×	○
설득력	×	○	○	○
비판적 사고	×	○	○	×
의사 전달력	○	○	×	○

위 표를 바탕으로 4명의 직원이 수행할 수 있는 업무를 정리하면 다음과 같다.

• 오 대리 : 계약실무, 현장교육
• 최 사원 : 시장조사
• 남 대리 : 협상, 시장조사
• 조 사원 : 현장교육

따라서 필요한 4가지 업무를 모두 수행하기 위해서는 오 대리와 남 대리 2명이 최종 선발되어야만 함을 알 수 있다.

▋14~15▋ 공장 주변지역의 농경수 오염에 책임이 있는 기업이 총 70억 원의 예산을 가지고 피해 현황 심사와 보상을 진행한다고 한다. 다음 글을 읽고 물음에 답하시오.

총 500건의 피해가 발생했고, 기업측에서는 실제 피해 현황을 심사하여 보상하기로 하였다. 심사에 소요되는 비용은 보상 예산에서 사용한다. 심사를 통해 좀 더 정확한 피해 규모를 파악할 수 있지만, 그에 따라 소요되는 비용 또한 증가하게 된다.

	1일째	2일째	3일째	4일째
일별 심사 비용 (억 원)	0.5	0.7	0.9	1.1
일별 보상대상 제외건수	50	45	40	35

• 보상금 총액＝예산－심사 비용
• 표는 누적수치가 아닌, 하루에 소요되는 비용을 말함
• 일별 심사 비용은 매일 0.2억씩 증가하고 제외건수는 매일 5건씩 감소함
• 제외건수가 0이 되는 날, 심사를 중지하고 보상금을 지급함

14 기업측이 심사를 중지하는 날까지 소요되는 일별 심사 비용은 총 얼마인가?

① 15억 원
② 15.5억 원
③ 16억 원
④ 16.5억 원

✔ 해설 제외건수가 매일 5건씩 감소한다고 했으므로 11일째 되는 날 제외건수가 0이 되고 일별 심사 비용은 총 16.5억 원이 된다.

15 심사를 중지하고 총 500건에 대해서 보상을 한다고 할 때, 보상대상자가 받는 건당 평균 보상금은 대략 얼마인가?

① 약 1천만 원
② 약 2천만 원
③ 약 3천만 원
④ 약 4천만 원

✔ 해설 (70억－16.5억)/500건＝1,070만 원

16 다음 재고 현황을 통해 파악할 수 있는 완성품의 최대 수량과 완성품 1개당 소요 비용은 얼마인가? (단, 완성품은 A, B, C, D의 부품이 모두 조립되어야 하고 다른 조건은 고려하지 않는다)

부품명	완성품 1개당 소요량(개)	단가(원)	재고 수량(개)
A	2	50	100
B	3	100	300
C	20	10	2,000
D	1	400	150

완성품의 최대 수량(개)   완성품 1개당 소요 비용(원)

①   50   100

②   50   500

③   50   1,000

④   100   500

✔ 해설   재고 수량에 따라 완성품을 A 부품으로는 $100 \div 2 = 50$개, B 부품으로는 $300 \div 3 = 100$개, C 부품으로는 $2,000 \div 20 = 100$개, D 부품으로는 $150 \div 1 = 150$개까지 만들 수 있다. 완성품은 A, B, C, D가 모두 조립되어야 하므로 50개만 만들 수 있다.

완성품 1개당 소요 비용은 완성품 1개당 소요량과 단가의 곱으로 구하면 되므로 A 부품 $2 \times 50 = 100$원, B 부품 $3 \times 100 = 300$원, C 부품 $20 \times 10 = 200$원, D 부품 $1 \times 400 = 400$원이다.

이를 모두 합하면 $100 + 300 + 200 + 400 = 1,000$원이 된다.

17 다음은 (주)서원기업의 재고 관리 사례이다. 금요일까지 부품 재고 수량이 남지 않게 완성품을 만들 수 있도록 월요일에 주문할 A~C 부품 개수로 옳은 것은? (단, 주어진 조건 이외에는 고려하지 않는다)

〈부품 재고 수량과 완성품 1개 당 소요량〉

부품명	부품 재고 수량	완성품 1개당 소요량
A	500	10
B	120	3
C	250	5

〈완성품 납품 수량〉

항목 ＼ 요일	월	화	수	목	금
완성품 납품 개수	없음	30	20	30	20

〈조건〉

1. 부품 주문은 월요일에 한 번 신청하며 화요일 작업시작 전 입고된다.
2. 완성품은 부품 A, B, C를 모두 조립해야 한다.

	A	B	C
①	100	100	100
②	100	180	200
③	500	100	100
④	500	180	250

✔ **해설** 완성품 납품 개수는 30+20+30+20으로 총 100개이다. 완성품 1개당 부품 A는 10개가 필요하므로 총 1,000개가 필요하고, B는 300개, C는 500개가 필요하다. 이때 각 부품의 재고 수량에서 부품 A는 500 개를 가지고 있으므로 필요한 1,000개에서 가지고 있는 500개를 빼면 500개의 부품을 주문해야 한다. 부품 B는 120개를 가지고 있으므로 필요한 300개에서 가지고 있는 120개를 빼면 180개를 주문해야 하며, 부품 C는 250개를 가지고 있으므로 필요한 500개에서 가지고 있는 250개를 빼면 250개를 주문해야 한다.

18 입사 2년차인 P씨와 같은 팀원들은 하루에도 수십 개씩의 서류를 받는다. 각자 감당할 수 없을 만큼의 서류가 쌓이다보니 빨리 처리해야할 업무가 무엇인지, 나중에 해도 되는 업무가 무엇인지 확인이 되지 않았다. 이런 상황에서 P씨가 가장 먼저 취해야 할 행동으로 가장 적절한 것은?

① 같은 팀원이자 후배인 K씨에게 서류정리를 시킨다.

② 가장 높은 상사의 일부터 처리한다.

③ 보고서와 주문서 등을 종류별로 정리하고 중요내용을 간추려 메모한다.

④ 눈앞의 급박한 상황들을 먼저 처리한다.

> ✔해설 업무 시에는 일의 우선순위를 정하는 것이 중요하다. 많은 서류들을 정리하고 중요 내용을 간추려 메모하면 이후의 서류들도 기존보다 빠르게 정리할 수 있으며 시간을 효율적으로 사용할 수 있다.

19 다음 중 SMART법칙에 따라 목표를 설정하지 못한 사람을 모두 고른 것은?

> • 민수 : 나는 올해 꼭 취업할꺼야.
> • 나라 : 나는 8월까지 볼링 점수 200점에 도달하겠어.
> • 정수 : 나는 오늘 10시까지 단어 100개를 외울거야.
> • 주찬 : 나는 이번 달 안에 NCS강의 20강을 모두 들을거야.
> • 명기 : 나는 이번 여름 방학에 영어 회화를 도전할거야.

① 정수, 주찬

② 나라, 정수

③ 민수, 명기

④ 주찬, 민수

> ✔해설 SMART법칙 … 목표를 어떻게 설정하고 그 목표를 성공적으로 달성하기 위해 꼭 필요한 필수 요건들을 S.M.A.R.T. 5개 철자에 따라 제시한 것이다.
> ㉠ Specific(구체적으로) : 목표를 구체적으로 작성한다.
> ㉡ Measurable(측정 가능하도록) : 수치화, 객관화시켜서 측정 가능한 척도를 세운다.
> ㉢ Action—oriented(행동 지향적으로) : 사고 및 생각에 그치는 것이 아니라 행동을 중심으로 목표를 세운다.
> ㉣ Realistic(현실성 있게) : 실현 가능한 목표를 세운다.
> ㉤ Time limited(시간적 제약이 있게) : 목표를 설정함에 있어 제한 시간을 둔다.

20 다음은 영업사원인 甲씨가 오늘 미팅해야 할 거래처 직원들과 방문해야 할 업체에 관한 정보이다. 다음의 정보를 모두 반영하여 하루의 일정을 짠다고 할 때 순서가 올바르게 배열된 것은? (단, 장소 간 이동 시간은 없는 것으로 가정한다)

〈거래처 직원들의 요구 사항〉

• A거래처 과장 : 회사 내부 일정으로 인해 미팅은 10시~12시 또는 16~18시까지 2시간 정도 가능합니다.
• B거래처 대리 : 12시부터 점심식사를 하거나, 18시부터 저녁식사를 하시죠. 시간은 2시간이면 될 것 같습니다.
• C거래처 사원 : 외근이 잡혀서 오전 9시부터 10시까지 1시간만 가능합니다.
• D거래처 부장 : 외부일정으로 18시부터 저녁식사만 가능합니다.

〈방문해야 할 업체와 가능시간〉

• E서점 : 14~18시, 소요시간은 2시간
• F은행 : 12~16시, 소요시간은 1시간
• G미술관 관람 : 하루 3회(10시, 13시, 15시), 소요시간은 1시간

---

① C거래처 사원 – A거래처 과장 – B거래처 대리 – E서점 – G미술관 – F은행 – D거래처 부장
② C거래처 사원 – A거래처 과장 – F은행 – B거래처 대리 – G미술관 – E서점 – D거래처 부장
③ C거래처 사원 – G미술관 – F은행 – B거래처 대리 – E서점 – A거래처 과장 – D거래처 부장
④ C거래처 사원 – A거래처 과장 – B거래처 대리 – F은행 – G미술관 – E서점 – D거래처 부장

✔해설 C거래처 사원(9시~10시) – A거래처 과장(10시~12시) – B거래처 대리(12시~14시) – F은행(14시~15시) – G미술관(15시~16시) – E서점(16시~18시) – D거래처 부장(18시~)
① E서점까지 들리면 16시가 되는데, 그 이후에 G미술관을 관람할 수 없다.
② F은행까지 들리면 13시가 되는데, B거래처 대리 약속은 18시에 가능하다.
③ G미술관 관람을 마치고 나면 11시가 되는데 F은행은 12시에 가야한다. 1시간 기다려서 F은행 일이 끝나면 13시가 되는데, B거래처 대리 약속은 18시에 가능하다.

〈대한 국제 회의장 예약 현황〉

행사구분	행사주체	행사일	시작시간	진행시간	예약인원	행사장
학술대회	A대학	3/10	10:00	2H	250명	전시홀
공연	B동아리	2/5	17:00	3H	330명	그랜드볼룸
학술대회	C연구소	4/10	10:30	6H	180명	전시홀
국제회의	D국 무역관	2/13	15:00	4H	100명	컨퍼런스홀
국제회의	E제품 바이어	3/7	14:00	3H	150명	그랜드볼룸
공연	F사 동호회	2/20	15:00	4H	280명	전시홀
학술대회	G학회	4/3	10:00	5H	160명	컨퍼런스홀
국제회의	H기업	2/19	11:00	3H	120명	그랜드볼룸

〈행사장별 행사 비용〉

	행사 비용
전시홀	350,000원(기본 2H), 1시간 당 5만 원 추가, 200명 이상일 경우 기본요금의 15% 추가
그랜드볼룸	450,000원(기본 2H), 1시간 당 5만 원 추가, 250명 이상일 경우 기본요금의 20% 추가
컨퍼런스홀	300,000원(기본 2H), 1시간 당 3만 원 추가, 150명 이상일 경우 기본요금의 10% 추가

21 다음 중 대한 국제 회의장이 2월 중 얻게 되는 기본요금과 시간 추가 비용의 수익금은 모두 얼마인가? (인원 추가 비용 제외)

① 172만 원

② 175만 원

③ 177만 원

④ 181만 원

> ✔해설 2월 행사는 4번이 예약되어 있으며, 행사주제별로 기본 사용료를 계산해 보면 다음과 같다.
> • B동아리 : 450,000원 + 50,000원 = 500,000원
> • D국 무역관 : 300,000원 + 60,000원 = 360,000원
> • F사 동호회 : 350,000원 + 100,000원 = 450,000원
> • H기업 : 450,000원 + 50,000원 = 500,000원
> 따라서 이를 모두 더하면 1,810,000원이 되는 것을 알 수 있다.

22 다음 중 인원 추가 비용이 가장 큰 시기부터 순서대로 올바르게 나열된 것은 어느 것인가?

① 4월, 2월, 3월

② 3월, 4월, 2월

③ 3월, 2월, 4월

④ 2월, 3월, 4월

> ✔해설 월별 인원 추가 비용은 다음과 같이 구분하여 계산할 수 있다.
>
> | 2월 | 3월 | 4월 |
> |---|---|---|
> | • B동아리 : 450,000원×0.2 = 90,000원
• D국 무역관 : 인원 미초과
• F사 동호회 : 350,000원× 0.15 =52,500원
• H기업 : 인원 미초과 | • A대학 : 350,000원×0.15 = 52,500원
• E제품 바이어 : 인원 미초과 | • C연구소 : 인원 미초과
• G학회 : 300,000원×0.1 =30,000원 |
>
> 따라서 각 시기별 인원 추가 비용은 2월 142,500원, 3월 52,500원, 4월 30,000원이 되어 2월, 3월, 4월 순으로 많게 된다.

23 다음 상황에서 총 순이익 200억 원 중에 Y사가 150억 원을 분배 받았다면 Y사의 연구개발비는 얼마인가?

X사와 Y사는 신제품을 공동개발하여 판매한 총 순이익을 다음과 같은 기준에 의해 분배하기로 약정하였다.
- 1번째 기준 : X사와 Y사는 총 순이익에서 각 회사 제조원가의 10%에 해당하는 금액을 우선 각자 분배받는다.
- 2번째 기준 : 총 순수익에서 위의 1번째 기준에 의해 분배 받은 금액을 제외한 나머지 금액에 대한 분배는 각 회사가 연구개발에 지출한 비용에 비례하여 분배액을 정한다.

〈신제품 개발과 판례에 따른 연구개발비용과 총 순이익〉

(단위 : 억 원)

구분	X사	Y사
제조원가	200	600
연구개발비	100	( )
총 순이익	200	

① 200억 원　　　　　　　　　　② 250억 원
③ 300억 원　　　　　　　　　　④ 350억 원

✔ 해설 1번째 기준에 의해 X사는 200억의 10%인 20억을 분배받고, Y사는 600억의 10%인 60억을 분배받는다. Y가 분배받은 금액이 총 150억이라고 했으므로 X사가 분배받은 금액은 50억이다. X사가 두 번째 기준에 의해 분배받은 금액은 30억이고, Y사가 두 번째 기준에 의해 분배받은 금액은 90억이다. 두 번째 기준은 연구개발비용에 비례하여 분배받은 것이므로 X사의 연구개발비의 3배로 계산하면 300억이다.

24 O회사에 근무하고 있는 채과장은 거래 업체를 선정하고자 한다. 업체별 현황과 평가기준이 다음과 같을 때, 선정되는 업체는?

〈업체별 현황〉

업체명	시장매력도	정보화수준	접근가능성
	시장규모(억 원)	정보화순위	수출액(백만 원)
A업체	550	106	9,103
B업체	333	62	2,459
C업체	315	91	2,597
D업체	1,706	95	2,777

〈평가기준〉

- 업체별 종합점수는 시장매력도(30점 만점), 정보화수준(30점 만점), 접근가능성(40점 만점)의 합계 (100점 만점)로 구하며, 종합점수가 가장 높은 업체가 선정된다.
- 시장매력도 점수는 시장매력도가 가장 높은 업체에 30점, 가장 낮은 업체에 0점, 그 밖의 모든 업체에 15점을 부여한다. 시장규모가 클수록 시장매력도가 높다.
- 정보화수준 점수는 정보화순위가 가장 높은 업체에 30점, 가장 낮은 업체에 0점, 그 밖의 모든 업체에 15점을 부여한다.
- 접근가능성 점수는 접근가능성이 가장 높은 업체에 40점, 가장 낮은 업체에 0점, 그 밖의 모든 업체에 20점을 부여한다. 수출액이 클수록 접근가능성이 높다.

① A

② B

③ C

④ D

✔ 해설 업체별 평가기준에 따른 점수는 다음과 같으며, D업체가 65점으로 선정된다.

	시장매력도	정보화수준	접근가능성	합계
A	15	0	40	55
B	15	30	0	45
C	0	15	20	35
D	30	15	20	65

Answer　23.③　24.④

25 J회사 관리부에서 근무하는 L씨는 소모품 구매를 담당하고 있다. 2022년 5월 중에 다음 조건 하에서 A4용지와 토너를 살 때, 총 비용이 가장 적게 드는 경우는? (단, 2022년 5월 1일에는 A4용지와 토너는 남아 있다고 가정하며, 다 썼다는 말이 없으면 그 소모품들은 남아있다고 가정한다)

- A4용지 100장 한 묶음의 정가는 1만 원, 토너는 2만 원이다(A4용지는 100장 단위로 구매함).
- J회사와 거래하는 ◇◇오피스는 매달 15일에 전 품목 20% 할인 행사를 한다.
- ◇◇오피스에서는 5월 5일에 A사 카드를 사용하면 정가의 10%를 할인해 준다.
- 총 비용이란 소모품 구매가격과 체감비용(소모품을 다 써서 느끼는 불편)을 합한 것이다.
- 체감비용은 A4용지와 토너 모두 하루에 500원이다.
- 체감비용을 계산할 때, 소모품을 다 쓴 당일은 포함하고 구매한 날은 포함하지 않는다.
- 소모품을 다 쓴 당일에 구매하면 체감비용은 없으며, 소모품이 남은 상태에서 새 제품을 구입할 때도 체감비용은 없다.

① 3일에 A4용지만 다 써서 5일에 A사 카드로 A4용지와 토너를 살 경우
② 13일에 토너만 다 써서 당일 토너를 사고, 15일에 A4용지를 살 경우
③ 10일에 A4용지와 토너를 다 써서 15일에 A4용지와 토너를 같이 살 경우
④ 3일에 A4용지만 다 써서 당일 A4용지를 사고, 13일에 토너를 다 써서 15일에 토너만 살 경우

✔ 해설 ① 1,000원(체감비용)+27,000원=28,000원
② 20,000원(토너)+8,000원(A4용지)=28,000원
③ 5,000원(체감비용)+24,000원=29,000원
④ 10,000원(A4용지)+1,000원(체감비용)+16,000원(토너)=27,000원

26 이번에 탄생한 TF팀에서 팀장과 부팀장을 선정하려고 한다. 선정기준은 이전에 있던 팀에서의 근무성적과 성과점수, 봉사점수 등을 기준으로 한다. 구체적인 선정기준이 다음과 같을 때 선정되는 팀장과 부팀장을 바르게 연결한 것은?

〈선정기준〉

• 최종점수가 가장 높은 직원이 팀장이 되고, 팀장과 다른 성별의 직원 중에서 가장 높은 점수를 받은 직원이 부팀장이 된다(예를 들어 팀장이 남자가 되면, 여자 중 최고점을 받은 직원이 부팀장이 된다).
• 근무성적 40%, 성과점수 40%, 봉사점수 20%로 기본점수를 산출하고, 기본점수에 투표점수를 더하여 최종점수를 산정한다.
• 투표점수는 한 명당 5점이 부여된다(예를 들어 2명에게서 한 표씩 받으면 10점이다).

〈직원별 근무성적과 점수〉

직원	성별	근무성적	성과점수	봉사점수	투표한 사람수
고경원	남자	88	92	80	2
박하나	여자	74	86	90	1
도경수	남자	96	94	100	0
하지민	여자	100	100	75	0
유해영	여자	80	90	80	2
문정진	남자	75	75	95	1

① 고경원 – 하지민

② 고경원 – 유해영

③ 하지민 – 도경수

④ 하지민 – 문정진

✓ 해설 점수를 계산하면 다음과 같다.

직원	성별	근무점수	성과점수	봉사점수	투표점수	합계
고경원	남자	35.2	36.8	16	10	98
박하나	여자	29.6	34.4	18	5	87
도경수	남자	38.4	37.6	20	0	96
하지민	여자	40	40	15	0	95
유해영	여자	32	36	16	10	94
문정진	남자	30	30	19	5	84

Answer 25.④ 26.①

┃27~28┃ 다음은 G사 영업본부 직원들의 담당 업무와 다음 달 주요 업무 일정표이다. 다음을 참고로 이어지는 물음에 답하시오.

〈다음 달 주요 업무 일정〉

일	월	화	수	목	금	토
		1 사업계획 초안 작성(2)	2	3	4 사옥 이동 계획 수립(2)	5
6	7	8 인트라넷 요청사항 정리(2)	9 전 직원 월간회의	10	11 TF팀 회의(1)	12
13	14 법무실무 담당자 회의(3)	15	16	17 신제품 진행과정 보고(1)	18	19
20	21 매출부진 원인분석(2)	22	23 홍보자료 작성(3)	24 인사고과(2)	25	26
27	28 매출 집계(2)	29 부서경비 정리(2)	30	31		

* ( )안의 숫자는 해당 업무 소요 일수

〈담당자별 업무〉

담당자	담당업무
갑	부서 인사고과, 사옥 이동 관련 이사 계획 수립, 내년도 사업계획 초안 작성
을	매출부진 원인 분석, 신제품 개발 진행과정 보고
병	자원개발 프로젝트 TF팀 회의 참석, 부서 법무실무 교육 담당자 회의
정	사내 인트라넷 구축 관련 요청사항 정리, 대외 홍보자료 작성
무	월말 부서 경비집행 내역 정리 및 보고, 매출 집계 및 전산 입력

27 위의 일정과 담당 업무를 참고할 때, 다음 달 월차 휴가를 사용하기에 적절한 날짜를 선택한 직원이 아닌 것은 어느 것인가?

① 갑 – 23일
② 을 – 8일
③ 병 – 4일
④ 정 – 25일

✔**해설** 정은 홍보자료 작성 업무가 23일에 예정되어 있으며 3일 간의 시간이 걸리는 업무이므로 25일에 월차 휴가를 사용하는 것은 바람직하지 않다.

28 갑작스런 해외 거래처의 일정 변경으로 인해 다음 달 넷째 주에 영업본부에서 2명이 일주일 간 해외 출장을 가야 한다. 위에 제시된 5명의 직원 중 담당 업무에 지장이 없는 2명을 뽑아 출장을 보내야 할 경우, 출장자로 적절한 직원은 누구인가?

① 갑, 병
② 을, 정
③ 정, 무
④ 병, 무

✔**해설** 넷째 주에는 을의 매출부진 원인 분석 업무, 정의 홍보자료 작성 업무, 갑의 부서 인사고과 업무가 예정되어 있다. 따라서 출장자로 가장 적합한 두 명의 직원은 병과 무가 된다.

Answer 27.④ 28.④

| 29~30 | D회사에서는 1년에 1명을 선발하여 해외연수를 보내주는 제도가 있다. 김부장, 최과장, 오과장, 홍대리, 박사원 5명이 지원한 가운데 〈선발 기준〉과 〈지원자 현황〉은 다음과 같다. 다음을 보고 물음에 답하시오.

〈선발 기준〉

구분	점수	비고
외국어 성적	50점	
근무 경력	20점	15년 이상이 만점 대비 100%, 10년 이상 15년 미만이 70%, 10년 미만이 50%이다. 단, 근무경력이 최소 5년 이상인 자만 선발 자격이 있다.
근무 성적	10점	
포상	20점	3회 이상이 만점 대비 100%, 1~2회가 50%, 0회가 0%이다.
계	100점	

〈지원자 현황〉

구분	김부장	최과장	오과장	홍대리	박사원
근무경력	30년	20년	10년	3년	2년
포상	2회	4회	0회	5회	1회

※ 외국어 성적은 김부장과 최과장이 만점 대비 50%이고, 오과장이 80%, 홍대리와 박사원이 100%이다.
※ 근무 성적은 최과장과 박사원이 만점이고, 김부장, 오과장, 홍대리는 만점 대비 90%이다.

29 위의 선발 기준과 지원자 현황에 따를 때 가장 높은 점수를 받은 사람이 선발된다면 선발되는 사람은?

① 김부장
② 최과장
③ 오과장
④ 홍대리

✔ 해설	김부장	최과장	오과장	홍대리, 박사원
외국어 성적	25점	25점	40점	근무경력이 5년 미만이므로 선발 자격이 없다.
근무 경력	20점	20점	14점	
근무 성적	9점	10점	9점	
포상	10점	20점	0점	
계	64점	75점	63점	

30 회사 규정의 변경으로 인해 선발 기준이 다음과 같이 변경되었다면, 새로운 선발 기준 하에서 선발되는 사람은? (단, 가장 높은 점수를 받은 사람이 선발된다)

구분	점수	비고
외국어 성적	40점	
근무 경력	40점	30년 이상이 만점 대비 100%, 20년 이상 30년 미만이 70%, 20년 미만이 50%이다. 단, 근무경력이 최소 5년 이상인 자만 선발 자격이 있다.
근무 성적	10점	
포상	10점	3회 이상이 만점 대비 100%, 1~2회가 50%, 0회가 0%이다.
계	100점	

① 김부장   ② 최과장
③ 오과장   ④ 홍대리

	김부장	최과장	오과장	홍대리, 박사원
외국어 성적	20점	20점	32점	
근무 경력	40점	28점	20점	근무경력이 5년 미만이므로 선발 자격이 없다.
근무 성적	9점	10점	9점	
포상	5점	10점	0점	
계	74점	68점	61점	

PART

03

한국사

CHAPTER 01 빈출 용어 정리

≫ 한민족(韓民族)의 형성

농경생황을 바탕으로 동방문화권(東方文化圈)을 성립하고 독특한 문화를 이룩한 우리 민족은 인종학상으로는 황인종 중 퉁구스족(Tungus族)의 한 갈래이며, 언어학상 알타이어계(Altai語係)에 속한다. 한반도에는 구석기시대부터 사람이 살기 시작하였고 신석기시대에서 청동기시대를 거치는 동안 민족의 기틀이 이루어졌다.

≫ 소도(蘇塗)

삼한시대에 제사를 지냈던 신성지역을 말한다. 정치적 지배자 이외의 제사장인 천군이 다스리는 지역으로 이곳에서 농경과 종교에 대한 의례를 주관하였다. 소도는 매우 신성한 곳으로서 군장의 세력이 미치지 못하였으며 죄인이 들어와도 잡지 못하였다.

≫ 단군신화(檀君神話)

우리민족의 시조 신화로 이를 통해 청동기시대를 배경으로 고조선의 성립이라는 역사적 사실과 함께 당시 사회모습을 유추할 수 있다.

• 천제의 아들 환웅이 천부인 3개와 풍백·운사·우사 등의 무리를 거느리고 태백산 신시에 세력을 이루었다. → 천신사상, 선민사상, 농경사회, 계급사회, 사유재산제 사회

• 곰과 호랑이가 와서 인간이 되게 해달라고 하였으며, 곰만이 인간여자가 되어 후에 환웅과 결합하여 아들 단군왕검을 낳았다. → 토테미즘, 샤머니즘, 제정일치

• 널리 인간을 이롭게 한다(홍익인간). → 민본주의, 지배층의 권위(통치이념)

≫ 책화(責禍)

동예에서 공동체지역의 경계를 침범한 측에게 과하였던 벌칙으로, 읍락을 침범하였을 경우에 노예와 우마로써 배상하여야 했다.

〉〉 영고(迎鼓)

부여의 제천행사이다. 12월 음식과 가무를 즐기고 국사를 의논하며 죄수를 풀어 주기도 한 행사로, 추수 감사제의 성격을 띠었다.

〉〉 8조법(八條法)

고조선사회의 기본법으로, 한서지리지에 기록되어 있다. 살인·상해·절도죄를 기본으로 하는 이 관습법은 족장들의 사회질서유지 수단이었으며, 동시에 가부장 중심의 계급사회로서 사유재산을 중히 여긴 당시의 사회상을 반영하고 있다. 그 내용 중 전하는 것은 '사람을 죽인 자는 사형에 처한다, 남에게 상해를 입힌 자는 곡물로 배상한다, 남의 물건을 훔친 자는 노비로 삼고 배상하려는 자는 50만전을 내야 한다' 등 3조이다.

〉〉 살수대첩(薩水大捷)

고구려 영양왕 23년(1612) 중국을 통일한 수의 양제가 100만대군을 이끌고 침공해 온 것을 을지문덕장군이 살수(청천강)에서 크게 이긴 싸움이다. 그 후 몇 차례 더 침공해 왔으나 실패했으며, 결국 수는 멸망하게 되었다.

〉〉 을파소(乙巴素)

고구려의 명재상으로, 고국천왕 13년에 안류가 추천하여 국상이 되었다. 그의 건의로 진대법이 실시되었다.

〉〉 골품제도(骨品制度)

신라의 신분제로, 성골·진골·6두품 등이 있었다. 성골은 양친 모두 왕족인 자로서 28대 진덕여왕까지 왕위를 독점 세습하였으며, 진골은 양친 중 한편이 왕족인 자로서 태종무열왕 때부터 왕위를 세습하였다. 골품은 가계의 존비를 나타내고 골품 등급에 따라 복장·가옥·수레 등에 여러가지 제한을 두었다.

〉〉 마립간(麻立干)

신라시대의 왕호이다. 신라 건국초기에는 박·석·김의 3성(姓) 부족이 연맹하여 연맹장을 세 부족이 교대로 선출했으며, 이들이 주체가 되어 신라 6촌이라는 연맹체를 조직하기에 이르렀다. 이것이 내물왕 때부터는 김씨의 왕위세습권이 확립되었고 대수장(大首長)이란 뜻을 가진 마립간을 사용하게 되었다.

> Point 〉〉 신라의 왕호
> ㉠ 거서간 : 1대 박혁거세, 군장·대인·제사장의 의미 내포
> ㉡ 차차웅 : 2대 남해왕, 무당·사제의 의미로 샤먼적 칭호
> ㉢ 이사금 : 3대 유리왕~16대 흘해왕, 계승자·연장자의 의미
> ㉣ 마립간 : 17대 내물왕~21대 소지왕, 대수장을 의미하는 정치적 칭호
> ㉤ 왕 : 22대 지증왕 이후, 중국식 왕명 사용
> ·불교식 왕명 : 23대 법흥왕 이후
> ·중국식 시호 : 29대 무열왕 이후

≫ 향(鄕)·소(巢)·부곡(部曲)

신라시대 특수천민집단으로, 향과 부곡에는 농업에 종사하는 천민이, 소에는 수공업에 종사하는 천민이 거주하였다. 이는 고려시대까지 계속되었으나 조선초기에 이르러 소멸되었다.

≫ 진대법(賑貸法)

고구려 고국천왕 16년(194) 을파소의 건의로 실시한 빈민구제법이다. 춘궁기에 가난한 백성에게 관곡을 빌려주었다가 추수기인 10월에 관에 환납하게 하는 제도이다. 귀족의 고리대금업으로 인한 폐단을 막고 양민들의 노비화를 막으려는 목적으로 실시한 제도였으며, 고려의 의창제도, 조선의 환곡제도의 선구가 되었다.

≫ 지리도참설(地理圖讖說)

신라 말 도선(道詵)이 중국에서 받아들인 인문지리학이다. 인문지리적인 인식과 예언적인 도참신앙이 결부된 학설로 우리나라의 수도를 중앙권으로 끌어올리는데 기여하고 신라정부의 권위를 약화시키는 역할을 하였다.

≫ 광개토대왕비(廣開土大王碑)

만주 집안현 통구(通溝)에 있는 고구려 19대 광개토대왕의 비석으로, 왕이 죽은 후인 장수왕 2년(414)에 세워졌다. 비문은 고구려·신라·가야의 3국이 연합하여 왜군과 싸운 일과 왕의 일생사업을 기록한 것으로, 우리나라 최대의 비석이다. 일본은 '辛卯年來渡海破百殘ㅁㅁㅁ羅'라는 비문을 확대·왜곡 해석하여 임나일본부설의 근거로 삼고 있다.

> Point ≫ 임나일본부설(任那日本府說) … 일본의 '니혼쇼기(日本書紀)'의 임나일본부, 임나관가라는 기록을 근거로 고대 낙동강유역의 변한지방을 일본의 야마토[大和]정권이 지배하던 관부(官府)라고 주장하는 설이다.

≫ 태학(太學)

고구려의 국립교육기관으로, 우리나라 최초의 교육기관이다. 소수림왕 2년(372)에 설립되어 중앙귀족의 자제에게 유학을 가르쳤다.

> Point ≫ 경당(慶堂) … 지방의 사립교육기관으로 한학과 무술을 가르쳤다.

≫ 다라니경(陀羅尼經)

국보 제126호로 지정되었다. 불국사 3층 석탑(석가탑)의 보수공사 때(1966) 발견된 것으로, 현존하는 세계 최고(最古)의 목판인쇄물이다. 다라니경의 출간연대는 통일신라 때인 700년대 초에서 751년 사이로 추정되며 정식 명칭은 무구정광 대다라니경이다.

〉〉 신라방(新羅坊)

중국 당나라의 산둥반도로부터 장쑤성[江蘇省]에 걸쳐 산재해 있던 신라인의 집단거주지로, 삼국통일 후 당과의 해상무역이 많은 신라인이 이주함으로써 형성되었다. 여기에 자치적으로 치안을 유지한 신라소, 신라인의 사원인 신라원도 세워졌다.

〉〉 독서출신과(讀書出身科)

신라 때의 관리등용방법으로, 원성왕 4년(788) 시험본위로 인재를 뽑기 위하여 태학감에 설치한 제도이다. 좌전·예기·문선을 읽어 그 뜻에 능통하고 아울러 논어·효경에 밝은 자를 상품(上品), 곡례·논어·효경을 읽을 줄 아는 자를 중품(中品), 곡례와 논어를 읽을 줄 아는 자를 하품(下品)이라 구별하였으며, 이 때문에 독서삼품과(讀書三品科)라고도 하였다. 그러나 골품제도 때문에 제기능을 발휘하지는 못하였다.

〉〉 신라장적(新羅帳籍)

1933년 일본 도오다이사[東大寺] 쇼소인[正倉院]에서 발견된 것으로, 서원경(淸州)지방 4개 촌의 민정문서이다. 남녀별·연령별의 정확한 인구와 소·말·뽕나무·호도나무·잣나무 등을 집계하여 3년마다 촌주가 작성하였다. 호(戶)는 인정(人丁)수에 의해 9등급, 인구는 연령에 따라 6등급으로 나뉘었고, 여자도 노동력 수취의 대상이 되었다. 촌주는 3~4개의 자연촌락을 다스리고 정부는 촌주에게 촌주위답을, 촌민에게는 연수유답을 지급하였다. 이 문서는 조세수취와 노동력징발의 기준을 정하기 위해 작성되었다.

〉〉 진흥왕순수비(眞興王巡狩碑)

신라 제24대 진흥왕이 국토를 확장하고 국위를 선양하기 위하여 여러 신하를 이끌고 변경을 순수하면서 기념으로 세운 비로, 현재까지 알려진 것은 창녕비·북한산비·황초령비·마운령비 등이다.

〉〉 화백제도(和白制度)

신라 때 진골 출신의 고관인 대등(大等)들이 모여 국가의 중대사를 결정하는 회의이다. 만장일치로 의결하고, 한 사람이라도 반대하면 결렬되는 회의제도였다.

〉〉 도병마사(都兵馬使)

고려시대 중서문하성의 고관인 재신과 중추원의 고관인 추밀이 합좌하여 국가 중대사를 논의하던 최고기관(도당)이다. 충렬왕 때 도평의사사로 바뀌었다.

〉〉 교정도감(敎定都監)

고려시대 최충헌이 무단정치를 할 때 설치한 최고행정집행기관(인사권·징세권·감찰권)으로, 국왕보다 세도가 강했으며 우두머리인 교정별감은 최씨에 의해 대대로 계승되었다.

〉〉 묘청의 난

고려 인종 13년(1135)에 묘청이 풍수지리의 이상을 표방하고, 서경으로 천도할 것을 주장하였으나 유학자 김부식 등의 반대로 실패하자 일으킨 난이다. 관군에 토벌되어 1년만에 평정되었다. 신채호는 '조선역사상 1천년 내의 제1의 사건'이라 하여 자주성을 높이 평가하였다.

〉〉 별무반(別武班)

고려 숙종 9년(1104) 윤관의 건의에 따라 여진정벌을 위해 편성된 특수부대이다. 귀족 중심의 신기군(기병부대), 농민을 주축으로 한 신보군(보병부대), 승려들로 조직된 항마군으로 편성되었다.

〉〉 사심관제도(事審官制度)

고려 태조의 민족융합정책의 하나로, 귀순한 왕족에게 그 지방정치의 자문관으로서 정치에 참여시킨 제도이다. 신라 경순왕을 경주의 사심관으로 임명한 것이 최초이다. 사심관은 부호장 이하의 향리를 임명할 수 있으며, 그 지방의 치안에 대해 연대책임을 져야 했다. 지방세력가들을 견제하기 위한 제도였다.

〉〉 훈요 10조(訓要十條)

고려 태조 26년(943)에 대광 박술희를 통해 후손에게 훈계한 정치지침서로, 신서와 훈계 10조로 이루어져 있다. 불교·풍수지리설 숭상, 적자적손에 의한 왕위계승, 당풍의 흡수와 거란에 대한 강경책 등의 내용으로 고려정치의 기본방향을 제시하였다.

〉〉 삼별초(三別抄)

고려 최씨집권시대의 사병집단이다. 처음에 도둑을 막기 위하여 조직한 야별초가 확장되어 좌별초·우별초로 나뉘고, 몽고군의 포로가 되었다가 도망쳐 온 자들로 조직된 신의군을 합하여 삼별초라 한다. 원종의 친몽정책에 반대하여 항쟁을 계속하였으나, 관군과 몽고군에 의해 평정되었다.

〉〉 상정고금예문(詳定古今禮文)

고려 인종 때 최윤의가 지은 것으로, 고금의 예문을 모아 편찬한 책이나 현존하지 않는다. 이규보의 동국이상국집에 이 책을 1234년(고종 21)에 활자로 찍었다고 한 것으로 보아 우리나라 최초의 금속활자본으로 추정된다.

〉〉 노비안검법(奴婢按檢法)

고려 광종 7년(956) 원래 양인이었다가 노비가 된 자들을 조사하여 해방시켜 주고자 했던 법으로, 귀족세력을 꺾고 왕권을 강화하기 위한 정책적 목적으로 실시되었다. 그러나 후에 귀족들의 불평이 많아지고 혼란이 가중되어 노비환천법이 실시되게 되었다.

> Point 〉〉 노비환천법(奴婢還賤法) … 노비안검법의 실시로 해방된 노비 중 본주인에게 불손한 자를 다시 노비로 환원시키기 위해 고려 성종 때 취해진 정책이다.

〉〉 상평창(常平倉)

고려 성종 12년(993)에 설치한 물가조절기관으로, 곡식과 포목 등 생활필수품을 값쌀 때 사두었다가 흉년이 들면 파는 기관이다. 이는 개경과 서경을 비롯한 전국 주요 12목에 큰 창고를 두었으며, 사회구제책과 권농책으로 오래 활용되었다.

〉〉 백두산정계비(白頭山定界碑)

숙종 38년(1712) 백두산에 세운 조선과 청 사이의 경계비를 말한다. 백두산 산정 동남쪽 4km, 해발 2,200m 지점에 세워져 있으며 '西爲鴨錄 東爲土門 故於分水嶺'이라고 쓰여 있다.

> Point 〉〉 '土門'의 해석을 두고 우리는 송화강으로, 중국은 두만강으로 보아 양국 사이에 간도 귀속에 대한 분쟁을 불러 일으켰다.

〉〉 음서제도(蔭書制度)

고려 · 조선시대에 공신이나 고위관리의 자제들이 과거에 응하지 않고도 관직에 등용되던 제도를 말한다. 조선시대에는 음관벼슬을 여러 대에 걸친 자손들에게까지 혜택을 주었다.

〉〉 벽란도(碧瀾渡)

예성강 하류에 위치한 고려시대 최대의 무역항으로, 송 · 왜는 물론 아라비아 상인들까지 쉴새없이 드나들던 곳이다. 이때 우리나라의 이름이 서양에 알려지게 되어 고려, 즉 Korea라고 부르게 되었다.

〉〉 위화도회군(威化島回軍)

고려 우왕 때 명을 쳐부수고자 출병한 이성계가 4대불가론을 내세워 위화도에서 회군하여 개경을 반격함으로써 군사적 정변을 일으킨 것을 말한다. 이성계는 최영과 우왕을 내쫓고 우왕의 아들 창왕을 옹립하였는데, 이로써 이성계를 비롯한 신진사대부계급들의 정치적 실권장악의 계기가 되었다.

〉〉 의창(義倉)

고려 성종 5년(986)에 태조가 만든 흑창을 개칭한 빈민구제기관으로, 전국 각 주에 설치하였다. 춘궁기에 관곡에 빌려주고 추수 후에 받아들이는 제도로, 고구려 진대법과 조선의 사창·환곡과 성격이 같다.

〉〉 쌍성총관부(雙城摠管府)

고려 말 원이 화주(지금의 영흥)에 둔 관청으로, 1258년 조휘·탁청 등이 동북병마사를 죽이고 몽고에 항거하자 몽고가 그 지역을 통치하기 위해 설치하였다.

〉〉 직지심경(直指心經)

고려 우왕 3년(1377)에 백운이라는 승려가 만든 불서로 직지심체요절(直指心體要節)이라고도 한다. 1972년 파리의 국립도서관에서 유네스코 주최로 개최된 '책의 역사' 전시회에서 발견되어 현존하는 세계 최고(最古)의 금속활자본으로 판명되었다.

〉〉 균역법(均役法)

영조 26년(1750) 백성의 부담을 덜기 위하여 실시한 납세제도로, 종래 1년에 2필씩 내던 포를 1필로 반감하여 주고 그 재정상의 부족액을 어업세·염세·선박세와 결작의 징수로 보충하였다. 역을 균등히 하기 위해 제정하고 균역청을 설치하여 이를 관할하였으나, 관리의 부패로 농촌생활이 피폐해졌으며 19세기에는 삼정문란의 하나가 되었다.

〉〉 중방정치(重房政治)

중방은 2군 6위의 상장군·대장군 16명이 모여 군사에 관한 일을 논의하던 무신의 최고회의기관으로, 정중부가 무신의 난 이후 중방에서 국정전반을 통치하던 때의 정치를 의미한다.

〉〉 도방정치(都房政治)

도방은 경대승이 정중부를 제거한 후 정권을 잡고 신변보호를 위해 처음 설치하여 정치를 하던 기구로, 그 뒤 최충헌이 더욱 강화하여 국가의 모든 정무를 이 곳에서 보았다. 이를 도방정치라 하며, 일종의 사병집단을 중심으로 행한 정치이다.

〉〉 도첩제(度牒制)

조선 태조 때 실시된 억불책의 하나로, 승려에게 신분증명서에 해당하는 도첩을 지니게 한 제도이다. 승려가 되려는 자에게 국가에 대해 일정한 의무를 지게 한 다음 도첩을 주어 함부로 승려가 되는 것을 억제한 제도인데, 이로 말미암아 승려들의 세력이 크게 약화되고 불교도 쇠퇴하였다.

〉〉 삼정(三政)

조선시대 국가재정의 근원인 전정(田政)·군정(軍政)·환곡(還穀)을 말한다. 전정이란 토지에 따라 세를 받는 것이고, 군정은 균역 대신 베 한필씩을 받는 것이며, 환곡은 빈민의 구제책으로 봄에 곡식을 빌려 주었다가 가을에 10분의 1의 이자를 합쳐 받는 것이다.

〉〉 계유정란(癸酉靖亂)

문종이 일찍 죽고 단종이 즉위하자, 수양대군(세조)이 단종과 그를 보좌하던 김종서·황보인 등을 살해하고 안평대군을 축출한 후 권력을 장악한 사건이다.

〉〉 동의보감(東醫寶鑑)

광해군 때 허준이 중국과 한국의 의서를 더욱 발전시켜 펴낸 의서로, 뒤에 일본과 중국에서도 간행되는 등 동양의학 발달에 크게 기여하였다. 이 책은 내과·외과·소아과·침구 등 각 방면의 처방을 우리 실정에 맞게 풀이하고 있다.

〉〉 4대 사화(四大士禍)

조선시대 중앙관료들 간의 알력과 권력쟁탈로 인하여 많은 선비들이 화를 입었던 사건을 말한다. 4대 사화는 연산군 4년(1498)의 무오사화, 연산군 10년(1504)의 갑자사화, 중종 14년(1519)의 기묘사화, 명종 원년(1545)의 을사사화를 말한다.

> **Point 〉〉** 조의제문(弔義帝文) … 조선 김종직이 초나라의 항우가 의제(義帝)를 죽여 폐위시킨 것을 조위하여 쓴 글이다. 이는 세조가 어린 단종을 죽이고 즉위한 것을 풍자한 글로서, 후에 무오사화(戊午士禍)의 원인이 되었다.

〉〉 신사유람단(紳士遊覽團)

고종 18년(1881) 일본에 파견하여 새로운 문물제도를 시찰케 한 사절단을 말한다. 강화도조약이 체결된 뒤 수신사 김기수와 김홍집은 일본에 다녀와서 서양의 근대문명과 일본의 문물제도를 배워야 한다고 주장하였다. 이에 조선정부는 박정양·조준영·어윤중·홍영식 등과 이들을 보조하는 수원·통사·종인으로 신사유람단을 편성하여 일본에 체류하면서 문교·내무·농상·의무·군부 등 각 성(省)의 시설과 세관·조례 등의 주요 부분 및 제사(製絲)·잠업 등에 이르기까지 고루 시찰하고 돌아왔다.

〉〉 조선경국전(朝鮮經國典)

조선왕조의 건국이념과 정치·경제·사회·문화에 대한 기본방향을 설정한 헌장법전으로, 정도전·하윤 등에 의해 편찬되었다. 경국대전을 비롯한 조선왕조 법전편찬의 기초가 되었다.

〉〉 규장각(奎章閣)

정조 원년(1776)에 궁중에 설치된 왕립도서관 및 학문연구소로, 역대 국왕의 시문 · 친필 · 서화 · 유교 등을 관리하던 곳이다. 이는 학문을 연구하고 정사를 토론케 하여 정치의 득실을 살피는 한편, 외척 · 환관의 세력을 눌러 왕권을 신장시키고 문예 · 풍속을 진흥시키기 위한 것이었다.

〉〉 탕평책(蕩平策)

영조가 당쟁의 뿌리를 뽑아 일당전제의 폐단을 없애고, 양반의 세력균형을 취하여 왕권의 신장과 탕탕평평을 꾀한 정책이다. 이 정책은 정조 때까지 계승되어 당쟁의 피해를 막는데 큰 성과를 거두었으나, 당쟁을 근절시키지는 못하였다.

〉〉 하멜표류기

조선 효종 4년(1653) 제주도에 표착한 네덜란드인 하멜(Hamel)의 14년간(1653~1668)에 걸친 억류 기록으로, '난선 제주도 난파기' 및 그 부록 '조선국기'를 통칭한 것이다. 부록인 '조선국기'는 조선의 지리 · 풍토 · 산물 · 정치 · 법속 등에 대하여 실제로 보고 들은 바를 기록한 것이다. 이 기록은 유럽인들에게 한국을 소개한 최초의 문헌이다.

〉〉 조선의 3대 화가

조선시대 안견, 김홍도, 장승업을 말한다. 안견은 산수화, 김홍도는 풍속화, 장승업은 산수화 · 인물화를 잘 그렸다.

〉〉 만인소(萬人疏)

정치의 잘못을 시정할 것을 내용으로 하는 유생들의 집단적인 상소를 말한다. 그 대표적인 것으로는 순조 23년(1823)에 서자손 차별반대 상소, 철종 6년(1845)에 사도세자 추존의 상소, 그리고 고종 18년(1881)에 김홍집이 소개한 황쭌셴의 조선책략에 의한 정치개혁반대 상소를 들 수 있다.

〉〉 상평통보(常平通寶)

인조 11년(1663) 이덕형의 건의로 만들어진 화폐이다. 만들어진 후 곧 폐지되었으나, 효종 2년 김육에 의하여 새로 만들어져 서울과 서북지방에서 잠시 사용되다가 다시 폐지되었다. 그후 숙종 4년(1678)에 허적에 의하여 새로이 주조되어 전국적으로 통용되었다.

》》 육의전(六矣廛)

조선 때 운종가(종로)에 설치되어 왕실·국가의식의 수요를 도맡아 공급하던 어용상점을 말한다. 비단·무명·명주·모시·종이·어물 등 여섯 종류였고, 이들은 고율의 세금과 국역을 물고 납품을 독점하였으며, 금난전권을 행사하며 자유로운 거래를 제한하였다.

> **Point 》》** 금난전권 … 난전을 금압하는 시전상인들의 독점판매권이다. 18세기 말 정조 때 신해통공정책으로 육의전을 제외한 모든 시전상인들의 금난전권이 철폐되었다.

》》 갑신정변(甲申政變)

고종 21년(1884) 개화당의 김옥균, 박영효 등이 중심이 되어 우정국 낙성식에서 민씨일파를 제거하고 개화정부를 세우려 했던 정변이다. 갑신정변은 청의 지나친 내정간섭과 민씨세력의 사대적 경향을 저지하고 자주독립국가를 세우려는 의도에서 일어났으나, 청의 개입과 일본의 배신으로 3일천하로 끝났다. 근대적 정치개혁에 대한 최초의 시도였다는 점에 큰 의의가 있다.

》》 동학농민운동

고종 31년(1894) 전라도 고부에서 동학교도 전봉준 등이 일으킨 민란에서 비롯된 농민운동을 말한다. 교조신원운동의 묵살, 전라도 고부군수 조병갑의 착취와 동학교도 탄압에 대한 불만이 도화선이 된 이 운동은 조선 봉건사회의 억압적인 구조에 대한 농민운동으로 확대되어 전라도·충청도 일대의 농민이 참가하였으나, 청·일 양군의 간섭으로 실패했다. 이 운동의 결과 대외적으로는 청일전쟁이 일어났고, 대내적으로는 갑오개혁이 추진되었다. 또한 유교적 전통사회가 붕괴되고 근대사회로 전진하는 중요한 계기가 되었다.

》》 갑오개혁(甲午改革)

고종 31년(1894) 일본의 강압에 의해 김홍집을 총재관으로 하는 군국기무처를 설치하여 실시한 근대적 개혁이다. 내용은 청의 종주권 부인, 개국연호 사용, 관제개혁, 사법권 독립, 재정의 일원화, 은본위제 채택, 사민평등, 과부개가 허용, 과거제 폐지, 조혼금지 등이다. 이 개혁은 보수적인 봉건잔재가 사회 하층부에 남아 있어 근대화의 기형적인 발달을 이루게 되었다.

> **Point 》》** 군국기무처 … 청일전쟁 당시 관제를 개혁하기 위해 임시로 설치했던 관청으로 갑오개혁의 중추적 역할을 하였다. 모든 관제와 행정·사법·교육·재정·군사 및 상업에 이르기까지 모든 사무를 총괄하였으며 모든 정무를 심의하였다. 문벌과 노비를 철폐하고 조혼을 금지하였으며 과거제와 연좌제 등을 폐지하였다.

>> 거문도사건

고종 22년(1885) 영국이 전라남도에 있는 거문도를 불법 점거한 사건이다. 당시 영국은 러시아의 남하를 막는다는 이유로 러시아함대의 길목인 대한해협을 차단하고자 거문도를 점령하였다. 그리하여 조선정부는 청국정부를 통해서 영국에 항의를 하게 되고 청국정부도 중간 알선에 나서게 되었다. 그 후 러시아도 조선의 영토를 점거할 의사가 없다고 약속함으로써 영국함대는 고종 24년(1887) 거문도에서 철수했다.

>> 강화도조약

운요호사건을 빌미로 고종 13년(1876) 일본과 맺은 최초의 근대적 조약으로, 일명 병자수호조약이라고도 한다. 부산·인천·원산 등 3항의 개항과 치외법권의 인정 등을 내용으로 하는 불평등한 조약이나, 이를 계기로 개국과 개화가 비롯되었다는데 큰 의의가 있다.

> Point >> 운요호사건 ··· 고종 12년(1875) 수차에 걸쳐 통상요구를 거절당한 일본이 수호조약의 체결을 목적으로 군함 운요호를 출동시켜 한강으로 들어오자 강화수병이 이에 발포, 충돌한 사건이다.

>> 단발령(斷髮令)

고종 32년(1895) 친일 김홍집내각이 백성들에게 머리를 깎게 한 명령이다. 그러나 을미사변으로 인하여 일본에 대한 감정이 좋지 않았던 차에 단발령이 내리자, 이에 반대한 전국의 유생들이 각지에서 의병을 일으키게 되었다.

> Point >> 을미사변(乙未事變) ··· 조선 고종 32년(1895) 일본공사 미우라가 친러세력을 제거하기 위하여 명성황후를 시해한 사건이다. 을미사변은 민족감정을 크게 자극하여 의병을 일으키는 계기가 되었다.

>> 홍범 14조

고종 31년(1894)에 국문·국한문·한문의 세 가지로 반포한 14개조의 강령으로, 우리나라 최초의 헌법이다. 갑오개혁 이후 내정개혁과 자주독립의 기초를 확고히 하려는 목적으로 발표되었다.

>> 조선어학회(朝鮮語學會)

1921년 1월 우리말과 글의 연구·통일·발전을 목적으로 창립된 민간학술단체이다. 장지영, 이윤재, 최현배, 김윤경 등이 조선어연구회로 조직한 후 1931년 조선어학회로 개칭하였다. 주요 활동으로 한글날과 맞춤법 통일안 제정, 잡지 '한글'의 발행 등이 있다.

>> 광혜원

우리나라 최초의 근대식 병원이다. 조선 고종 22년(1885)에 통리교섭아문의 관리하에 지금의 서울 재동에 설립되어 미국인 알렌(H.N. Allen)이 주관, 일반사람들의 병을 치료하였다.

>> 여수 · 순천사건

제주도 4 · 3사건을 진압하기 위하여 여수와 순천지방의 국방경비대에게 진압명령을 내렸으나, 일부 좌익 계열 군장교들이 동족을 죽일 수 없다는 선동으로 항명한 사건이다. 여수에 주둔하고 있던 14연대는 제주도 상륙을 거부하고 단독 정부를 저지하고자 하였으나 실패하여 지리산으로 숨어 들어 빨치산이 되었다. 이로 인해 정부는 국가보안법을 제정하여 강력한 반공정책을 추진하였다. 이 사건은 '여 · 순반란사건'이라고 하였 으나 반란의 주체를 주민들로 오인할 수 있다고 하여 1995년부터 '여수 · 순천사건', '여수 · 순천 10 · 19사건' 이라고 명명하였다.

>> 관민공동회(官民共同會)

열강의 이권침탈에 대항하여 자주독립의 수호와 자유민권의 신장을 위하여 독립협회 주최로 열린 민중대 회이다. 1898년 3월 서울 종로 네거리에서 러시아인 탁지부 고문과 군부 교련사관의 해고를 요구하고 이승 만 · 홍정하 등 청년 연사가 열렬한 연설을 하여 대중의 여론을 일으켰다. 이 대회는 계속 개최되어 그 해 10월에는 윤치호를 회장으로 선출, 정부의 매국적 행위를 공격하고 시국에 대한 개혁안인 헌의 6조를 결의 하였다. 이 개혁안은 국왕에게 제출되어 왕도 처음에는 그 정당성을 인정하고 그 실시를 확약하였으나 보수 적 관료들의 반대로 이에 관계한 대신들만 파면되고 실현을 보지 못하였다. 독립협회의 해산 후 얼마 동안 은 만민공동회라는 이름으로 활약하였다.

Point >> 헌의 6조의 내용
ㄱ 외국인에게 의지하지 말 것
ㄴ 외국과의 이권에 관한 계약과 조약은 각 대신과 중추원 의장이 합동 날인하여 시행할 것
ㄷ 국가재정은 탁지부에서 전관하고, 예산과 결산을 국민에게 공포할 것
ㄹ 중대 범죄를 공판하되, 피고의 인권을 존중할 것
ㅁ 칙임관을 임명할 때에는 정부에 그 뜻을 물어서 중의에 따를 것
ㅂ 정해진 규정을 실천할 것

>> 물산장려운동(物産獎勵運動)

1922년 평양에 설립된 조선물산장려회가 계기가 되어 조만식을 중심으로 일어난 민족운동이다. 서울의 조선청년연합회가 주동이 되어 전국적 규모의 조선물산장려회를 조직, 국산품 애용 · 민족기업의 육성 등의 구호를 내걸고 강연회와 시위선전을 벌였으나, 일제의 탄압으로 유명무실해지고 1940년에는 총독부 명령으 로 조선물산장려회가 강제 해산되었다.

〉〉 국권수호운동(國權守護運動)

1905년 체결된 한일협약에 반대하여 일어난 국민적 운동이다. 고종은 만국평화회의에 밀사를 파견하여 을사조약이 무효임을 호소하였으나 결국 일제에 의해 고종이 강제 퇴위당하고 정미 7조약이 맺어지면서 일본이 내정을 장악하게 되었다. 이에 일본의 식민지화를 반대하고 주권회복과 자주독립을 위해 근대문물을 받아들여 실력을 양성하자는 애국계몽운동과 무력으로 일제를 물리치자는 항일의병운동이 일어났다. 이와 같은 국권회복운동은 관원·양반·상인·농민·천민에 이르기까지 전 계층의 호응을 얻어 전국적으로 전개되었다. 이러한 운동들은 일제강점기 동안 점차 실력양성론과 무장투쟁론으로 자리잡아갔다.

〉〉 신간회(新幹會)

1927년 민족주의자와 사회주의자가 통합하여 조직한 최대 항일민족운동단체이다. 주요 활동으로는 아동의 수업료 면제·조선어교육 요구·착취기관 철폐·이민정책 반대 등을 제창하였고, 광주학생운동을 지원하기도 했다. 자매단체로는 여성단체인 근우회가 있었다.

〉〉 6·10만세운동

1926년 6월 10일 순종의 인산일을 기해 일어난 독립만세운동이다. 황제의 상여가 종로를 통과할 때 '자주교육, 타도 일본제국주의, 토지는 농민에게, 8시간 노동제' 등을 주장한 전단을 뿌리면서 만세시위를 했다. 이 사건으로 이병립·박하균이 주모자로 체포되었으며 공모자 또는 관련자로 전국에서 1천명이 체포, 투옥되었다.

〉〉 방곡령(防穀令)

고종 26년(1889) 함경감사 조병식이 식량난을 막기 위해 곡물의 일본수출을 금지한 것이다. 함경도와 황해도지방에 방곡령을 선포하였으나 조일통상장정에 위배된다는 일본의 항의로 배상금만 물고 실효를 거두지 못하였다.

〉〉 독립협회(獨立協會)

조선 고종 33년(1896)에 서재필·안창호·이승만·윤치호 등이 정부의 외세의존, 외국의 침략, 이권의 박탈 등을 계기로 독립정신을 고취시키기 위하여 만든 정치적 색채를 띤 사회단체이다. 종래의 인습타파 및 독립정신 고취 등 국민계몽에 힘썼으며, 독립문을 건립하고 독립신문을 발간하였으나 황국협회의 방해 등으로 1898년에 해산되었다.

> Point 〉〉 황국협회 … 광무 2년(1898)에 홍종우·길영수·이기동·박유진 등이 조직한 정치·사회단체로, 보부상과 연결되어 독립협회의 활동을 견제하였다.

>> 임오군란(壬午軍亂)

고종 19년(1882) 개화파와 보수파의 대립으로 일어난 사건으로, 신·구식 군대차별이 발단이 되었다. 이 결과 대원군이 재집권하게 되었으나, 민씨일파의 책동으로 청의 내정간섭이 시작되고 이로 인해 제물포조약이 체결되어 일본의 조선침략의 발판이 되었다.

> Point >> 제물포조약 ··· 배상금 지급과 일본 공사관의 경비병 주둔을 인정하는 내용이다.

>> 병인양요(丙寅洋擾)

고종 66) 대원군이 천주교도를 탄압하자 리델(Ridel)신부가 탈출하여 천진에 와 있던 프랑스함대에 보고함으로써 일어난 사건이다. 그해에 프랑스 로즈(Rose)제독은 함선을 이끌고 강화도를 공격·점령했는데, 대원군이 이경하 등으로 하여금 싸우게 하여 40여일만에 프랑스군을 격퇴시켰다. 이로 인해 대원군은 천주교 탄압과 통상·수교요구 거부는 더욱 강화하게 되었다.

>> 105인사건

1910년 안명근의 데라우치총독 암살기도사건을 계기로 양기탁·윤치호 등 600여명을 검거하여 그중 신민회 간부 105명을 투옥한 사건이다. 이 사건이 특히 평안·황해지방에서 일어난 것은 기독교의 보급으로 민족운동이 성하였기 때문이다.

>> 정미 7조약(丁未七條約)

정식명칭은 한일신협약이다. 1907년 일본이 대한제국을 병합하기 위한 예비조처로 헤이그밀사사건을 구실삼아 고종을 퇴위시키고 강제적으로 맺은 조약이다. 이로 인해 통감의 권한이 확대되고 일본인 차관이 행정실무를 담당하는 차관정치가 실시되었다.

>> 을사조약(乙巳條約)

광무 9년(1905) 일본이 한국을 보호한다는 명목아래 강제로 체결한 조약으로 제2차 한일협약이라고도 한다. 러일전쟁의 승리와 영일동맹조약 개정 등으로 한국에 대한 우월한 권익과 지위를 국제적으로 인정받은 일본은 이토 히로부미를 파견하여 강압적으로 조약을 체결하였다. 이 결과 우리나라는 주권을 상실하고 외교권을 박탈당했으며, 일본은 서울에 통감부를 두고 보호정치를 실시하였다.

> Point >> 을사 5적(乙巳五賊) ··· 을사조약을 체결할 때 찬성 또는 묵인한 5인의 매국노로, 박제순·이완용·이근택·이지용·권중현을 말한다.

CHAPTER 02

출제예상문제

1   다음 자료의 조세제도와 관련된 왕에 대한 설명으로 옳은 것은?

> 토지의 조세는 비옥도와 연분의 높고 낮음에 따라 거둔다. 감사는 각 읍(邑)마다 연분을 살펴 정하되, 곡식의 작황이 비록 같지 않더라도 종합하여 10분을 기준으로 삼아 소출이 10분이면 상상년, 9분이면 상중년 … 2분이면 하하년으로 각각 등급을 정하여 보고한다. 이를 바탕으로 의정부와 6조에서 의논하여 결정한다.

① 규장각을 설치하고 능력 있는 서얼들을 대거 등용하였다.
② 「향약집성방」, 「의방유취」 등의 의약서적들이 편찬되었다.
③ 이시애가 난을 일으키자 이를 평정하고 중앙집권 체제를 공고히 수립하였다.
④ 「동국여지승람」, 「동국통감」, 「동문선」, 「오례의」, 「악학궤범」 등의 서적을 간행하였다.

✔ 해설   제시된 자료는 조선 세종 때 실시된 연분 9등법과 전분 6등법에 대한 내용이다.
① 정조와 관련된 내용이다.
③ 세조와 관련된 내용이다.
④ 성종과 관련된 내용이다.

2 다음 자료를 통해 알 수 있는 당시 경제생활의 모습으로 옳지 않은 것은?

> 우리나라는 동·서·남 3면이 모두 바다로 되어있어 배가 통하지 않는 곳이 거의 없다. 배에 물건을 싣고 오가면서 장사하는 상인은 반드시 강과 바다가 이어지는 곳에서 이득을 취한다. 전라도 나주의 영산포, 영광의 법성포, 흥덕의 사진포, 전주의 사탄은 비록 작은 강이나 모두 바닷물이 통하므로 장삿배가 모인다. 충청도 은진의 강경포는 육지와 바다 사이에 위치한 까닭에 바닷가 사람과 내륙 사람이 모두 여기서 서로의 물건을 교역한다. 매년 봄, 여름 생선을 잡고 해초를 뜰 때는 비린내가 마을을 진동하고 큰 배와 작은 배가 밤낮으로 포구에 줄을 서고 있다.
>
> -「택리지(擇里志)」-

① 선상의 활동으로 전국 각지의 포구가 하나의 유통권이 되었다.
② 장시보다 큰 규모로 상거래가 이루어졌다.
③ 포구의 과도한 성장으로 장시의 규모가 축소되었다.
④ 포구를 거점으로 한 상인으로 경강상인 대표적인 선상이다.

✔ **해설** 제시된 자료는 이중환의 「택리지(擇里志)」 중 일부로 조선 후기 발달한 다양한 형태의 상업 중 특히 포구상인에 대한 내용이다.
③ 포구의 성장으로 더욱 활발한 물물교환이 이루어지고 이로 인해 장시도 함께 발전했을 것이다.

---

3 (가)와 (나) 사이의 시기에 있었던 사실로 옳지 않은 것은?

> (가) 고흥으로 하여금 「서기」를 편찬하도록 하였다.
> (나) 신라의 진흥왕과 연합하여 일시적으로 한강 하류를 수복하였다.

① 익산에 미륵사를 창건하였다.　　② 수도를 웅진으로 천도했다.
③ 신라와 나·제동맹을 맺었다.　　④ 22담로에 왕족을 파견하였다.

✔ **해설** (가)-근초고왕(백제346~375)
(나)-성왕(백제 523~554)
① 무왕(백제 600~641)
② 문주왕(백제475~477)
③ 비유왕(백제427~455)
④ 무령왕(백제 501~523)

Answer　1.② 2.③ 3.①

4 다음 중 고려 후기 농민들의 생활상으로 옳지 않은 것은?

① 신속이 「농가집성(農歌集成)」을 편술하여 간행하였다.

② 깊이갈이가 보급되어 휴경기간이 단축되었다.

③ 밭농사는 2년 3작의 윤작법이 보급되었다.

④ 남부 일부 지방에 이앙법이 보급되기도 했다.

✔해설 조선 중기에 신속은 농민과 권농관을 위한 전형적인 농업지침서인 「농가집성(農歌集成)」을 편술하여 간행하였다.

5 다음 자료의 밑줄 친 왕에 대한 설명으로 옳은 것은?

> • 왕은 6월 원나라 연호인 지정을 쓰지 않고 교지를 내렸다.
> • 왕은 즉시 변발을 풀어버리고 그에게 옷과 요를 하사하였다.

① 과거 시험에 무과를 신설하였다.

② 인사행정을 담당해 오던 정방을 폐지하여 한림원에 합쳤다.

③ 진휼도감을 두어 굶주리는 백성들을 구제하게 하였다.

④ 정방을 폐지하고 전민변정도감을 설치하였다.

✔해설 제시된 자료에 나오는 왕은 공민왕이다.
  ① 공양왕에 대한 내용이다.
  ② 충선왕에 대한 내용이다.
  ③ 충목왕에 대한 내용이다.

6 다음 제시된 자료를 읽고 해당 자료의 배경이 된 사건으로 옳은 것은?

> • "우리나라 건국 초기에는 각도의 군사들을 다 진관에 나누어 붙여서 사변이 생기면 진관에서는 그 소속된 고을을 통솔하여 물고기 비늘처럼 차례로 정돈하고 주장의 호령을 기다렸습니다. 경상도를 말하자면 김해, 대구, 상주, 경주, 안동, 진주가 곧 여섯 진관이 되어서 설사 적병이 쳐들어와 한 진의 군사가 패한다 할지라도 다른 진이 차례로 군사를 엄중히 단속하여 굳건히 지켰기 때문에 한 꺼번에 다 허물어져 버리지는 않았습니다."
>
> • "(오늘날에는 군제가 제승방략 체제로 편성되어 있기에) 비록 진관이라는 명칭은 남아 있사오나 그 실상은 서로 연결이 잘 되지 않으므로 한 번 경급을 알리는 일이 있으면 반드시 멀고 가까운 곳이 함께 움직이게 되어 장수가 없는 군사들로 하여금 먼저 들판 가운데 모여 장수 오기를 천리 밖에서 기다리게 하다가 장수가 제때에 오지 않고 적의 선봉이 가까워지면 군사들이 마음 속으로 놀라고 두려워하게 되니 이는 반드시 무너지기 마련입니다. 대중이 한 번 무너지면 다시 수습하기가 어려 운 것인데 이 때는 비록 장수가 온다 하더라도 누구와 더불어 싸움을 하겠습니까? 그러하오니 다시 조종 때 마련한 진관 제도로 돌아감이 좋을 것 같습니다."
>
> —「징비록(懲毖錄)」—

① 후금이 쳐들어오자 인조는 강화도로 피신하였다.

② 여몽연합군에 대항하여 강화도에서 진도, 제주도로 본거지를 옮기며 항전하였다.

③ 사명대사는 전쟁이 끝난 후 일본에 가서 전란으로 잡혀간 3,000여 명의 조선인을 데리고 귀국 하였다.

④ 인조가 삼전도에서 청나라 왕에게 항복의 예를 올림으로써 전쟁은 막을 내렸다.

> ✔ **해설** 위의 제시된 자료는 서애 유성룡의 「징비록(懲毖錄)」 중 일부이다. 이 책은 저자가 임진왜란이 끝난 후 벼슬에서 물러나 있을 때 저술한 것으로 임진 전란사를 연구하는데 귀중한 자료이다.
> ① 정묘호란에 대한 내용이다.
> ② 삼별초의 몽고 항전에 대한 내용이다.
> ④ 병자호란에 대한 내용이다.

7 다음은 무엇을 설명하는 것인가?

> 일본 재정 고문관인 메가다의 주도로 일본 제일 은행권을 본위 화폐로 삼았다. 상인들이 기존에 사용하던 백동화는 가치 절화로 많은 손실을 보게 되었다.

① 화폐 정리 사업
② 국채 보상 운동
③ 전매 제도 실시
④ 경제적 침탈에 대한 저항

✔️ **해설** 화폐 정리 사업은 1905년부터 1909년까지 일제의 주도로 대한제국 내 백동화와 엽전을 정리하고 일본 제일은행이 발행한 화폐로 대체한 것을 말한다.

8 다음 제시된 자료가 발표될 당시 상황으로 옳은 것은?

> 제1조 대원군을 가까운 시일 내에 돌려보낼 것.
> 제2조 문벌을 폐지하여 인민 평등의 권을 제정하고 사람의 능력으로써 관직을 택하게 하지 관직으로써 사람을 택하지 않을 것.
> 제4조 내시부를 폐지하고 그 중에서 재능 있는 자가 있으면 등용할 것.
> 제7조 규장각을 폐지할 것.
> 제8조 순사제도를 시급히 실시하여 도적을 방지할 것.
> 제12조 모든 국가의 재정은 호조로 하여금 관할하게 하며 그 밖의 일체의 재무관청은 폐지할 것.

① 크고 작은 행정구역이 폐합되어 전국이 23부 337군으로 개편되었다.
② 개화파가 조선의 완전 자주독립과 자주 근대화를 추구하며 정변을 일으켰다.
③ 교육입국조칙에 따라 〈한성사범학교관제〉 및 〈외국어학교관제〉가 제정, 실시되었다.
④ 사법권의 독립을 보장하기 위한 조치로 〈재판소구성법〉과 〈법관양성소규정〉이 공포되었다.

✔️ **해설** 위의 제시된 자료는 갑신정변 당시 발표한 14개조 정강의 일부이다.
①③④ 갑오개혁 때 새로 제정, 공포된 정책들이다.

9 밑줄 친 '이들'에 대한 설명으로 옳은 것을 〈보기〉에서 모두 고른 것은?

> 신분계층으로서 이들은 역관, 의관, 산관, 율관 등의 기술관과 서리, 향리, 군교, 서얼 등을 일컫는다. 양반이 상급 지배 신분층이라면, 이들은 하급지배 신분층으로서 양반이 입안한 정책을 실제로 수행하는 행정 실무자이다.

〈보기〉
㉠ 서얼들의 차별 폐지 운동을 펼치기도 했다.
㉡ 하나의 재산으로 취급되었고 매매, 상속, 증여의 대상이었다.
㉢ 서리, 향리는 직역을 세습하고, 관청에서 가까운 곳에 거주하였다.
㉣ 행정 실무자로써 양반들과 같은 대우를 받았다

① ㉠㉢
② ㉡㉢
③ ㉠㉣
④ ㉡㉣

✔해설 제시된 자료의 '이들'은 중인이다.
㉠ 서얼 또한 중인 신분의 하나로 18세기 후반부터 서얼 층은 차별 없이 사회적 활동을 펼 수 있게 해달라는 허통운동을 하였다.
㉢ 중앙과 지방관청의 서리와 향리 및 기술관으로 그들의 직역을 세습하고 같은 신분 안에서 혼인하였으며 관청에서 가까운 곳에 거주하였다.

10 다음 설명의 왕의 업적으로 옳은 것은?

> 왕이 대궐로 돌아와 그 대나무로 피리를 만들어 원서의 천존고에 간직해 두었는데 이 피리를 불면 적병이 물러가고 병이 나으며 가물 때는 비가 내리고…. 바람이 자고 파도가 가라앉으므로 이것을 국보로 삼았다.
>
> －「삼국유사」－

① 신라에 쳐들어 온 왜를 무찔렀다.
② 웅진으로 도읍을 옮겼다.
③ 당나라와 연합하여 백제를 멸망시켰다.
④ 관료전 제도를 실시하고 녹읍을 혁파하였다.

✔해설 위 지문에 나오는 왕은 신문왕이다.
① 광개토대왕 ② 문주왕 ③ 태종무열왕

Answer 7.① 8.② 9.① 10.④

11 다음은 통일을 위한 남 · 북간의 노력들이다. 시기 순으로 옳게 나열한 것은?

㉠ 한민족공동체통일방안	㉡ 민족화합민주통일방안
㉢ 6 · 23평화통일선언	㉣ 민족공동체통일방안

① ㉠㉢㉣㉡

② ㉡㉣㉢㉠

③ ㉢㉡㉠㉣

④ ㉣㉠㉡㉢

✔ 해설 ㉢ 1973.6.23 ㉡ 1982.1.12 ㉠ 1989.9 ㉣ 1994.8.15

12 다음 뉴스의 사건과 관련된 내용으로 옳은 것은?

> 앵커 : 김 기자, 현재 그 곳 상황은 어떻습니까?
> 김 기자 : 네, 현재 이곳은 그야말로 하루아침에 아비규환으로 변했습니다. 11월 17일 부터 제주도에 선포된 계엄령으로 인해 한라산 중산간 지대는 초토화의 참상을 겪게 되었습니다. 이곳에 투입된 진압군들은 중산간 지대에서 뿐만 아니라 해안마을에 거주하는 주민들에게까지도 무장대에 협조했다는 이유로 불을 지르고 살상을 일삼았는데요. 이로 인해 목숨을 부지하기 위해 한라산으로 입산하는 피난민들이 더욱 늘어났고 이들도 산 속에서 숨어 다니다 잡히면 그 자리에서 사살되거나 형무소 등지로 보내졌습니다.

① 북한 경비정의 침범이 계속되자 대한민국 해군은 함미 충돌작전을 시작하였다.

② 3명의 유엔군측 장교와 경비병들이 미루나무의 가지를 치고 있을 때 북한군 30여명이 곡괭이 및 도끼로 미군 장교 2명을 살해하였다.

③ 강릉 일대로 침투한 북한군의 무장공비를 소탕하기 위해 49일간 수색작전을 벌였다.

④ 남로당 계열의 장교들을 포함한 약 2000여명의 군인이 전라남도 여수와 순천에서 봉기하였다.

✔ 해설 위의 뉴스 내용 제주 4 · 3사건에 대한 내용이다.
④ 여수 · 순천 사건(여순사건)으로 이는 당시 제주 4 · 3사건의 진압출동 명령을 받고 전라남도 여수에 대기하고 있던 국방군 제14연대 내 남로당 계열의 일부 군인들이 출동명령을 거부하고 여수와 순천 일대에서 무장봉기한 사건이다.
① 연평해전에 대한 내용이다.
② 8 · 18 도끼 만행 사건에 대한 내용이다.
③ 강릉지역 무장공비 침투사건에 대한 내용이다.

13 다음 사건과 관련된 단체는 무엇인가?

> ㉠ 밀양 · 진영 폭탄반입사건
> ㉡ 상해 황포탄 의거
> ㉢ 종로경찰서 폭탄투척 및 삼판통 · 효제동 의거
> ㉣ 동경 니주바시 폭탄투척의거
> ㉤ 동양척식회사 및 식산은행폭탄투척의거

① 의열단
② 한인애국단
③ 구국모험단
④ 대한독립군단

> ✔해설 제시된 사건과 관련 있는 단체는 의열단이다.
> ① 의열단 : 1919년 11월 만주에서 조직된 독립운동단체.
> ② 한인애국단 : 1931년 중국 상해에서 조직된 독립운동단체.
> ③ 구국모험단 : 1919년 중국 상해에서 조직된 독립운동단체.
> ④ 대한독립군단 : 1920년 만주에서 조직된 독립군 연합부대.

14 다음 제시된 비문과 관련된 내용으로 옳은 것은?

> 洋夷侵犯 非戰則和 主和賣國

① 장수왕이 남진정책을 기념하기 위해 세운 것이다.
② 광개토대왕의 업적과 고구려의 건국 설화 등을 담고 있다.
③ 통일신라 당시 한 촌락의 인구 수와 가옥 수 및 가축 수 등이 자세히 나와 있다.
④ 개항을 요구하는 서양세력에 대한 쇄국정책을 엿볼 수 있다.

> ✔해설 제시된 비문의 내용은 흥선대원군이 전국 각지에 세운 척화비의 내용이다.
> ① 충주고구려비(중원고구려비)의 내용이다.
> ② 광개토대왕릉비의 내용이다.
> ③ 신라촌락문서(신라민정문서)의 내용이다.

15 다음 자료를 읽고 이 자료의 배경이 된 전쟁과 관련된 것을 모두 고르시오.

> 이십삼일 동서남문의 영문에서 군사를 내고 임금께서는 북문에서 싸움을 독촉하셨다.
>
> 이십사일 큰 비가 내리니 성첩(城堞)을 지키는 군사들이 모두 옷을 적시고 얼어죽은 사람이 많으니 임금이 세자와 함께 뜰 가운데에 서서 하늘게 빌어 가로대, "오늘날 이렇게 이른 것은 우리 부자가 죄를 지었음이니 이 성의 군사들과 백성들이 무슨 죄가 있으리오. 하늘께서는 우리 부자에게 재앙을 내리시고 원컨대 만민을 살려주소서." 여러 신하들이 안으로 드시기를 청하였지만 임금께서 허락하지 아니하시더니 얼마 있지 않아 비가 그치고 날씨가 차지 아니하니 성중의 사람들이 감격하여 울지 않은 이가 없더라.
>
> 이십육일 이경직, 김신국이 술과 고기, 은합을 가지고 적진에 들어가니 적장이 가로되, "우리 군중에서는 날마다 소를 잡고 보물이 산처럼 높이 쌓여 있으니 이따위 것을 무엇에 쓰리오. 네 나라 군신(君臣)들이 돌구멍에서 굶은 지 오래되었으니 가히 스스로 쓰는 것이 좋을 듯 하도다.'' 하고 마침내 받지 않고 도로 보냈다.

> ㉠ 권율은 행주산성에서 일본군을 크게 무찔렀다.
> ㉡ 왕이 삼전도에서 항복의 예를 함으로써 전쟁은 일단락되었다.
> ㉢ 진주목사 김시민이 지휘한 조선군은 진주성에서 일본군에게 막대한 피해를 입혔다.
> ㉣ 전쟁이 끝난 후 조선은 명과의 관계를 완전히 끊고 청나라에 복속하였다.
> ㉤ 청은 소현세자와 봉림대군을 비롯하여 대신들의 아들을 볼모로 데려갔다.

① ㉠㉡㉢　　　　　　　　② ㉠㉢㉤

③ ㉡㉣㉤　　　　　　　　④ ㉡㉢㉣

✅ **해설** 제시된 자료는 산성일기의 일부로 이 작품의 배경과 관련된 전쟁은 병자호란이다. 따라서 병자호란과 관련된 것은 ㉡㉣㉤이다.
㉠ 임진왜란 때의 행주대첩 ㉢ 임진왜란 때의 진주대첩

16 밑줄 친 '이곳'에 대한 설명으로 옳은 것은?

> 이곳은 원래 조선 세조 때 양성지의 건의로 잠시 설치되었다가 곧 폐지된 곳으로 1776년 3월 궐내에 다시 설치되었다. 이곳은 본래 역대 왕들의 친필 · 서화 · 고명(顧命) · 유교(遺敎) · 선보 등을 관리하던 곳이었으나 차츰 학술 및 정책 연구기관으로 변화하였고 왕은 "승정원이나 홍문관은 근래 관료 선입법이 해이해져 종래의 타성을 조속히 지양할 수 없으니 왕이 의도하는 혁신 정치의 중추로서 이곳을 수건(首建) 하였다."고 설각 취지를 밝혔다.

① 궁중의 경서나 사적을 관리하고 왕에게 각종 자문을 하는 기능을 하였다.
② 정조 사후 차츰 왕실 도서관으로서의 기능만을 수행하게 되었다.
③ 이곳에 임명된 사람들은 다른 관직으로 옮기지 않고 그 안에서 차례로 승진했다.
④ 주로 언론활동, 풍속교정, 백관에 대한 규찰과 탄핵 등을 관장하였다.

> ✔해설 밑줄 친 '이곳'은 정조 때 설치된 규장각이다.
> ① 홍문관에 대한 설명이다.
> ③ 집현전에 대한 설명이다.
> ④ 사헌부에 대한 설명이다.

17 ㈎ 종교에 대한 설명으로 옳은 것은?

> 황사영의 「백서」에는 ㈎에 대한 정부의 탄압 상황과 신앙의 자유를 얻기 위해 외국 군대의 출병을 요청하는 내용 등이 쓰여 있다.

① 하늘에 제사를 지내는 초제를 지냈다.
② 경전으로 동경대전과 용담유사가 있다.
③ 만주에서 의민단을 조직하여 독립 전쟁을 전개하였다.
④ 새생활 운동을 추진하였다.

> ✔해설 황사영의 백서와 정부의 탄압(신유박해)로 ㈎가 천주교임을 알 수 있다.
> ① 도교
> ② 동학
> ④ 원불교

Answer 15.③ 16.② 17.③

18 다음에 해당하는 나라에 대한 설명으로 옳은 것을 고르면?

> 습속에 서적을 좋아하여 문지기, 말먹이꾼의 집에 이르기까지 각기 큰 거리에 커다란 집을 짓고 이를 경당(扃堂)이라 부른다. 자제들이 혼인하기 전까지 밤낮으로 여기에서 글을 읽고 활을 익히게 한다.
>
> −「구당서」−
>
> 임금이 태학(太學)을 세워 자제들을 교육하였다.
>
> −「삼국사기」−

> ㉠ 12월에 영고(迎鼓)라는 축제를 거행하였다.
> ㉡ 대대로, 태대형, 대로, 욕살 등의 관직을 두었다.
> ㉢ 모반이나 반역을 한 자가 있으면 군중을 모아 횃불로 불사른 뒤 머리를 베고 가속은 모두 적몰한다.
> ㉣ 매년 10월 무천이라는 제천행사를 통해 밤낮없이 술을 마시고 노래를 부르고 춤을 춘다.
> ㉤ 10월에 동맹이라는 제천행사를 통해 하늘에 제사를 지낸다.
> ㉥ 제사장인 천군은 신성 지역인 소도에서 의례를 주관하였다.

① ㉠㉡㉢　　　　　　　　　　② ㉡㉢㉤
③ ㉠㉢㉥　　　　　　　　　　④ ㉡㉣㉥

✔ **해설** 위에 제시된 나라는 고구려이다.
㉡㉢㉤ 고구려 ㉠ 부여 ㉣ 동예 ㉥ 마한

19 다음의 역사적 사실들을 시대 순으로 바르게 배열한 것은?

> ㉠ 성문사를 창건하여 순도를 머무르게 하고, 이불란사를 창건하여 아도를 머무르게 했다.
> ㉡ 고구려를 침범하여 평양성을 공격하고 고국원왕을 전사시켰다.
> ㉢ 한성(漢城)을 빼앗기고 웅진(熊津, 충청남도 공주)으로 도읍을 옮겼다.
> ㉣ 광개토왕의 훈적을 기념하기 위해 국내성에 광개토대왕비를 세웠다.

① ㉠㉡㉢㉣　　　　　　　　　② ㉢㉣㉠㉡
③ ㉡㉠㉣㉢　　　　　　　　　④ ㉣㉢㉡㉠

✔ **해설** ㉡ 371년(근초고왕 26) ㉠ 375년(소수림왕 5) ㉣ 414년(장수왕 3) ㉢ 475년(문주왕 즉위년)

20 밑줄 그은 시기에 제기된 독립운동가들의 주장으로 옳지 않은 것은?

> 3·1 운동 이후 민족 운동을 이끌 지도부의 필요성이 제기되어 한성, 상하이, 연해주 등지에 임시 정부가 조직되었다. 이 임시 정부들을 단일화하자는 의견이 나오면서 한성 정부의 법통을 이어받아 통합된 대한민국 임시 정부가 상하이에서 출범하였다. <u>대한민국 임시 정부는 한동안 대통령이 국정을 총괄하는 체제로 운영되었다.</u>

① 안창호 : 임시 정부의 장래를 논의할 국민대표 회의를 개최해야 합니다.
② 김구 : 한국 광복군을 창설하여 독립군 투쟁을 강화해야 합니다.
③ 이승만 : 구미 위안부를 중심으로 외교 활동을 전개해야 합니다.
④ 신채호 : 기존 임시정부를 해체하고 새로운 구심점을 만들어야 합니다.

✔**해설** 보기는 초기 임시 정부(1919~1925)의 국민대표회의(1923)을 말하고 있다.
국내외 독립운동 단체 대표가 참가한 국민대표 회의가 상하이에서 1923년 1월에 열렸다.(안창호 제기, 임시의장). 회의에서는 독립운동 과정을 평가·반성하였으며 임시정부의 존폐를 둘러싸고 토론하였다. 임시 정부의 개조를 주장하는 개조파(안창호, 여운형, 김동삼)와 임시 정부를 해체하고 새로운 정부를 수립을 주장하는 창조파(신채호, 신숙, 문창범)가 대립하며 회의가 결렬되었다.

21 조선의 건국과정에서 일어난 사건을 시기 순으로 바르게 배열한 것은?

> ㉠ 과전법 실시　　　　　　㉡ 위화도 회군
> ㉢ 조선 건국　　　　　　　㉣ 한양 천도

① ㉠㉡㉢㉣　　　　　　　② ㉠㉡㉣㉢
③ ㉡㉠㉢㉣　　　　　　　④ ㉡㉣㉢㉠

✔**해설** 이성계는 위화도 회군으로 군사적 실권을 장악한 후 신진사대부의 경제적 기반을 마련하기 위해 과전법을 실시하였다. 이러한 과정에서 신진사대부는 정치적 실권까지 장악하게 되었고 조선을 건국한 후 1394년 한양으로 도읍을 옮겼다.

22 우리나라 최초로 설립된 국립교육 기관은?

① 태학   ② 국학

③ 국자감   ④ 성균관

> ✔ 해설   ① 고구려   ② 통일신라   ③ 고려   ④ 조선

23 다음 중 조선의 삼사(三司)에 해당하지 않는 것은?

① 예문관   ② 홍문관

③ 사간원   ④ 사헌부

> ✔ 해설   예문관은 고려시대에는 임금의 말이나 명령에 관한 일을 담당하였고, 조선시대에는 칙령(勅令)과 교명(教命)을 기록하는 일을 하는 곳이었다. 삼사는 조선시대의 대표적인 언론담당관청으로 사헌부, 사간원, 홍문관을 말한다.

24 다음을 주장한 인물과 관련된 사화는 무엇인가?

> • 소격서 폐지 : 대신으로부터 시작하여 대간들도 모두 한결같이 소격서의 폐지를 극론하였으며 승정원과 홍문관에서도 간곡하게 건의하기에 이르렀습니다. 이 나라의 신료들이 모두 새로이 스스로 힘서 대도를 생각하며 눈을 비비고 발돋움을 바라고 있는데 왕께서는 아직도 망설이고 계십니다.
> • 소학 보급 : 전하께서도 교화를 일으키고 뜻을 날카롭게 하시어 저희를 친애하고 믿으셔서 자신의 허물을 듣기 좋아하는 사람이 태어난 지 8세가 되면 모두 소학에 들어간다 하여, 대체로 처음으로 배우는 선비는 반드시 소학을 익히게 하였습니다.

① 무오사화   ② 갑자사화

③ 기묘사화   ④ 을사사화

> ✔ 해설   조광조의 개혁정치에 관한 사료로써 그의 개혁정치는 기존 훈구세력들의 반발을 일으켜 기묘사화(중종 14, 1519)때 능주로 귀양가 사약을 받고 죽었다.

25 다음 중 세종 때의 업적으로 옳지 않은 것은?

① 농업기술을 발달시키기 위해 농서인 「농사직설」을 간행하였다.

② 4군 6진을 설치하여 오늘과 같은 국경선이 확정되었다.

③ 「경국대전」의 편찬을 완성, 반포하여 조선의 통치방향을 제시하였다.

④ 유교적 질서를 확립하기 위하여 윤리서인 「삼강행실도」를 편찬하였다.

✔해설 성종은 태종때 편찬을 시작한 경국대전을 완성하고 반포하여 조선의 통치방향을 제시하였다.

26 다음에서 설명하고 있는 왕은 누구인가?

> 임진왜란 때 도움을 준 명과 새롭게 성장하는 후금 사이에서 신중한 중립외교 정책으로 대처하였다.

① 연산군   ② 선조
③ 광해군   ④ 인조

✔해설 광해군은 명과 후금사이에서 중립외교로 대외정치의 안정을 꾀하고 양안 및 호적의 재작성, 대동법의 실시 등 전후 복구를 위해 노력했으나 인조반정으로 폐위되고 말았다.

27 다음은 조선시대 군사제도에 관한 설명이다. 이 자료가 설명하는 기구는?

> 김익희가 상소하였다. "요즈음에는 이 기구가 큰 일이건 작은 일이건 모두 취급합니다. 의정부는 한갓 겉이름만 지니고 6조는 할 일을 모두 빼앗기고 말았습니다. 이름은 '변방 방비를 담당하는 것'이라고 하면서 과거에 대한 판정이나 비빈 간택까지도 모두 여기서 합니다."

① 훈련도감   ② 금위영
③ 비변사   ④ 속오군

✔해설 제시된 글은 비변사에 관한 글이다. 비변사는 삼포왜란을 계기로 설치된 임시관청이며, 을묘왜변을 계기로 정식 관청이 되었다. 임진왜란 이후 국정의 모든 사무를 담당하게 되면서 최고 정무기관의 역할을 담당하였으며 조선 후기 확대 강화하면서 의정부와 6조를 중심으로 하던 국가행정체계를 무너뜨렸으며 왕권도 약화시켰다.

Answer   22.① 23.① 24.③ 25.③ 26.③ 27.③

28 다음 빈칸에 들어갈 말로 알맞은 것은?

> 1950년 9월 15일 (　　)를(을) 통해 북한의 남침으로 낙동강 유역까지 후퇴했던 군사들이 전
> 열을 가다듬고 전세를 역전하여 서울을 수복하고 평양을 탈환할 수 있었다.

① 인천 상륙작전
② 백마고지 전투
③ 중국군 참전
④ 애치슨 선언

> ✔해설 인천상륙작전－1950년 9월 15일 국제연합(UN)군이 맥아더의 지휘 아래 인천에 상륙하여 6·25 전쟁의
> 전세를 뒤바꾼 군사작전이다.

29 다음 설명하는 이것의 폐단을 막기 위해 실시한 조세정책은?

> 각 도에서 중앙의 관청에 납부하는 공물을 해당 관리들이 매우 정밀하게 살피면서 모두 품질
> 이 나쁘다하여 받아들이지 않고 대신 도성 안에서 사들인 물품을 납부할 때라야만 이를 받아들
> 입니다. 따라서 각 관청 아전들이 이 과정에서 이득을 노려 다투어 대납을 하면서 원래 공물의
> 가격의 몇 배를 요구하고 있습니다.

① 대동법　　　　　　　　　② 영정법
③ 균역법　　　　　　　　　④ 호포법

> ✔해설 제시된 사료는 공납 징수 과정에서 발생한 방납의 폐단에 대해 비판한 글이다. 방납의 폐단을 개혁하기
> 위해 광해군은 대동법을 경기 일부 지역에 실시하였고 숙종 때 함경도와 평안도를 제외한 전국에 확대
> 되었다.

30 다음 중 정조의 정책으로만 묶인 것은?

> ㉠ 균역법을 실시하여 농민의 부담을 경감하고자 하였다.
> ㉡ 붕당의 기반인 서원을 대폭 정리하였다.
> ㉢ 국왕의 친위부대인 장용영을 설치하였다.
> ㉣ 규장각을 정치기구로 육성하고 화성을 건설하였다.

① ㉠㉡
② ㉡㉢
③ ㉡㉣
④ ㉢㉣

✔해설 ㉠㉡은 영조가 실시한 정책, ㉢㉣은 정조가 실시한 정책이다.

31 다음은 농서에 대한 설명이다. 이 책은 무엇인가?

> 우리나라에서 편찬된 최초의 농서로 씨앗의 저장법, 토질의 개량법, 모내기법 등 우리 실정에 맞는 독자적 농법을 정리하였다.

① 농상집요
② 농사직설
③ 금양잡록
④ 농가집성

✔해설 제시된 글은 농사직설에 대한 설명으로 농사직설은 세종 때 편찬된 우리나라 최초의 농서로 농부의 경험을 참조하여 우리 실정의 맞는 농법을 기록했다.
① 고려 말 이암이 중국에서 수입해온 농서로 13세기까지의 중국 농업을 집대성한 책이다.
③ 성종 때 경기도 시흥지방을 중심으로 경기 지역의 농법을 정리한 책으로 81종의 곡식 재배법에 대해 설명되어 있다.
④ 농사직설, 금양잡록, 구황촬요 등 여러 농서를 합본한 책으로 이앙법, 견종법 등의 농법 보급에 대해 쓰여 있다.

32 다음 설명에 해당하는 조선 시대의 신분층은?

> • 시사(詩社)를 조직하여 문예 활동을 하였다.
> • 주로 전문 기술이나 행정 실무를 담당하였다.
> • 개화 운동의 선구적 역할을 담당하기도 하였다.

① 양반   ② 부농

③ 중인   ④ 백정

✔해설 ① 본래 '문반 + 무반'을 지칭하는 말이었지만 조선 후기 가족이나 가문까지도 양반이라 지칭하였고 각종 국역·세금 등을 면제받았다.
② 농작시설, 시비법 등의 발달로 넓은 땅을 경작할 수 있었고 이로 인해 농민들이 부유해지면서 생겨났다.
④ 고려시대에 백정은 평민을 뜻하는 말이었으나 조선시대에 와서는 가장 천한 계급을 뜻하는 말로 변하였다.

33 다음 보기 중 한미상호방위조약과 관련된 것을 모두 고른 것은?

> ㉠ 한미동맹 차원에서 미국의 6 · 25전쟁 지원에 대한 보답으로 체결한 것이다.
> ㉡ 미국은 휴전을 원하고 한국은 전쟁을 통해 북진 통일을 원했다.
> ㉢ 체결 후 지금까지 내용의 변화 없이 효력이 지속되고 있다.
> ㉣ 미국은 미군의 자동개입조항을 거부하고 미군 2개 사단을 한국에 머무르게 하였다.

① ㉠㉡   ② ㉡㉢

③ ㉢㉣   ④ ㉡㉢㉣

✔해설 한미상호방위조약은 1953년 10월 1일에 조인하여 1954년 11월 17일에 그 내용이 발효되었다. 한국은 휴전 거부의사를 표명하며 휴전회담에 참석하지 않았고 결국 정전협정조인에 참여하지 않았다. 정전을 하는 대신 한미상호방위조약을 체결하고 대한군사원조 등이 이루어져 한반도 유사시 미국의 자동개입조항을 삽입하기를 요구하였으나, 미국이 이를 거부하였다.
㉠은 한국의 베트남 파병과 한미안보협력에 대한 내용이다.

34 다음 중 흥선대원군의 정책으로 짝지어진 것은?

> ㉠ 규장각 설치   ㉡ 호포법 실시
> ㉢ 서원 철폐   ㉣ 비변사 강화

① ㉠㉡   ② ㉠㉢
③ ㉡㉢   ④ ㉢㉣

✔ 해설 흥선대원군의 정책
㉠ 왕권강화정책 : 세도 가문 축출(능력에 따른 인재채용), 비변사 축소, 법전〈대전회통〉정비, 경복궁 중건
㉡ 민생안정정책 : 삼정의 문란(토지겸병금지, 호포법 시행, 사창제 실시)시정, 서원정리

35 다음 내용에 해당하는 조약은?

> • 조선국은 자주의 나라이며, 일본국과 평등한 권리를 가진다.
> • 조선국은 부산 외에 두 곳을 개항하고 일본인의 왕래 통상함을 허가한다.

① 강화도조약   ② 제1차 한·일 협약
③ 상민수륙무역장정   ④ 조·미 수호통상조약

✔ 해설 제시된 내용은 강화도조약의 일부이다. 강화도조약은 최초의 근대적 조약으로 부산·원산·인천 등 세 항구의 개항이 이루어지고, 치외법권·해안측량권 등이 규정된 불평등조약이다. 또한 일본은 경제적 침략을 위한 발판을 마련하였다.

36 개항 이후 조선 정부가 개화정책을 추진하면서 외국에 파견한 사절이 아닌 것은?

① 수신사   ② 통신사
③ 영선사   ④ 신사유람단

✔ 해설 ② 개항 이전 조선에서 일본에 파견되었던 공식적인 외교사절
① 개항 이후 일본에 파견한 외교사절로 개화의 필요성을 느낌
③ 청의 톈진에서 무기제조법, 근대적 군사훈련법을 배우게 함
④ 일본의 정부기관 및 각종 산업시설을 시찰한 사절

Answer   32.③   33.④   34.③   35.①   36.②

37 다음 중 ㈎ 신미양요와 ㈏ 갑신정변이 들어갈 적절한 시기는?

(㉠) – 병인양요 – (㉡) – 임오군란 – (㉢) – 동학농민운동 – (㉣)

	㈎	㈏
①	㉠	㉡
②	㉠	㉢
③	㉡	㉢
④	㉡	㉣

✔해설 병인양요(1866) – 신미양요(1871) – 임오군란(1882) – 갑신정변(1884) – 동학농민운동(1894)

38 다음 밑줄에 들어갈 사건으로 알맞은 것은?

_____은 비록 실패로 끝났지만 이 운동을 계기로 우리나라가 근대 사회로 발전하는 데 중요한 영향을 주었을 뿐 아니라 동아시아 정세에도 큰 영향을 끼쳤다. 왜냐하면 안으로는 갑오개혁이 추진되었고, 밖으로는 청일전쟁이 일어나게 되었기 때문이다.

① 임오군란　　　　　　　② 갑신정변
③ 동학농민운동　　　　　④ 을미개혁

✔해설 동학농민운동은 대내적으로 갑오개혁에 영향을 주어 봉건체제의 붕괴를 촉진시켰으며, 대외적으로는 청일전쟁을 일으켜 청나라의 붕괴를 촉진하고 국내에서의 일본의 영향력이 강화되는 원인이 되었다.

39 다음 내용과 관련이 깊은 사건은?

> • 일본인 교관 살해 • 일본 공사관 습격
> • 대원군의 재집권 • 구식군대 차별대우

① 임오군란 ② 갑신정변

③ 갑오개혁 ④ 을미개혁

> ✔해설 임오군란(1882) … 민씨정권이 일본인 교관을 채용하여 훈련시킨 신식군대인 별기군을 우대하고, 구식군
> 대를 차별대우한 데 대한 구식군인들의 불만에서 발발하였다. 구식군인들은 대원군에게 도움을 청하고,
> 정부 고관들의 집을 습격·파괴하는 한편, 일본인 교관을 죽이고 일본 공사관을 습격하였다. 그 결과
> 대원군이 재집권하게 되었으며, 일본과 제물포조약을 체결하였다.

40 국가 발전 과정에서 해당 연도에 따른 군과 관련된 내용이 바르게 짝지어 진 것은?

① 1950년대 – 국군 현대화 사업 추진

② 1960년대 – 베트남 파병

③ 1970년대 – 한·미 상호방위조약

④ 1970년대 – 향토 예비군 창설

> ✔해설 1950년대 – 한·미 상호방위조약, 전후 복구
> 1960년대 – 베트남 파병(1964), 향토 예비군 창설(1968)
> 1970년대 – 국군 현대화 사업 추진(율곡 사업 1974), 새마을 운동(1972)

41 다음은 항일 의병의 주요 활동에 관한 내용이다. 다음 내용과 관련된 의병은?

- 배경 : 고종의 강제 퇴위
- 특징 : 해산군인의 합류로 전투력 향상
- 한계 : 서울 진공 작전에서 평민 의병장 제외

---

① 을미의병
② 을사의병
③ 정미의병
④ 활빈당

✔ **해설** 제시된 내용은 정미의병에 관한 내용이다.
※ **활빈당** … 탐관오리 및 탐악한 부호들의 수탈을 비판하며 등장한 빈민 중심의 단체로 이들의 재물을 무력으로 약탈해 빈민에 분배하였다. 일본군에 탄압에 의해 소멸하였으며 이후 을사의병으로 흡수되었다.

42 다음은 어떤 단체의 활동 내용이다. 이 단체는 무엇인가?

　　이 단체는 비밀결사조직으로 국권회복과 공화정체의 국민국가 건설을 목표로 하였다. 국내적으로 오산학교 · 대성학교 등의 교육시설과 평양 자기회사 · 방직공장 등의 산업시설을 건설하여 실력 양성 운동을 전개하였고 국외로는 독립 운동 기지를 건설하여 무장 독립 투쟁의 기반을 마련하였다. 하지만 105인 사건으로 단체의 주요 인사들이 검거되면서 해산되었다.

---

① 대한 자강회
② 신민회
③ 신간회
④ 보안회

✔ **해설** 제시된 자료는 신민회(1907)에 관한 설명이다. 한일병합 전, 이 시기 개화 · 자강 계열의 지식인들은 국권 회복을 위한 단체를 건립되었고 이들은 교육과 산업 진흥의 실력 양성을 통한 애국 계몽 운동을 전개하였다.

43 다음 자료의 내용과 일치하는 역사적인 사건은?

> • 민족 대표 33인
> • 독립 선언서
> • 임시 정부 수립 계기
> • 민족의 저력 과시

① 3 · 1 운동

② 물산 장려 운동

③ 6 · 10 만세 운동

④ 광주 학생 항일 운동

✔해설 다음 자료가 설명하는 역사적인 사건은 3 · 1운동이다.

44 ㈎ 인물이 집권하던 시기에 대한 설명으로 옳은 것은?

> 우리나라 대통령을 순서대로 나열하면 '이승만 – 윤보선 – ㈎ – ㈏ – ㈐ – 노태우 – 김영삼 – 김대중 – 노무현 – 이명박 – 박근혜 – 문재인'이다.

① 한 · 일협정을 체결하였다.

② 광주 민주화 운동으로 계엄령이 전국에 확대되었다.

③ 최초로 정권이 평화적으로 교체되었다.

④ 부정선거로 인해 4 · 19혁명이 발생하였다.

✔해설 ㈎ 박정희, ㈏ 최규하, ㈐ 전두환
① 박정희 정부 – 국민의 반대에도 불구하고 한국과 일본 국교 간 정상화를 추진하고 협정을 체결하였다.
② 전두환 정부 – 국민들이 유신 철폐와 신군부 퇴진 운동을 전개하였다.
③ 김대중 정부
④ 이승만 정부 – 부정부패와 경제 위기 상황에서 장기 집권 시도를 하였다.

Answer 41.③ 42.② 43.① 44.①

45 다음은 일제의 식민 통치에 대한 서술이다. 시대 순으로 바르게 나열된 것은?

> ㉠ 재판 없이 태형을 가할 수 있는 즉결 처분권을 헌병 경찰에게 부여하였다.
> ㉡ 한반도를 대륙 침략을 위한 병참기지로 삼았다.
> ㉢ 국가 총동원령을 발표하여 인적, 물적 자원의 수탈을 강화하였다.
> ㉣ 사상통제와 탄압을 위하여 고등경찰제도를 실시하였다.

① ㉠㉡㉢㉣　　　　　　　② ㉠㉣㉡㉢
③ ㉣㉠㉡㉢　　　　　　　④ ㉣㉠㉢㉡

✔**해설**　㉠ 1910년대　㉡ 1930년대　㉢ 1940년대　㉣ 1920년대

※ 일제식민시기 시대별 특징

㉠ 무단통치기(1910~1919)
- 헌병경찰이 치안·행정·사법 등에 관여하였다.
- 재판을 거치지 않고 벌금이나 구류 등의 처벌을 내릴 수 있었다.
- 갑오개혁 때 폐지된 태형을 부활시켰다.
- 1차 조선교육령, 개정사립학교규칙 등을 공포하여 공교육을 장악하고, 사교육을 억제하였다.
- 토지조사사업을 실시하였다.
- 회사령을 실시하여 회사의 설립 시 허가를 받도록 하였다.

㉡ 문화통치기(1919~1931)
- 3·1운동을 계기로 통치의 형태가 바뀌었다.
- 보통경찰로 전환하였으나 치안유지법을 제정하여 탄압이 강화되었다.
- 사상 판·검사제, 고등경찰제 등이 실시되었다.
- 언론·집회·결사의 자유가 일부 허용되었다.
- 조선교육령을 개정·공포하였으며, 경성제국대학(1924년)을 설치하는 등 실질적인 식민주의 교육을 강화시켰다.
- 민족분열책으로 친일파를 양성하였다.
- 산미증식계획을 실시하였으나 증산량을 초과한 수탈이 이루어졌다.
- 회사령을 폐지하고 신고제로 전환하였다.

㉢ 민족말살통치기(1931~1945)
- 〈1931~1937〉
  - 1931년 만주사변 이후 군사력과 경찰력을 증대하였다.
  - 대륙 침략을 위한 병참기지화 정책을 실시하여 광업·중화학 공업을 육성하였다.
  - 군수사업을 위한 광산개발이 이루어졌다.
- 〈1937년 이후〉
  - 국가총동원법을 적용하여 노동력을 착취하고 남자들은 군대에, 여성들은 여자정신대근로령으로 강제 동원하였다.
  - 1938년에는 한국어 및 한국사의 사용을 금지하고 신문이나 잡지, 한국학단체를 해산시켰다.
  - 내선일체를 주장하고 황국신민서사를 외우게 하는 등 황국신민화 정책을 실시하였다.
  - 신사참배를 강요하고, 창씨개명을 실시하였다.
  - 1939년부터는 배급제를 실시하였다.

46 다음 선언을 채택한 단체와 관련된 설명으로 옳지 않은 것은?

> …… 이상의 이유에 의하여 우리는 우리의 생존의 적인 강도일본과 타협하려는 자나 강도정치 하에서 기생하려는 주의를 가진 자나 다 우리의 적임을 선언하노라. …… 민중은 우리 혁명의 중심부이다. 폭력은 우리 혁명의 유일한 무기이다. 우리는 민중 속에 가서 민중과 손을 잡아 ……(중략)…… 이상적 조선을 건설할지니라.

① 만주 지린성에서 김원봉이 주도하여 창립하였다.
② 일제 요인 암살 및 식민 통치 기구 파괴를 활동 목표로 삼았다.
③ 이 단체의 단원인 이봉창은 일왕의 마차에 폭탄을 투척하였다.
④ 단원들을 중국의 군관학교에 파견하여 간부훈련을 받게 하였다.

> ✔해설 제시된 자료는 1920년대 무장투쟁단체 의열단의 창립선언문인 신채호의 조선혁명선언(1923)이다.
> ③ 이봉창은 한인애국단 소속이다.

47 다음은 대한민국 정부 수립 과정의 일이다. 좌·우합작운동(개)와 남북협상(내)가 들어갈 적절한 시기는?

> 건국준비위원회 - 모스크바 3상회의 - (㉠) - 1차 미·소공동위원회 - (㉡) - 2차 미·소공동위원회 - (㉢) - UN총결의 - (㉣) - 대한민국 정부 수립

	(개)	(내)
①	㉠	㉡
②	㉠	㉢
③	㉡	㉢
④	㉡	㉣

> ✔해설 건국준비위원회(1945.8.15) - 모스크바 3상회의(1945. 12) - 1차 미·소공동위원회(1946.3) - 좌·우합작운동(1946. 10) - 2차 미·소공동위원회(1947. 5) - UN총결의(1948. 2) - 남북협상(1948. 4) - 대한민국 정부수립(1948. 8. 15.)

Answer 45.② 46.③ 47.④

48 다음 역사적 사건을 순서대로 나열한 것은?

> ⊙ 5 · 18 민주화 운동   ⓛ 6월 민주 항쟁
> ⓒ 유신헌법 공포   ⓔ 4 · 19 혁명

① ⊙ⓛⓒⓔ   ② ⊙ⓒⓔⓛ
③ ⓔⓒ⊙ⓛ   ④ ⓔⓛⓒ⊙

✔해설   ⓔ 4 · 19 혁명(1960)은 3 · 15 부정선거를 원인으로 이승만 독재 정치 타도를 위해 일어난 민주혁명이다.
ⓒ 유신헌법 공포(1972)는 박정희 정부 때 대통령에게 초법적 권한을 부여한 권위주의적 체제이다.
⊙ 5 · 18 민주화 운동(1980)은 10 · 26 사태 이후 등장한 신군부에 저항한 운동이다.
ⓛ 6월 민주 항쟁(1987)은 전두환 정권 때 대통령 직선제 개헌을 요구하며 일어난 민주화 운동이다.

49 다음 ( ) 안에 들어갈 수를 모두 더하면 얼마인가?

> ⊙ 19( )년 − 5 · 18광주민주화 운동
> ⓛ 19( )년 − 6 · 25전쟁
> ⓒ 19( )년 − 경술국치

① 130   ② 135
③ 138   ④ 140

✔해설   ⊙ 5 · 18 광주민주화 운동 : 1980년 5월 18일에서 27일까지 전라남도 및 광주 시민들이 계엄령 철폐와
전두환 퇴진, 김대중 석방 등을 요구하여 벌인 민주화운동이다.
ⓛ 6 · 25전쟁 : 1950년 6월 25일 새벽에 북한 공산군이 남북군사분계선이던 38선 전역에 걸쳐 불법 남
침함으로써 일어난 한국에서의 전쟁이다.
ⓒ 경술국치 : 1910년 8월 29일에 일본이 우리나라를 병합한 날을 말하는 것으로 경술년, 나라의 큰 수
치라는 의미이다.
∴ 따라서 ( )안에 들어가는 숫자는 80 + 50 + 10이고, 모두 더하면 140이다.

50 다음의 사건들을 시대 순으로 올바르게 배열한 것을 고르시오.

ⓐ 민족자존과 통일번영에 관한 특별선언(7·7선언)

ⓑ 7·4 남북공동성명 발표

ⓒ 6·15 남북공동선언

---

① ⓒⓑⓐ
② ⓑⓒⓐ
③ ⓑⓐⓒ
④ ⓐⓑⓒ

 해설   ⓐ 1988년 7월 7일
            ⓑ 1972년 7월 4일
            ⓒ 2000년 6월 15일

PART

04

직무수행능력평가

1 일반적인 합성수지의 공통적인 성질을 설명한 것으로 옳지 않은 것은?

① 투명한 것이 많고, 착색이 용이하다.

② 가공성이 크고 성형이 간단한다.

③ 내열성과 내수성이 강하다.

④ 전기 절연성이 좋지 않다.

> ✔해설 ④ 합성수지는 가벼우면서도 기계적 물성(강도)과 전기 절연성이 우수하다.

2 350m의 높이로부터 150kg의 물체가 땅으로 떨어지는 경우 일을 열량으로 환산하면 약 몇 kJ이 되는가? (단, 중력가속도는 $9.8\mathrm{m/s^2}$이다.)

① 490

② 515

③ 664

④ 782

> ✔해설 열량＝일량
> $Q = mgh = 150 \times 9.8 \times 350 = 514,500(\mathrm{J}) \fallingdotseq 515(\mathrm{kJ})$

3 경계층에서 유동박리 현상이 발생하기 제일 어려운 조건은?

① 순압력 구배가 존재할 때

② 유체가 감속될 때

③ 역압력 구배가 존재할 때

④ 유동 방향으로 단면이 확대될 때

> ✔해설 유동박리 현상이 발생하려면 역압력구배가 존재해야 한다.

4 기계 가공한 강제품의 일반적인 열처리 목적으로 알맞지 않은 것은?

① 경도 및 강도를 증가시키기 위해서이다.

② 조직을 크고 거칠게 하여 편석을 발생시키기 위해서이다.

③ 조직을 안정화시키기 위해서이다.

④ 표면을 경화시키기 위해서이다.

> ✔해설 열처리란 강을 가열과 냉각의 방법으로 확산이나 변태를 일으켜 조직을 조정하거나 내부의 변형을 제거하고, 또한 변태의 일부를 막으며 적당한 조직을 만들어 필요로 하는 성질이나 상태를 얻는 작업을 말한다.

5 다음 중 주평면의 성질로 옳은 것은?

① 주평면에는 최대 수직응력만 작용한다.

② 주평면에는 최소 수직응력만 작용한다.

③ 주평면에는 최대 수직응력과 최대 전단응력이 작용한다.

④ 주평면에는 최대 · 최소의 수직응력만 작용한다.

> ✔해설 주평면에는 최대 · 최소의 주응력(수직응력)만 작용하고 전단응력은 작용하지 않는다.

6 물질의 열역학 성질에 관한 다음의 설명 중 미시적 관점의 설명으로 알맞은 것은?

① 고체를 가열하면 격자의 진동이 활발해진다.

② 압력이 증가하면 액체의 끓는점이 증가한다.

③ 동일한 온도에서 액체보다 증기가 더 많은 에너지를 갖고 있다.

④ 밀폐공간의 기체를 가열하면 압력이 증가한다.

> ✔해설 미시적 관점이란 미세한 입자 하나하나마다의 거동에 관심을 두는 시점을 말한다.

Answer 1.④ 2.② 3.① 4.② 5.④ 6.①

7 오토(Otto) 사이클에 관한 설명으로 옳지 않은 것은?

① 압축비가 클수록 효율이 높다.

② 연소과정을 등적가열과정으로 간주한다.

③ 가솔린기관의 공기표준사이클이다.

④ 열효율은 작업기체의 종류와 관계가 없다.

> ✔ 해설 ④ 열효율은 작업기체의 비열비 값에 따라 달라진다.

8 선반 작업을 할 때 쓰이는 공구 또는 부속 장치로 알맞게 짝지어진 것은?

㉠ 아버	㉡ 돌리개
㉢ 맨드릴	㉣ 센터드릴

① ㉠, ㉡　　　　　　　　　　② ㉡, ㉢

③ ㉠, ㉡, ㉣　　　　　　　　④ ㉡, ㉢, ㉣

> ✔ 해설 ㉠ 아버는 밀링의 주축대 고정에 쓰이는 장치이다.

9 어떤 탱크에 유체를 가득 채운 상태에서 수직축을 중심으로 일정한 각속도로 회전시키는 경우, 탱크 밑면에서의 압력은 어떻게 변화하는가?

① 회전축으로부터의 거리의 제곱에 따라 감소한다.

② 회전축으로부터의 거리의 제곱에 따라 증가한다.

③ 회전축으로부터의 거리에 따라 직선적으로 감소한다.

④ 회전축으로부터의 거리에 따라 직선적으로 증가한다.

> ✔ 해설 등각속도운동을 받을 때의 수두차 $\Delta H = \dfrac{V^2}{2g} = \dfrac{w^2 R^2}{2g}$
>
> 반지름 R^2에 따라 수두차가 증가하므로 압력도 함께 증가한다.

10 방전가공시 전극(가공공구) 재질로 사용되지 않는 것은?

① 은

② 알루미늄

③ 구리

④ 텅스텐

 방전가공(Electric Discharge Machine ; EDM) … 방전 현상을 인공적으로 일으켜 그때 발생되는 에너지를 이용하여 가공하는 방법이다.

ㄱ 방전가공의 원리 : 석유, 경유, 등유 등과 같은 절연성이 있는 가공액에 공구와 공작물을 넣고 5~10 μm 정도 간격을 두어 100V의 직류 전압으로 방전하면 공작물의 재료가 미분 상태의 칩으로 되어 부유물로 뜨게 하여 가공하는 방법이다.

ㄴ 전극의 조건 : 가공 능률이 좋고, 소모가 적어야 하며, 열전도도가 좋아야 한다. 또한 용융점이 높을수록 좋다. 재료로는 80~90%는 흑연(graphite)이 사용되며, 그밖에 구리, 구리-텅스텐, 은-텅스텐, 황동 등이 쓰인다.

11 단면적이 0.03m^2인 배관에서 유량이 $0.12\text{m}^2/\text{s}$일 경우 평균 유속은?

① 2m/s

② 3m/s

③ 4m/s

④ 5m/s

 (유량)＝(단면적)×(유속)

(유속)＝(유량)/(단면적)＝0.12/0.03＝4m/s

12 이상기체의 내부에너지 및 엔탈피는 무엇에 대한 함수인가?

① 부피만의 함수이다.

② 온도만의 함수이다.

③ 압력만의 함수이다.

④ 시간만의 함수이다.

 내부에너지 $U = C_v dT$

엔탈피(Enthalpy) $H = C_p dT$

비열은 물성치이므로 내부에너지와 엔탈피는 온도만의 함수이다.

13 철의 여러 가지 형태는 탄소 성분으로 결정된다. 다음 중 순철의 탄소 농도로 알맞은 것은?

① 0.020%C 이하의 철

② 0.025%C 이하의 철

③ 0.030%C 이하의 철

④ 0.035%C 이하의 철

> **✔해설** 보통 순철이라 하면 0.025%C 이하의 철로 다른 철에 비해 순도가 아주 높은 것을 말한다. 철에 함유된 불순물로는 탄소를 비롯하여 산소·질소·규소·인·황 등이 있는데, 이를 완전히 제거하는 것은 매우 어렵다.

14 자동차에서 에어컨을 가동했을 때 차량에서 물이 떨어지는 경우, 이 물은 주로 어디에서 발생한 것인가?

① 응축기

② 압축기

③ 증발기

④ 팽창밸브

> **✔해설** 차량의 에어컨 가동시 물이 떨어지는 것은 증발기에 있던 공기가 온도가 갑자기 내려가서 이슬점에 도달했기 때문이다.

15 두 질점의 완전소성충돌에 대한 설명으로 옳지 않은 것은?

① 반발계수가 1이다.

② 두 질점의 전체에너지가 보존되지 않는다.

③ 두 질점의 전체운동량이 보존된다.

④ 충돌 후 두 질점의 속도는 서로 같다.

> **✔해설** 반발계수 $e = \dfrac{V_2 - V_1 (\text{멀어지는 속도})}{V_1 - V_2 (\text{가까워지는 속도})}$
>
> 완전탄성충돌인 경우 $e = 1$
> 비탄성 충돌인 경우 $0 < e < 1$
> 완전비탄성충돌(완전소성충돌)인 경우 $e = 0$

16 수평 원관 속을 흐르는 유체의 층류 유동에서 관마찰계수는 무엇에 관한 함수인가?

① 마하수

② 상대조도

③ 프루드수

④ 레이놀즈수

✔해설 층류에서의 관마찰계수($f = \dfrac{64}{Re}$)는 레이놀즈수에 관한 함수이다.

17 동력 전달에 쓰이는 V벨트 홈의 각도로 알맞은 것은?

① 25°

② 30°

③ 35°

④ 40°

✔해설 V벨트는 포(布) 또는 고무로 만든 V자형 단면의 벨트로, 각도가 40°인 V형 홈의 바퀴에 걸어서 사용한다. 평벨트에 비하여 고속에서도 잘 미끄러지지 않고 전동 능률이 좋으며 소음 또한 적다.

18 수력기울기선(Hydraulic Grade Line)에 대한 설명으로 가장 알맞은 것은?

① 항상 수평이 된다.

② 에너지선보다 위에 있어야 한다.

③ 위치 수두와 압력 수두의 합을 나타낸다.

④ 위치 수두와 속도 수두의 합을 나타낸다.

✔해설 ③ 수력기울기선(수력구배선)은 위치 수두와 압력 수두의 합을 나타낸다.

Answer 13.② 14.③ 15.① 16.④ 17.④ 18.③

19 다음 중 금속재료의 기계적 성질이 아닌 것은?

① 강도   ② 경도

③ 부식   ④ 피로

> ✔해설 금속재료의 성질
> ㉠ 화학적 성질 : 내열성, 부식, 내식성 등
> ㉡ 기계적 성질 : 강도, 경도, 피로, 마멸, 충격 등

20 지름이 50mm인 연강축이 있다. 이 축의 허용 전단응력은 40MPa이며 단위길이당 허용 회전 각도는 $1.5°$이다. 연강의 전단 탄성계수를 80GPa라 할 때, 이 축의 최대허용 토크는 몇 N · m인가?

① 696   ② 981

③ 1696   ④ 2654

> ✔해설 축의 최대허용 토크 $T = \tau \times Z_p = 40 \times 10^6 \times \left(\dfrac{\pi \times 0.05^3}{16} \right) \fallingdotseq 981(\text{N} \cdot \text{m})$

21 다음 중 담금질 조직의 경도가 가장 낮은 것은?

① 펄라이트   ② 솔바이트

③ 마텐자이트   ④ 트루스타이트

> ✔해설 담금질 조직의 경도는 마텐자이트 〉 트루스타이트 〉 솔바이트 〉 펄라이트의 순서가 된다.

22 어떤 시스템이 160kJ의 열을 받고, 200kJ의 일을 하였다면 이 시스템의 엔트로피는 어떻게 되는가?

① 증가한다.

② 감소한다.

③ 변하지 않는다.

④ 시스템의 온도에 따라 증가할 수도 있고 감소할 수도 있다.

> **✔해설** 시스템의 엔트로피(Entropy)는 증가한다.

23 다음은 어떤 용접에 대한 설명인가?

> 산화철 분발과 알루미늄 분말의 혼합물에 점화할 때 생기는 맹렬할 발열반응을 이용하여, 그 반응의 생성물인 용융 철을 용접 이음 주위에 미리 설치한 주형 속에 주입하여 용접하는 방법이다.

① 테르밋 용접

② 일렉트로 슬래그 용접

③ 서브머지드 아크 용접

④ 전자 빔 용접

> **✔해설** ② 일렉트로 슬래그 용접 : 용융 슬래그와 용융 금속이 용접부에서 흐르지 않게 용접과 함께 슬래그 욕 속에 와이어를 송급하여 그 속을 흐르는 전류의 저항열로 용융시키는 용접법
> ③ 서브머지드 아크 용접 : 이음의 표면에 쌓아 올린 미세한 입상의 플럭스 속에 비피복 전극 와이어를 집어넣고 모재와의 사이에 생기는 열로 용접하는 방법
> ④ 전자 빔 용접 : 고진공 속에서 가속된 전자를 피용접물에 충돌시켜, 이때에 생기는 충격발열을 이용하는 용접

24 S-N 곡선에서 S와 N은 무엇인가?

① S : 응력, N : 취성 　　　　② S : 횟수, N : 점도

③ S : 횟수, N : 응력 　　　　④ S : 응력, N : 횟수

> ✔해설 ㉠ 응력(應力) : 재료에 압축, 인장, 굽힘, 비틀림 등의 하중을 가했을 때, 그 크기에 대응하여 재료 내에 생기는 저항력
> ㉡ 취성(脆性) : 물질에 변형을 주었을 때 변형이 작은데도 파괴되는 경우, 그 물질이 깨지기 쉬운 정도
> ㉢ 점도(粘度) : 끈적거림의 정도를 표시하는 것으로 유체가 유동하고 있을 때, 인접하는 유체층간에 작용하는 단위 넓이당의 전단력의 비례 정수

25 다음 중 공석강의 탄소함유량은?

① 약 0.08% 　　　　② 약 0.02%

③ 약 0.8% 　　　　④ 약 2.00%

> ✔해설 철강재료의 탄소함유량
> ㉠ 강
> • 아공석강 : 0.02~0.77[%]C
> • 공석강 : 0.77[%]C
> • 과공석강 : 0.77~2.11[%]C
> ㉡ 주철
> • 아공정주철 : 2.11~4.3[%]C
> • 공정주철 : 4.3[%]C
> • 과공정주철 : 4.3~6.68[%]C

26 다음 금속 중 비철계금속이 아닌 것은?

① 금 　　　　② 합금강

③ 구리 　　　　④ 알루미늄

> ✔해설 철계 금속 : 철(Fe)을 주 성분으로 하는 금속(순철, 주철, 강, 주강, 탄소강, 합금강 등)
> 비철계 금속 : 철(Fe)을 제외한 금속(구리, 알루미늄, 금, 은, 티타늄 등)

27 경도시험에 있어 선단이 다이아몬드로 된 작은 추를 일정 높이에서 시험편 표면에 낙하시켜 반발의 높이로 측정하는 시험 방법은?

① 로크웰 경도
② 비커스 경도
③ 브리넬 경도
④ 쇼어 경도

✔해설 ① 로크웰 경도 : 강구 또는 다이아몬드제의 원추를 시험편에 압입할 때 생기는 압력에 의해 파인 깊이
② 비커스 경도 : 다이아몬드로 측정 대상을 눌렀을 때 들어가는(손상되는) 면적을 수치화 한 것
③ 브리넬 경도 : 시료의 시험면에 강구로 움푹 팬 오목부를 만드는 데 필요한 하중(kg)을 그 영구 오목부의 표면적으로 나눈 값

28 다음 중 금속의 냉각속도가 빠른 경우 조직에 나타나는 현상으로 옳은 것만을 고른 것은?

ㄱ 결정핵이 많아진다.
ㄴ 불순물이 적어진다.
ㄷ 치밀해진다.
ㄹ 유연해진다.

① ㄱ, ㄴ
② ㄱ, ㄷ
③ ㄴ, ㄹ
④ ㄱ, ㄴ, ㄷ

✔해설 금속의 냉각속도가 빠르면 조직은 결정핵의 수가 많아지고 입자는 미세하게 되며 치밀해진다.

29 유효 낙차가 $150m$인 댐의 유량이 $20m^3/s$일 때, 효율 80%인 수력터빈의 출력은 몇 MW인가?

① 8.83

② 10.90

③ 19.84

④ 23.52

✔️ **해설** 효율 $\eta = \dfrac{출력}{입력} = \dfrac{\overline{W}}{9800 \times 150 \times 20} = 0.8$

$\therefore \overline{W} = 23.52MW$

30 다음 중 주물사의 구비조건이 아닌 것은?

① 가격이 저렴하고 주형제작이 양호해야 한다.

② 가스발생이 많고 열전도가 커야 한다.

③ 내열성이 좋고 화학반응을 쉽게 일으키지 않아야 한다.

④ 통기성이 양호해야 한다.

✔️ **해설** 주물사의 구비조건

㉠ 성형성이 좋아야 한다.

㉡ 많은 양을 값싸고 쉽게 구할 수 있어야 한다.

㉢ 주형제작이 쉬워야 한다.

㉣ 화학적 변화가 없어야 한다.

㉤ 무거운 용융금속에 충분히 유지할 수 있는 강도를 가져야 한다.

㉥ 통기성이 좋아야 한다.

㉦ 내화성이 있어야 한다.

31 다음 목재의 조직 중 가장 변형이 적은 부분은?

① 수심

② 백재

③ 변재

④ 심재

✔️ **해설** 목재의 조직

㉠ 수심 : 나이테의 중심부이다.

㉡ 변재 : 껍질에 가까운 부분이다.

㉢ 심재 : 수심과 변재의 가운데 부분으로 가장 변형이 적은 부분이다.

32 큐폴라의 용량은 어떻게 나타내는가?

① 1회에 용해할 수 있는 구리의 무게를 kg으로 표시한다.

② 1시간에 용해할 수 있는 구리의 무게를 kg으로 표시한다.

③ 1일에 용해할 수 있는 쇳물의 무게를 ton으로 표시한다.

④ 1시간에 용해할 수 있는 쇳물의 무게를 ton으로 표시한다.

> ✔ **해설** 큐폴라(cupola) … 용선로라고도 하며 일반주철을 용해하는 데 사용된다. 큐볼라의 용량은 시간당 용해할 수 있는 쇳물의 중량(ton)으로 나타낸다.

33 다음 중 냉간가공의 장점으로 옳지 않은 것은?

① 약한 소재를 선택할 수 있다.

② 큰 힘을 들이지 않아도 된다.

③ 가공면이 정밀하다.

④ 재료의 온도를 성형온도까지 올리지 않아도 된다.

> ✔ **해설** 냉간가공의 장점과 단점
> ㉠ 장점
> • 재료의 강도가 향상되므로 약한 소재를 선택할 수 있다.
> • 가공면이 아름답고 정밀하다.
> • 재료의 온도를 성형온도까지 올리지 않아도 된다.
> ㉡ 단점 : 냉간변형을 시키는 데 큰 힘이 필요하다.

34 다음 중 전조의 특징으로 옳지 않은 것은?

① 칩이 생성되지 않으므로 재료의 이용률이 높아 경제적이다.

② 가공시간이 짧아지므로 대량생산에 적합하다.

③ 공구와 소재가 일부분만 접촉하기 때문에 가공력에 필요한 동력이 작아도 된다.

④ 소재의 섬유조직이 연속적으로 이어지므로 제품의 강도가 떨어진다.

> ✔해설 전조의 특징
> ㉠ 칩이 생성되지 않으므로 재료의 이용률이 높아 경제적이다.
> ㉡ 가공시간이 짧아지므로 대량생산에 적합하다.
> ㉢ 공구와 소재가 일부분만 접촉하기 때문에 가공력에 필요한 동력이 작아도 된다.
> ㉣ 소재의 섬유조직이 연속적으로 이어지므로 제품의 강도가 크다.
> ㉤ 정밀도가 높다.

35 다음 중 용접의 장점으로 옳지 않은 것은?

① 중량이 감소한다.　　　　　　　　② 자제가 절약된다.

③ 균열의 염려가 없다.　　　　　　　④ 이음효율이 향상된다.

> ✔해설 용접의 장점
> ㉠ 중량이 감소한다.
> ㉡ 공정수가 감소된다.
> ㉢ 자제가 절약된다.
> ㉣ 이음효율이 향상된다.
> ㉤ 기밀성 및 수밀성이 우수하다.

36 가로방향으로 일정한 간격의 전단이 발생하는 칩의 유형은?

① 유동형칩　　　　　　　　　　　② 전단형칩

③ 균열형칩　　　　　　　　　　　④ 열단형칩

> ✔해설 전단형칩 … 칩이 연속적으로 발생되지만 가로방향으로 일정한 간격의 전단이 발생하는 칩의 형태로, 유동형에 비해 미끄러지는 간격이 다소 크며 연성재료를 저속절삭할 때, 절삭깊이가 비교적 클 때 발생한다.

37 다음 중 절삭유의 작용으로 옳지 않은 것은?

① 냉각작용

② 마찰작용

③ 방청작용

④ 세척작용

✔해설 절삭유의 작용

㉠ 냉각작용 : 공구와 가공물의 마찰열을 식혀 준다.

㉡ 윤활작용 : 공구의 가공물간의 마찰, 마모 등을 방지해 준다.

㉢ 방청작용 : 부식을 방지해 준다.

㉣ 세척작용 : 칩을 제거해 준다.

38 다음 중 거친 공작물 절삭에 사용되는 보링공구는?

① 보링 바

② 양날 바이트

③ 보링 헤드

④ 외날 바이트

✔해설 보링공구

㉠ 보링 바 : 바이트를 고정하고 주축의 구멍에 끼워 회전시키거나 홀더에 고정하여 사용하는 것으로 구멍을 다듬질하는 데 사용하는 봉이다.

㉡ 보링 바이트 : 선반용 바이트와 같다.

• 외날 바이트 : 거친 공작물 절삭에 사용한다.

• 양날 바이트 : 다듬질 절삭에 사용한다.

㉢ 보링 헤드 : 가공할 구멍의 지름이 커 보링 바에 바이트를 고정시키는 것이 곤란할 경우 가공지름을 확장할 수 있도록 보링 바에 보링 헤드를 고정시킨 후 바이트를 고정하여 작업을 한다.

39 나사의 피치가 0.5mm, 심블을 100등분한 마이크로미터의 최소 읽음치는 얼마인가?

① 0.008mm

② 0.005mm

③ 0.001mm

④ 0.05mm

✔ 해설 $0.5(\text{mm}) \times \dfrac{1}{100(\text{등분})} = 0.005\text{mm}$

40 다음 중 결합제가 갖추어야 할 조건으로 옳지 않은 것은?

① 입자간에 기공이 생기도록 해야 한다.

② 균일한 조직을 만들 수 있어야 한다.

③ 결합제로 인해 연삭유제를 사용하지 않아도 된다.

④ 고속회전에 대한 안전한 강도를 가져야 한다.

✔ 해설 결합제가 갖추어야 할 조건
ⓐ 입자간에 기공이 생기도록 해야 한다.
ⓑ 균일한 조직으로 임의 형상 및 크기로 만들 수 있어야 한다.
ⓒ 고속회전에 대한 안전한 강도를 가져야 한다.
ⓓ 연삭열과 연삭유제에 대하여 안전해야 한다.

41 다음 중 연삭숫돌 설치시 주의사항으로 옳지 않은 것은?

① 플랜지 판과 숫돌의 균형을 맞춘다.

② 숫돌바퀴가 잘 끼워지지 않을 때는 망치로 두드려 끼운다.

③ 숫돌바퀴의 구멍은 축지름보다 0.1mm 크게 한다.

④ 너트는 무리하게 조이지 않는다.

✔ 해설 연삭숫돌 설치시 주의사항
ⓐ 숫돌에 홈이나 균열이 있는지 플랜지 판에 끼우기 전에 확인한다.
ⓑ 플랜지 판과 숫돌의 균형을 맞춘다.
ⓒ 숫돌바퀴의 구멍은 축지름보다 0.1mm 크게 한다.
ⓓ 너트는 무리하게 조이지 않는다.

42 프로펠러 펌프라고도 하며, 물이 날개차에 대하여 축방향으로 유입 및 출입하는 펌프는?

① 축류 펌프

② 기어 펌프

③ 사류 펌프

④ 왕복 펌프

> **✔해설** 축류 펌프
> ㉠ 프로펠러 펌프라고도 한다.
> ㉡ 물이 날개차에 대하여 축 방향으로 유입 및 출입하는 형식이다.
> ㉢ 배출량이 많고, 양정이 낮은 경우에 사용된다.
> ㉣ 농업 용수용, 한해 및 냉해 양수용, 상·하수도용, 빗물 배수용에 사용된다.

43 다음 중 기계재료의 선정시 고려할 사항으로 옳지 않은 것은?

① 사용조건이나 환경을 고려하여 선정한다.

② 제작할 기능을 분석하여 그 사용에 맞는 기계적 성질을 검토한다.

③ 무조건 강도가 높고 내마멸성, 내식성, 내열성이 좋은 재료를 선택한다.

④ 가공의 용이성을 검토한다.

> **✔해설** 기계재료 선정시 고려사항
> ㉠ 각 기계 부품의 기능을 분석하여 그 사용에 맞는 강도나 기계적 성질을 검토하여 선정한다.
> ㉡ 사용조건이나 환경을 고려하여 내마멸성, 내식성, 내열성, 열전도율 등의 필요성을 검토하여 선정한다.
> ㉢ 재료를 원하는 모양과 치수로 가공할 수 있는지 가공의 용이성을 검토하여 선정한다.
> ㉣ 소재의 가격과 구입의 용이성 등을 검토하여 같은 기계적 성질을 가진 재료라도 저렴하고, 손쉽게 구할 수 있는 재료를 선정한다.

44 다음 중 알루미늄과 니켈의 결정구조는?

① 조밀육방격자   ② 체심입방격자

③ 면심입방격자   ④ 선심육방격자

> ✔ 해설 금속의 결정구조
> ㉠ 체심입방격자 : 크롬(Cr), 몰리브덴(Mo), 리튬(Li), α – 철, δ – 철 등
> ㉡ 면심입방격자 : 금(Au), 은(Ag), 알루미늄(Al), 구리(Cu), δ – 철 등
> ㉢ 조밀육방격자 : 마그네슘(Mg), 아연(Zn), 카드뮴(Cd), 티타늄(Ti), 수은(Hg) 등

45 다음 중 탈산제로 완전히 탈산시킨 강은?

① 킬드강   ② 림드강

③ 세미킬드강   ④ 세미림드강

> ✔ 해설 킬드강의 특성
> ㉠ 페로망간, 페로 실리콘 등으로 완전 탈산시킨 강이다.
> ㉡ 질이 좋고 고탄소강, 합금강의 원료로 사용된다.
> ㉢ 결정립이 미세하고, 가스반응이 없으므로 조성이 림드강보다 균일하다.

46 다음 철강재료 중 탄소함량이 가장 많은 것은?

① 나사못   ② 철사

③ 철판   ④ 쇠톱

> ✔ 해설 고탄소강은 경도가 높아 쇠톱날, 줄 등을 만드는 데 이용되는 철재료이다.

47 다음 중 소성가공의 장점으로 옳지 않은 것은?

① 복잡한 형상의 제품을 만들기 쉽다.

② 주물에 비하여 성형되는 치수가 정확하다.

③ 금속의 결정조직을 개량하여 강하게 한다.

④ 대량생산으로 균일한 제품을 얻는다.

> ✔**해설** 소성가공의 장점
> ㉠ 주물에 비하여 성형되는 치수가 정확하다.
> ㉡ 주조, 절삭가공에 비해 강한 성질을 얻을 수 있다.
> ㉢ 균일한 제품을 대량생산할 수 있다.
> ㉣ 재료의 사용률을 높일 수 있다.
> ㉤ 수리가 다른 가공법보다 용이하다.

48 축 설계시 고려할 사항으로 옳은 것은?

① 부식을 방지할 필요는 없다.

② 전기전도율이 높아야 한다.

③ 회전수는 고려하지 않아도 된다.

④ 처짐이나 비틀림에 충분히 견딜 수 있도록 한다.

> ✔**해설** 축 설계시 고려사항
> ㉠ 처짐이나 비틀림에 충분히 견딜 수 있도록 한다.
> ㉡ 회전수를 고려해야 한다.
> ㉢ 부식을 방지할 수 있도록 설계하여야 한다.
> ㉣ 다양한 종류의 하중을 충분히 견딜 수 있어야 한다.

Answer 44.③ 45.① 46.④ 47.① 48.④

49 다음 중 기어 소재의 지름이 85mm, 모듈이 5일 때 잇수는 얼마인가?

① 15

② 16

③ 17

④ 18

> ✔해설 기어소재의 지름 = 모듈(잇수 + 2)

50 다음 중 가솔린 기관과 디젤 기관의 비교 설명으로 옳지 않은 것은?

① 가솔린 기관은 디젤 기관보다 압축비가 높다.

② 가솔린 기관은 휘발유를, 디젤 기관은 경유를 연료로 사용한다.

③ 가솔린 기관은 디젤 기관보다 열효율이 낮다.

④ 가솔린 기관은 디젤 기관보다 연료 소비량이 크다.

> ✔해설 가솔린 기관과 디젤 기관의 특징

항목	가솔린 기관	디젤 기관
사용연료	휘발유	경유
열효율	낮다(25~32%).	높다(32~38%).
연료소비량(혹한시)	크다. [230~300g/PS · h (150% 증가)]	작다. [150~2400g/PS · h (15% 증가)]
압축비	7~13 : 1	15~20 : 1

51 액체표면에 있는 분자가 표면에 접선인 방향으로 끌어당기는 힘을 말하며, 단위 길이 당 힘으로 표시하는 것은?

① 단위중량

② 표면장력

③ 비체적

④ 비중

> ✔해설 ① 단위체적당 유체가 가지고 있는 중량의 비
> ③ 단위질량의 유체가 가진 체적
> ④ 물체의 무게와 이와 같은 체적인 물의 무게의 비

52 다음 중 목재가 갖춰야 할 조건으로 옳지 않은 것은?

① 수분에 의한 수축과 변형이 적어야 한다.

② 가격이 싸야 한다.

③ 목재의 결과는 상관이 없다.

④ 목재로서의 결함이 없어야 한다.

> ✔해설 목재의 조건
> ㉠ 수분에 의한 수축과 변형이 적어야 한다.
> ㉡ 가공이 쉽고 목재의 결이 우수해야 한다.
> ㉢ 가격이 싸고, 쉽게 구할 수 있어야 한다.
> ㉣ 목재로서의 결함이 없어야 한다.

53 다음 중 주물용 금속재료의 수축여유를 가장 적게 주는 것은?

① 회주철   ② 아연합금
③ 주강   ④ 청동

> ✔해설 주물의 수축량
>
> | 주물의 종류 | | 수축량(%) | 주물의 종류 | | 수축량(%) |
> |---|---|---|---|---|---|
> | 회주철주물 | 대형주물 | 0.8 | 황동주물 | 얇은 주물 | 1.55 |
> | | 소형주물 | 0.55 | | 두꺼운 주물 | 1.3 |
> | | 강인주물 | 1.0 | 청동주물 | | 1.2 |
> | 가단주철주물 | | 1.0 | 알루미늄합금주물 | | 1.65 |
> | 주강주물 | | 1.6~2.50 | 아연합금주물 | | 2.6 |

54 다음 중 소성가공에 속하지 않는 것은?

① 인발   ② 단조

③ 전조   ④ 주조

✔해설 ④ 금속을 가열하여 용해시켜 모래나 금속으로 만든 주형에 주입하여 주물을 만드는 공정이다.
※ 소성가공 … 재료에 가했던 힘을 제거해도 원상태로 돌아오지 않는 성질을 이용한 가공이다.

55 다음 중 용기제작에 많이 사용되는 방법은?

① 비이딩   ② 시이밍

③ 디프 드로잉   ④ 벌징

✔해설 ① 가공된 용기에 좁은 선모양의 돌기를 만드는 가공방법이다.
② 여러 겹으로 소재를 구부려 두 장의 소재를 연결하는 가공방법이다.
③ 얇은 판의 중심부에 큰 힘을 가하여 원통형이나 원뿔형 등의 이음매 없는 용기모양을 성형하는 가공방법이다.
④ 관이나 용기내부를 탄성체를 이용하여 형상을 볼록하게 튀어나오도록 하는 가공방법이다.

56 다음 중 역화를 해결하는 방법은?

① 불대와 모재의 각도를 맞춘다.   ② 호스 속의 물을 제거한다.

③ 노즐을 청소한다.   ④ 팁을 물로 식힌다.

✔해설 용접시 문제점과 그 대책
㉠ 불꽃이 자주 커졌다 작아졌다 할 경우 : 아세틸렌관 속에 물이 들어간 것이므로 호스를 청소한다.
㉡ 점화시 폭발이 일어날 경우 : 혼합가스 배출이 불안전, 산소와 아세틸렌 압력이 부족한 것이므로 불대의 혼합비를 조절하거나 호스 속의 물을 제거하고 노즐을 청소한다.
㉢ 불꽃이 거칠 경우 : 산소의 고압력, 노즐의 불결이 원인이므로 산소의 압력을 조절하거나 노즐을 청소한다.
㉣ 역화 : 가스의 유출 속도가 부족한 것이므로 아세틸렌을 차단하거나 팁을 물로 식힌다.
㉤ 용접 중 '퍽'하는 소리가 발생할 경우 : 불대가 너무 가까이 접근해서 모재와 닿거나 불대의 팁이 막혀서 터지는 소리이므로 불대와 모재와의 각도를 맞추고 너무 가까이 접근하지 말고 표준에 맞게 접근을 해서 용접을 한다.

57 다음 중 드릴의 절삭속도(m/min)를 구하는 공식을 옳게 나타낸 것은?

① $V = \dfrac{2N}{d}$

② $V = \dfrac{\pi dN}{60}$

③ $V = \dfrac{\pi dN}{1,000}$

④ $V = \dfrac{\pi dN}{6,000}$

✔️해설 절삭속도(V) $= \dfrac{\pi dN}{1,000}$(m/min)

58 다음 중 선반의 주요 4부분으로 옳지 않은 것은?

① 베드

② 왕복대

③ 심압대

④ 바이트

✔️해설 선반의 주요 4부분 … 베드, 주축대, 심압대, 왕복대

59 가공방식이 나머지 셋과 다른 것은?

① 초음파 가공

② 액체 호닝

③ 슈퍼피니싱

④ 래핑

✔️해설 ②③④ 숫돌이나 숫돌입자 등으로 다듬질하는 방법이다.
※ 초음파 가공 … 연삭입자를 물이나 경유에 혼합한 가공액을 공구와 일감 사이에 주입시켜 초음파에 의한 상하진동으로 표면을 다듬는 가공법이다.

60 숫돌의 바퀴형상을 바르게 수정하는 것을 무엇이라고 하는가?

① 로딩(loadimg)　　　　　　　　② 트루잉(truing)

③ 드레싱(dreasing)　　　　　　　④ 글레이징(glazing)

 해설 트루잉(truing) … 연삭숫돌은 연삭가공 중에 입자가 떨어져 나가며, 점차 숫돌의 단면 형상이 변한다. 이를 정확한 단면으로 깎아 다듬는 작업을 말한다.

61 연삭숫돌 표시 WA 60 L M V에서 V가 나타내는 것은?

① 입자　　　　　　　　　　　　② 입도

③ 결합도　　　　　　　　　　　④ 결합제

 해설 WA 60 L M V
ⓐ WA : 입자
ⓑ 60 : 입도
ⓒ L : 결합도
ⓓ M : 조직
ⓔ V : 결합제

62 다음 중 오차의 원인으로 옳지 않은 것은?

① 온도의 영향　　　　　　　　　② 측정압의 영향

③ 굽힘에 의한 영향　　　　　　　④ 피측정물의 크기에 의한 영향

해설 오차의 원인
ⓐ 온도의 영향 : 물체는 온도변화에 따라 팽창·수축하므로, 그 길이를 표시할 때 온도를 규정할 필요가 있으며, 이 온도를 표준측정온도라 하고 20℃로 정한다.
ⓑ 시차 : 판독자가 치수를 정확하게 읽지 못함에서 오는 오차이다.
ⓒ 측정기 자체의 오차 : 측정기가 가지고 있는 근본적인 오차를 말한다.
ⓓ 측정압의 영향 : 측정기와 측정면이 접촉됨으로써 생기는 압력에 의한 오차를 말한다.
ⓔ 굽힘에 의한 영향 : 긴 물체가 자중 또는 측정압에 의해 생기는 굽힘 오차를 말한다.

63 다음 중 연성, 전성이 가장 큰 금속은?

① Au

② Al

③ Cu

④ Fe

 해설 전·연성의 재료순서

　㉠ 전성이 큰 재료 : Au > Ag > Pt > Al

　㉡ 연성이 큰 재료 : Au > Ag > Al > Cu

64 탭 작업시 탭이 부러지는 원인으로 옳지 않은 것은?

① 탭의 구멍이 너무 클 때

② 탭의 구멍이 너무 작을 때

③ 작업 중 역회전 할 때

④ 탭이 구멍에 닿았을 때

해설 탭의 파손원인

　㉠ 나사의 구멍이 작거나 기울어져 있을 때

　㉡ 탭의 구멍이 구부러져 있을 때

　㉢ 탭의 지름에 비해 핸들의 자루가 긴 것을 사용했을 때

　㉣ 공작물의 재질이 너무 경질일 때

　㉤ 탭이 구멍 밑바닥에 닿는데 무리하게 더 돌릴 때

　㉥ 작업 중 역회전 할 때

65 다음 중 재료표면에 침탄층을 형성시키는 방법은?

① 질화법

② 침탄법

③ 고주파 경화법

④ 화염 경화법

해설 침탄법 … 저탄소강으로 만든 제품의 표면에 탄소를 침탄시켜 재료표면에 침탄층을 형성시킨다.

66 다음 중 암모니아 가스를 이용하여 강의 표면을 열처리하는 방법은?

① 화염 경화법   ② 질화법

③ 고주파 경화법   ④ 침탄법

✔ 해설 ① 산소 – 아세틸렌가스 불꽃을 사용하여 강의 표면을 담금질 온도로 가열한 후 냉각시켜 재료 표면만을 담금질하는 방법이다.
② 강을 암모니아 가스 중에서 고온으로 장시간 가열하여 강의 표면에 질화층을 형성시키는 방법이다.
③ 고주파 전류를 이용하여 표면만 가열한 후 급랭시키는 방법이다.
④ 저탄소강으로 만든 제품의 표면에 탄소를 침탄시켜 재료표면에 침탄층을 형성시키는 방법이다.

67 금속을 가열한 다음 급속히 냉각시켜 재질을 경화시키는 열처리 방법은?

① 불림   ② 풀림

③ 뜨임   ④ 담금질

✔ 해설 담금질 … 강을 높은 온도로 가열한 후 기름이나 물에 급냉시키는 방법으로, 강을 가장 연한 상태에서 가장 강한 상태로 급격하게 변화시킴으로써 강도와 경도를 증가시키기 위한 것이다.

68 다음 중 정밀 측정실에 적합한 온도는?

① 10℃   ② 20℃

③ 30℃   ④ 40℃

✔ 해설 물체는 온도변화에 따라 팽창·수축하므로 그 길이를 표시할 때 온도를 규정할 필요가 있으며, 이 온도를 표준측정온도라 하고 20℃로 정한다.

69 주로 비틀림 작용을 받으며 모양과 치수가 정밀한 짧은 회전축은?

① 차축

② 크랭크축

③ 전동축

④ 스핀들축

✔ **해설** 축의 분류

　㉠ 용도에 의한 분류

　　• 차축(axle) : 주로 굽힘 모멘트를 받으며, 토크를 전하는 회전축과 전하지 않는 정지축이 있다.

　　• 전동축(transmission shaft) : 주로 비틀림과 굽힘 모멘트를 동시에 받으며, 축의 회전에 의하여 동력을 전달하는 축이다.

　　• 스핀들축(spindle shaft) : 주로 비틀림 하중을 받으며, 공작기계의 회전축에 쓰인다.

　㉡ 형상에 의한 분류

　　• 직선축(straight shaft) : 일반적으로 동력을 전달하는 데 사용되는 축이다.

　　• 크랭크축(crank shaft) : 왕복운동과 회전운동의 상호변환에 사용되는 축으로, 직선운동을 회전운동으로 또는 회전운동을 직선운동으로 바꾸는 데 사용되는 축이다.

　　• 플렉시블축(flexible shaft) : 철사를 코일모양으로 2~3중으로 감아서 자유롭게 휠 수 있도록 만든 것으로, 전동축이 큰 굽힘을 받을 때 축방향으로 자유로이 변형시켜 충격을 완화하는 축이다.

70 과열기의 역할 중 옳은 것은?

① 열효율을 낮춘다.

② 마찰저항을 증가시킨다.

③ 터빈날개 등의 부식을 감소시킨다.

④ 압력을 낮추어 준다.

✔ **해설** 과열기의 역할

　㉠ 열효율을 높여 준다.

　㉡ 증기의 마찰저항을 감소시킨다.

　㉢ 터빈날개 등의 부식을 감소시킨다.

71 특수형 펌프의 종류가 아닌 것은?

① 마찰 펌프   ② 제트 펌프

③ 사류 펌프   ④ 기포 펌프

> ✔해설 펌프의 분류
> ㉠ 특수형 펌프 : 마찰 펌프, 제트 펌프, 기포 펌프
> ㉡ 터보형 펌프 : 원심 펌프, 사류 펌프

72 다음 중 목재의 방부법으로 옳지 않은 것은?

① 침재법   ② 침투법

③ 충진법   ④ 자비법

> ✔해설 목재 방부법
> ㉠ 도포법 : 목재표면에 페인트나 크레졸유를 칠하는 방법이다.
> ㉡ 자비법 : 방부제를 목재에 침투시키는 방법이다.
> ㉢ 충진법 : 목재에 구멍을 뚫어 방부제를 넣는 방법이다.
> ㉣ 침투법 : 목재에 방부액을 흡수시키는 방법이다.

73 합금은 순수한 금속에 비하여 다음과 같은 성질의 변화가 있다. 옳지 않은 것은?

① 전기전도율이 낮아진다.   ② 전성과 연성이 커진다.

③ 융해점이 낮아진다.   ④ 담금질 효과가 크다.

> ✔해설 합금의 성질
> ㉠ 용융점이 낮다.
> ㉡ 강도와 경도가 크다.
> ㉢ 전성과 연성이 작다.
> ㉣ 전기전도율과 열전도율이 낮다.
> ㉤ 담금질 효과가 크다.

74 다음 중 용해로에 대한 설명이 옳은 것끼리 짝지어진 것은?

> ㉠ 전기로의 용량은 1회 용해량으로 나타낸다.
> ㉡ 도가니로는 열효율이 높다.
> ㉢ 전로는 구리합금이나 주철을 용해할 때 사용한다.
> ㉣ 반사로는 많은 금속을 값싸게 용해할 수 있다.

① ㉠, ㉡
② ㉠, ㉢
③ ㉠, ㉣
④ ㉡, ㉢

✔해설 ㉡ 도가니로는 열효율이 낮아 연료 소비량이 많다.
㉢ 전로는 주강을 용해할 때 사용한다.

75 모재의 용입이 깊은 순서로 나열된 것은?

① 정극성 > 역극성 > 교류
② 교류 > 역극성 > 정극성
③ 역극성 > 정극성 > 교류
④ 정극성 > 교류 > 역극성

✔해설 모재의 용입이 깊은 순서는 정극성 > 교류 > 역극성 순이다.

76 다음 중 전단가공의 종류인 것은?

① 트리밍   ② 스웨이징

③ 시밍   ④ 엠보싱

> ✔ 해설 전단가공의 종류
> ㉠ 블래킹 : 소재를 가공하여 제품의 외형을 따내어 가공하는 방법이다.
> ㉡ 펀칭 : 블래킹과는 반대로 일정부분을 펀칭하여 남는 부분이 제품이 된다.
> ㉢ 전단 : 직선, 원형, 이형의 소재로 잘라내는 것이다.
> ㉣ 분단 : 제품을 분리하는 2차 가공방법이다.
> ㉤ 트리밍 : 블랭킹한 제품의 거친 단면을 다듬는 2차 가공과정이다.
> ㉥ 세이빙 : 가공된 제품의 단이 진 부분을 다듬는 2차 가공과정이다.
> ㉦ 노칭 : 소재의 단부에 거쳐 직선, 곡선상으로 절단하는 것이다.

77 다음 중 급속귀환운동을 하는 공작기계는?

① 선반   ② 밀링머신

③ 호빙머신   ④ 셰이퍼

> ✔ 해설 셰이퍼 … 절삭행정에 비하여 귀환행정을 빠르게 하여 귀환행정의 시간을 단축시키는 기구이다.

78 다음 중 방진구의 사용목적은?

① 불규칙한 공작물을 지지하기 위해서

② 공작물을 센터로 지지할 위치에 구멍이 있을 때 이를 구멍에 끼워 고정하기 위해서

③ 지름이 작고 긴 공작물의 굽힘으로 인한 진동을 방지하기 위해서

④ 바이트의 마모를 방지하기 위해서

> ✔ 해설 방진구 … 지름이 작고 긴 공작물을 가공할 때는 공작물이 휘어지기 때문에 안정된 가공을 할 수 없으므로 방진구를 이용하여 공작물의 굽힘과 이로 인한 진동을 방지해 준다.

79 다음 중 셰이퍼의 크기를 나타내는 것은?

① 램의 최대행정
② 램의 크기
③ 테이블의 높이
④ 셰이퍼의 중량

✔ 해설 셰이퍼의 크기는 램의 최대행정, 테이블의 크기 등으로 나타낸다.

80 결합제의 종류와 기호가 바르게 연결된 것은?

① V – 비트리파이드
② S – 셀락
③ E – 고무
④ R – 레지노이드

✔ 해설 결합제의 종류와 기호
㉠ V : 비트리파이드
㉡ S : 실리케이트
㉢ R : 고무
㉣ E : 셀락
㉤ B : 레지노이드

81 결합도 기호 중 J의 의미는?

① 극히 연하다.
② 연하다.
③ 보통이다.
④ 단단하다.

✔ 해설 결합도 기호
㉠ 극연 : E, F, G
㉡ 연 : H, I, J, K
㉢ 중간 : L, M, N, O
㉣ 경 : P, Q, R, S
㉤ 극경 : T, U, V, W, X, Y, Z

82 측정기의 치수조정을 하기 위해 쓰이는 것은?

① 마이크로미터   ② 버니어캘리퍼스

③ 다이얼 게이지   ④ 블록 게이지

>  블록 게이지
> ㉠ 길이의 기준으로 사용되고 있는 단도기 중에서 가장 대표적인 것이다.
> ㉡ 치수의 정밀도가 높고 사용이 용이하며, 여러 개를 조합하면 많은 치수의 기준을 만들 수 있기 때문에 비교측정기의 기준 게이지로 사용한다.

83 고온에서 시편에 일정한 하중을 가하여 고온에서의 기계적 특징을 측정하는 시험법은?

① 경도시험법   ② 충격시험법

③ 크리프시험법   ④ 피로시험법

> **해설** 크리프시험법 … 고온에서 시편에 일정한 하중을 가하여 고온에서의 기계적 특징을 측정하는 방법이다.

84 인장시험에서 시험 전 표점거리가 20mm인 시험편을 시험 후 절단된 표점거리를 측정하였더니 22mm였다. 이 시험편의 연신율은 얼마인가?

① 2%   ② 6%

③ 7%   ④ 10%

> **해설** 연신율 $\epsilon = \dfrac{l-l_0}{l_0} \times 100 = \dfrac{\text{시험 후 늘어난 길이}}{\text{표점거리}} \times 100$ (l : 표점거리, l_0 : 시험 전 표점거리)

85 다음 중 특수강에 자경성을 주는 금속은?

① W   ② Fe

③ Al   ④ Cu

> **해설** 자경성(기경성) … 강이 Ni, Cr, Mn, W, Mo 등과 같은 담금효과를 증대시키는 원소를 많이 함유할 때 가열 후 공랭하여도 효과를 나타내는 성질이다.

86 주강에 대한 설명으로 옳은 것은?

① 단조가 쉽다.   ② 주조시 응고, 수축이 적다.

③ 주철보다 기계적 성질이 우수하다.   ④ 용접에 의한 보수가 어렵다.

> **해설** 주강의 특징
> ㉠ 주조시 응고, 수축이 크다.
> ㉡ 주철보다 기계적 성질이 우수하다.
> ㉢ 용접에 의한 보수가 용이하다.

87 연신율의 저하를 막고, 강도와 강인성을 증가시키는 주강은?

① 니켈강   ② 크롬강

③ 니켈-크롬강   ④ 니켈-크롬-몰리브덴강

> **해설** 니켈강
> ㉠ 연신율의 저하를 막고, 강도와 강인성을 증가시킨다.
> ㉡ 톱니바퀴, 차축, 철도 및 선박 등에 사용된다.

Answer   82.④ 83.③ 84.④ 85.① 86.③ 87.①

88 다음 중 축방향으로 작용하는 힘을 받는 베어링은?

① 레이디얼 베어링

② 스러스트 베어링

③ 구름 베어링

④ 미끄럼 베어링

✔**해설** 베어링의 종류
  ㉠ 레이디얼 베어링 : 축에 수평방향으로 작용하는 힘을 받는다.
  ㉡ 스러스트 베어링 : 축방향으로 작용하는 힘을 받는다.
  ㉢ 구름 베어링 : 베어링과 저널 사이에 볼이나 롤러에 의하여 구름 접촉을 한다.
  ㉣ 미끄럼 베어링 : 베어링과 저널이 미끄럼 접촉을 한다.

89 다음 중 기어와 기어의 특징이 잘못 연결된 것은?

① 스퍼 기어 – 이가 축과 나란한 원통형기어로, 가장 널리 사용된다.

② 래크와 피니언 – 피니언의 회전에 대하여 래크는 직선운동을 한다.

③ 웜 기어 – 큰 감속비를 얻고자 할 때 주로 사용된다.

④ 헬리컬 기어 – 축 방향으로 레이디얼이 발생한다.

✔**해설** 헬리컬 기어
  ㉠ 축 방향으로 스러스트가 발생한다.
  ㉡ 진동과 소음이 적어 큰 하중, 고속 전동에 쓰인다.

90 보일러 본체나 과열기를 가열하고 남은 열로 연소용 공기를 예열하는 장치는?

① 과열기   ② 재열기

③ 절탄기   ④ 공기 예열기

 ① 보일러 본체에서 나오는 습포와 증기를 가열하여 고온의 과열증기로 만드는 장치로 열효율을 높이고, 증기의 마찰저항을 감소시키며, 터빈 날개 등의 부식을 감소시키는 역할을 한다.

② 과열증기가 터빈에서 팽창하여 일을 하면 다시 포화증기로 되는데, 이것을 다시 가열하여 과열증기로 만드는 장치이다.

③ 보일러 본체나 과열기를 가열하고 남은 열을 회수하여 급수를 예열하는 장치이다.

발전전기

1 전기 기계의 철심을 성층하는 가장 큰 이유는 무엇인가?

① 히스테리시스손을 많게 하기 위해서

② 표류 부하손을 적게 하기 위해서

③ 기계손을 적게 하기 위해서

④ 와류손을 적게 하기 위해서

> **해설** ④ 전기 기계의 철심은 규소 강판을 성층하여 만드는데 규소를 넣는 까닭은 자기 저항을 크게 해서 와류손과 히스테리시스손을 감소시키기 위한 것이지만 와류손에 의한 손실을 줄이기 위한 목적이 더 크다.

2 특유 속도가 큰 부하일수록 옳은 것은?

① 회전수가 커진다.

② 낮은 부하에서의 효율의 저하가 심하다.

③ 낮은 낙차에서는 사용할 수가 없다.

④ 회전자의 주변 속도가 작아진다.

> **해설** ② 특유 속도가 크면 경부하시 효율의 저하가 심해진다. 특유 속도가 큰 수차는 유량에 출력을 의존하기 때문에 경부하시에는 효율이 많이 저하된다.

3 부흐홀쯔 계전기의 동작원리와 보호기기에 관한 설명 중 옳은 것은 무엇인가?

① 변압기의 내부 고장으로 발생하는 과압력에 의한 유속의 변화를 감지한다.

② 발전기의 누설 자속을 감지하여 동작한다.

③ 동기기의 동기 실패를 감지하여 동작한다.

④ 회전 변류기의 이상 전압 발생을 감지한다.

> ✔️**해설** ① 부흐홀쯔 계전기는 변압기의 내부 철심의 과열이나 아크 방전으로 발생하는 과압력에 의한 유속의
> 변화를 감지하여 부저를 울리고 차단기를 작동시킨다.

4 다음 중 회전 변류기에 대한 설명으로 옳지 않은 것은 무엇인가?

① 역률이 매우 나쁜 경우 난조가 발생한다.

② 회전 변류기의 전류비는 $\dfrac{교류측 선전류}{직류측 선전류}$ 이다.

③ 직류 전압을 조정하기 위해서는 슬립 링에 가해지는 교류 전압을 조정해야 한다.

④ 직류 전압을 조정하기 위한 수단으로 여자 전류를 조정할 수 있다.

> ✔️**해설** 회전 변류기
> ㉠ 회전 변류기는 교류측과 직류측의 전압비가 일정하므로 직류측 여자 전류를 가감하여 직류 전압을
> 조정할 수 없다.
> ㉡ 역률이 매우 나쁜 경우 난조가 발생한다.
> ㉢ 회전 변류기의 전류비는 $\dfrac{교류측 선전류}{직류측 선전류}$ 이다.
> ㉣ 회전 변류기의 전압비는 $\dfrac{슬립링 사이의 전압}{직류 전압}$ 이다.
> ㉤ 직류 전압을 조정하기 위해서는 슬립 링에 가해지는 교류 전압을 조정해야 한다.

Answer   1.④   2.②   3.①   4.④

5 직류 전동기의 입력이 100[W], 손실이 10[W]일 때, 규약 효율[%]은 얼마인가?

① 110

② 100

③ 90

④ 80

> ✔ **해설** 전동기의 규약 효율[%] 공식은 $\eta = \dfrac{입력 - 손실}{입력} \times 100[\%]$이므로
>
> $\eta = \dfrac{100 - 10}{100} \times 100 = 90[\%]$이다.
>
> ※ 규약 효율 ⋯ 전기기기의 효율 η을 각종 손실별로 따로 측정하거나 또는 계산해서 구한 효율.

6 2[Ω]의 저항 10개를 병렬로 연결하였을 때는 직렬로 연결하였을 때보다 몇 배인가?

① $\dfrac{1}{1000}$ 배

② $\dfrac{1}{100}$ 배

③ $\dfrac{1}{10}$ 배

④ 1배

> ✔ **해설** 2[Ω]의 저항 10개를 병렬로 연결하였을 때 합성 저항
>
> $R = \dfrac{1}{\frac{1}{2} + \frac{1}{2} + \frac{1}{2} + \frac{1}{2} + \frac{1}{2} + \frac{1}{2} + \frac{1}{2} + \frac{1}{2} + \frac{1}{2} + \frac{1}{2}} = 0.2[\Omega]$
>
> ∴ 2[Ω]의 저항 10개를 병렬로 연결했을 때는 직렬로 했을 때의 $\dfrac{1}{100}$ 배가 된다.

7 직류 직권 전동기에서 위험 속도가 되는 경우는 무엇인가?

① 전기자에 저저항 접속

② 정격 전압, 과부하

③ 정격 전압, 무부하

④ 저전압, 과여자

> ✔ **해설** ③ 직류 직권 전동기는 부하가 변화하면 속도가 현저하게 변하는 특성(직권 특성)을 가지므로 무부하에 가까워지면 속도가 극히 상승하여 원심력으로 파괴될 우려가 있다. 그러므로 직권 전동기로 다른 기계를 운전하려면 반드시 직결하거나 기어를 사용해야 한다.

8 3상 동기 발전기에서 제 5고조파를 제거하기 위한 방법으로 가장 적합한 것은 무엇인가? (단, $\beta=\dfrac{코일\ 간격}{극\ 간격}$)

① $\beta=0.8$로 한다.

② 고조파 단절계수를 최대로 한다.

③ 코일 간격을 극 간격보다 1.2배 크게 한다.

④ 코일 간격을 최대한 줄인다.

✔ 해설 ① 제 5고조파에 대한 단절계수($\dfrac{코일\ 간격}{극\ 간격}$)는 $K_{p5}=\sin\dfrac{5\beta\pi}{2}$, 5고조파를 제거하려면 $K_{p5}=0$이 되어야 하
므로 $n=0,\ 1,\ 2,\ 3$을 대입하면
$n=0$일 때, $\beta=0$(권선이 이루어지지 않는다.)
$n=1$일 때, $\beta=0.4$
$n=2$일 때, $\beta=0.8$
$n=3$일 때, $\beta=1.2$
하지만 $\beta\langle 1$이므로 $\beta=0.8$이 가장 적합하다.

9 3상 동기 발전기의 전기자 권선을 Y결선으로 하는 이유 중 $\triangle$결선과 비교할 때 장점이 아닌 것은 무엇
인가?

① 권선의 보호 및 이상 전압의 방지 대책이 용이하다.

② 출력을 더욱 증대할 수 있다.

③ 권선의 코로나 현상이 작다.

④ 고조파 순환 전류가 흐르지 않는다.

✔ 해설 ② Y결선은 중성점을 이용하여 접지 보호 계전기를 동작시키는데 용이하다. 단자전압이 같을 경우 $\triangle$결
선에 비해 선간전압이 $\dfrac{1}{\sqrt{3}}$로 낮아지고 제 3고조파의 순환전류가 흐르지 않는다. 따라서 출력을 더욱
증대할 수 있는 것은 아니다.

Answer 5.③ 6.② 7.③ 8.① 9.②

10 다음 중 고효율 모터에 적용하는 절연의 종류와 각각의 허용 최고 온도[℃]로 옳은 것은 무엇인가?

① F−155

② Y−105

③ A−120

④ B−90

✔**해설** 절연의 종류와 각각의 허용 최고 온도

절연의 종류	A	B	C	E	F	H	Y
허용 최고 온도[˚c]	105	130	180초과	120	155	180	90

11 1차, 2차 코일의 자기 인덕턴스가 각각 49[mH], 100[mH], 결합 계수 0.9라고 할 때, 이 두 코일을 자속이 합해지도록 같은 방향으로 직렬로 접속하면 합성 인덕턴스[mH]는 얼마가 되겠는가?

① 275

② 280

③ 285

④ 290

✔**해설** 자속이 합해진다고 했으므로 $L = L_1 + L_2 + 2M = L_1 + L_2 + 2k\sqrt{L_1 L_2} = 49 + 100 + 2 \times 0.9\sqrt{49 \times 100} = 275[\text{mH}]$

12 직류 발전기의 극수가 20이고 전기자 도체수가 500, 단중 파권일 때, 매극의 자속수가 0.01[Wb]이면 600[rpm]일 때의 기전력은 몇 [V]인가?

① 400

② 450

③ 500

④ 550

✔**해설** 단중 파권이라 했으므로 a=2

$E = \dfrac{pZ}{a}\Phi\dfrac{N}{60} = \dfrac{20 \times 500}{2} \times 0.01 \times \dfrac{600}{60} = 500[\text{V}]$

13 관류식 보일러의 특징으로 옳은 것은 무엇인가?

① 수관식 보일러에 비해 부식이 덜 발생한다.

② 드럼을 필요로 한다.

③ 고압을 채용하기 어렵다.

④ 보일러의 중량이 가벼워지고 기동 정지 시간이 짧아진다.

> ✔해설 관류식 보일러 특징
> ㉠ 드럼이 필요가 없다.
> ㉡ 고압을 채용하기 쉽다.
> ㉢ 보일러의 중량이 가볍다.
> ㉣ 기동 정지 시간이 짧다.
> ㉤ 수관식 보일러에 비해 부식의 발생 정도가 심하다.

14 원자로의 냉각재가 갖추어야 할 조건으로 옳지 않은 것은 무엇인가?

① 중성자의 흡수 단면적이 큰 불순물을 포함하지 않아야 한다.

② 냉각재와 접촉하는 재료를 부식하지 않아야 한다.

③ 중성자의 흡수 단면적이 작아야 한다.

④ 열용량이 작아야 한다.

> ✔해설 원자로 냉각재가 갖추어야 할 조건
> ㉠ 비열이 커야 한다.
> ㉡ 열용량이 커야 한다.
> ㉢ 중성자의 흡수가 적어야 한다.
> ㉣ 재료를 부식시키지 않아야 한다.

15 다음 중 피뢰기에 대한 설명으로 옳지 않은 것은 무엇인가?

① 변압기의 고·저압 혼촉의 방지를 위해 저압측의 중성점에 설치해야 한다.

② 정격 전압이란 속류를 차단할 수 있는 최고의 교류 전압값을 말한다.

③ 제한 전압이란 피뢰기 동작 중 단자 전압의 파고치를 의미한다.

④ 직렬 갭은 속류를 차단하는 역할을 한다.

> ✔해설 ① 변압기의 중성점은 피뢰기의 설치 대상이 아니며 고·저압 혼촉 방지의 목적으로 저압측의 중성점
> 또는 1단자(사용 전압 300V 이하에 한한다)에 제2종 접지를 해야 한다.

16 전압의 범위에 대한 분류로 옳은 것은 무엇인가?

① 저압 : 직류-650[V] 이하, 교류-500[V] 이하

② 저압 : 직류-750[V] 이하, 교류-600[V] 이하

③ 고압 : 직류-600[V] 초과 6,000[V] 이하, 교류-750[V] 초과 7,000[V] 이하

④ 고압 : 직류-700[V] 초과 6,000[V] 이하, 교류-750[V] 초과 6,000[V] 이하

> ✔해설 전압의 범위

	저압	고압	특별고압
전압의 범위	• 직류 : 750[V] 이하 • 교류 : 600[V] 이하	• 직류 : 750[V] 초과 7,000[V] 이하 • 교류 : 600[V] 초과 7,000[V] 이하	7,000[V] 초과

17 진공 중에서 e[C]의 전하가 B[Wb/m^2]의 자계 안에서 자계와 수직 방향으로 v[m/s]의 속도로 움직일 때 받는 힘[N]의 공식은 무엇인가?

① $\epsilon_0 \mathrm{evB}$

② $\dfrac{eB}{v}$

③ evB

④ $\mu_0 \mathrm{evB}$

> ✔해설 하전 입자에 작용하는 로렌츠의 힘 F=e(v×B)[N]이다.

18 $i = I_m \sin(wt - 15°)$[A]인 정현파에 있어서 wt가 다음 중 어느 값일 때 순시값이 실효값과 같아지는가?

① 60°

② 75°

③ 90°

④ 105°

> ✔ 해설 $\sin(wt - 15°) = \dfrac{1}{\sqrt{2}}$ 이 되어야 하므로 $\sin 45° = \dfrac{1}{\sqrt{2}}$ 이 되기 위해 wt=60°가 되어야 한다.

19 인덕턴스가 L일 때 코일의 권선수가 N이었다면 2N일 때의 인덕턴스는 얼마인가?

① 4L

② 6L

③ 8L

④ 10L

> ✔ 해설 코일의 권선수가 2배 증가시 인덕턴스는 4배가 된다.
>
> $$L = \frac{N\phi}{I} = \frac{N\frac{F}{R_m}}{I} = \frac{N\frac{\ni}{R_m}}{I} = \frac{N^2}{R_m}$$
>
> $\therefore\ L \propto N^2$

20 전송 선로의 손실이 없다고 가정할 때 특성 임피던스(Z_0)와 전파 정수(γ)가 모두 옳은 것은 무엇인가?

① $Z_0 = \text{jw}\sqrt{LC}$, $\gamma = \sqrt{\dfrac{L}{C}}$

② $Z_0 = \sqrt{\dfrac{L}{C}}$, $\gamma = \text{jw}\sqrt{LC}$

③ $Z_0 = \text{jw}\sqrt{\dfrac{C}{L}}$, $\gamma = \sqrt{LC}$

④ $Z_0 = \sqrt{\dfrac{C}{L}}$, $\gamma = \text{jw}\sqrt{LC}$

> ✔ 해설 전송 선로의 손실이 없다고 가정할 때 R=0, G=0이므로 $Z_0 = \sqrt{\dfrac{L}{C}}$, $\gamma = \text{jw}\sqrt{LC}$이다.

21 진공 중의 점 A에서 출력 50[KW]의 전자파를 방사하여 이것이 구면파로서 전파할 때, 점 A에서 100km 떨어진 점 B에 있어서의 포인팅 벡터값은 약 몇[W/m^2]인가?

① 2.5×10^{-7} ② 3×10^{-7}

③ 3.5×10^{-7} ④ 4×10^{-7}

> ✔**해설** 100km인 점의 단위 면적 당 전력은
>
> $$P = \frac{W}{S} = \frac{W}{4\pi r^2} = \frac{50 \times 10^3}{4\pi \times (100 \times 10^3)^2} = 4 \times 10^{-7} [W/m^2]$$

22 어느 기력 발전소에서 40,000[KWh]를 발전하는데 발열량 860[kcal/kg]의 석탄이 60톤 사용된다. 이 발전소의 열효율[%]은 얼마인가?

① 66.6%   ② 66.7%

③ 66.8%   ④ 66.9%

> ✔**해설** $\eta = \frac{860E}{WC} \times 100 = \frac{860 \times 40,000}{860 \times 60 \times 10^3} \times 100 = 66.7(\%)$

23 기력 발전소의 열 사이클 중 재열 사이클에서 재열기로 가열하는 것은?

① 증기   ② 산소

③ 텅스텐   ④ 물

> ✔**해설** 증기 터빈 발전소의 대용량화로 터빈 배기단에서 사용 증기에 습도가 증가하여 터빈 날개를 부식시키고 마찰 손실을 증가시킬 우려가 많으므로 증기의 건조도를 높이기 위하여 재열기가 사용된다.

24 3상 동기 발전기의 여자 전류 10[A]에 대한 단자 전압이 1,000 $\sqrt{3}$ [V], 3상 단락 전류는 50[A]이다. 이 때 동기 임피던스는 몇 [Ω]인가?

① 10

② 15

③ 20

④ 25

 $Z_s = \dfrac{E_n}{I_s} = \dfrac{1,000}{50} = 20[\Omega]$

25 총 낙차 80.9m, 사용 수량 30[m^3/s]인 발전소가 있다. 수로의 길이가 3,800m, 수로의 구배가 1/2,000, 수압 철관의 손실 낙차를 1m라고 하면 이 발전소의 출력은 약 몇 [KW]인가? (단, 수차 및 발전기의 종합 효율은 83%라 한다.)

① 16,000KW

② 17,000KW

③ 18,000KW

④ 19,000KW

✔ 해설 $\text{p} = 9.8QH\eta = 9.8 \times 30 \times (80.9-1) \times 0.83$
$= 19,497 \fallingdotseq 19,000[\text{KW}]$

26 기본파의 40%인 제3고조파와 30%인 제5고조파를 포함하는 전압파의 왜형률은 얼마인가?

① 0.5

② 0.6

③ 0.7

④ 0.8

✔ 해설 $\text{D} = \sqrt{0.4^2 + 0.3^2} = 0.5$

27 다음 중 피드백 제어계의 일반적인 특징이 아닌 것은?

① 정확성의 증가

② 감대폭의 증가

③ 구조가 간단하고 설치비가 저렴

④ 발진을 일으키고 불안정한 상태로 되어가는 경향성

> ✔해설 피드백 제어계의 일반적인 특징
> ㉠ 감대폭의 증가
> ㉡ 정확성의 증가
> ㉢ 비선형성과 왜형에 대한 효과 감소
> ㉣ 발진을 일으키고 불안정한 상태로 되어가는 경향성
> ㉤ 제어계의 특성 변화에 대한 입력 대 출력비의 감도 감소

28 60Hz, 8극, 3상유도 전동기가 전부하로 873rpm의 속도로 67[kg · m]의 토크를 내고 있다. 이때 기계적 출력은 약 몇 KW인가?

① 120

② 100

③ 80

④ 60

> ✔해설 $P_0 = 1.026\text{NT} = 1.026 \times 873 \times 67 \times 10^{-3} = 60[\text{KW}]$

29 자기 인덕턴스 0.05[H]의 회로에 흐르는 전류가 매초 530[A]의 비율로 증가할 때, 자기 유도 기전력[V]은 얼마인가?

① −24.5

② −25.5

③ −26.5

④ −27.5

> ✔해설 $e = -\text{L}\dfrac{di}{dt} = -0.05 \times \dfrac{530}{1} = -26.5[\text{V}]$

30 3상 배전 선로의 말단에 역률 80%, 160kw의 평형 3상 부하가 있다. 부하점에 부하와 병렬로 전력용 콘덴서를 접속하여 선로 손실을 최소로 하기 위해 필요한 콘덴서 용량은 얼마인가? (단, 부하단 전압은 변하지 않는 것으로 한다.)

① 120
② 130
③ 140
④ 150

✔해설 선로 손실을 최소로 하기 위해서는 역률을 1.0으로 개선해야 하므로 전체 무효 전력만큼의 콘덴서 용량이 필요하다.

∴ 콘덴서 용량 $Q_c = P\tan\theta = 160 \times \dfrac{0.6}{0.8} = 120[kVA]$

31 다음 중 수은 정류기에서 역호현상이 발생했을 때 그 원인으로 옳지 않은 것은?

① 전류, 전압의 과대
② 내부 잔존 가스 압력의 감소
③ 증기밀도의 과대
④ 양극 부분의 과열

✔해설 역호 현상의 발생원인과 해결책
ㄱ 역호 현상의 발생원인
- 화성 불충분
- 증기밀도의 과대
- 양극 재료의 불량
- 양극 부분의 과열
- 전류, 전압의 과대
- 양극에 수은 방울 부착
- 양극 표면에 불순물 부착
- 내부 잔존 가스 압력의 상승
ㄴ 해결책
- 진공도를 충분히 높게 한다.
- 양극 재료의 선택에 주의한다.
- 정류기를 과부하가 되지 않도록 한다.
- 냉각 장치에 주의하여 과열, 과냉을 피한다.
- 양극에 직접 수은 증기가 붙지 않도록 한다.
- 양극의 바로 앞에 그리드를 설치하고 이것을 부전위로 하여 역호를 저지시킨다.

32 정격출력이 7.5[KW]의 3상유도 전동기가 전부하 운전에서 2차 저항손이 300[W]이다. 슬립은 몇 %인가?

① 3.65
② 3.75
③ 3.85
④ 3.95

✔ **해설** P=7.5[KW], P_{c2}=300[W]=0.3[KW]이므로

P_2=P+P_{c2}=7.5+0.3=7.8[KW]

∴ s=$\dfrac{P_{c2}}{P_2}=\dfrac{0.3}{7.8}$≒0.0385=3.85(%)

33 임피던스 전압 강하가 5%인 변압기가 운전 중 단락되었을 때, 단락 전류는 정격 전류의 몇 배가 되는가?

① 50
② 40
③ 30
④ 20

✔ **해설** $\dfrac{I_{1s}}{I_{1n}}=\dfrac{100}{z}$

∴ $I_{1s}=\dfrac{100}{5}I_{1n}=20I_{1n}$

34 사용 전압이 220V인 경우 애자 사용 공사에서 전선과 조영재 사이의 이격 거리는 몇 cm 이상이어야 하는가?

① 2
② 2.5
③ 4
④ 4.5

✔ **해설** 전기설비기술기준의 판단기준 181조(애자사용 공사) 제1항 제3호
전선과 조영재 사이의 이격거리는 사용전압이 400V 미만인 경우에는 2.5cm 이상, 400V 이상인 경우에는 4.5cm(건조한 장소에 시설하는 경우에는 2.5cm)이상일 것.

35 저압전선로 중 절연 부분의 전선과 대지 간 및 전선로의 심선 상호 간의 절연 저항은 사용 전압에 대한 누설 전류가 최대 공급 전류의 얼마를 넘지 않도록 해야 하는가?

① 1/1,500

② 1/2,000

③ 1/2,500

④ 1/3,000

 해설 전기설비기술기준 제27조(전선로의 전선 및 절연성능) 제3항

저압전선로 중 절연 부분의 전선과 대지 사이 및 전선의 심선 상호 간의 절연저항은 사용 전압에 대한 누설전류가 최대 공급 전류의 1/2,000을 넘지 않도록 하여야 한다

36 경간이 200m인 가공 선로가 있다. 사용 전선의 길이는 경간보다 몇 cm 더 길게 하면 되는가? (단, 전선의 1m당 하중은 2kg, 인장 하중은 4,000kg이며, 전선의 안전율은 2로 하고 풍압 하중은 무시한다.)

① $\dfrac{1}{3}$

② $\dfrac{1}{4}$

③ $\dfrac{1}{5}$

④ $\dfrac{1}{6}$

 해설
$$D = \frac{WS^2}{8T} = \frac{2 \times 200^2}{8 \times \dfrac{4,000}{2}} = 5(m)$$

$$\therefore \ L-S = \frac{8D^2}{3S} = \frac{8 \times 5^2}{3 \times 200} = \frac{1}{3}(m)$$

37 철도 또는 궤도를 횡단하여 저압 가공전선을 시설하는 경우 레일면상의 높이는 몇 m 이상으로 해야 하는가?

① 3.5
② 4.5
③ 5.5
④ 6.5

✔해설 전기설비기술기준의 판단기준 제72조(저고압 가공전선의 높이) 제1항 제2호
철도 또는 궤도를 횡단하는 경우에는 레일면상 6.5m 이상.

38 일반적으로 강색 차선의 레일면상의 높이는 몇 m 이상이어야 하는가?

① 7
② 6
③ 5
④ 4

✔해설 전기설비기술기준의 판단기준 제275조(강색 차선의 시설)
강색 철도의 전차선(이하 "강색 차선"이라 한다.)은 다음 각 호에 따르고 또한 가공방식에 의하여 시설하여야 한다.
1. 강색 차선은 지름 7mm의 경동선 또는 이와 동등 이상의 세기 및 굵기의 것일 것.
2. 강색 차선의 레일면상의 높이는 4m 이상일 것. 다만, 터널 안, 교량 아래 그 밖에 이와 유사한 곳에 시설하는 경우에는 3.5m 이상으로 할 수 있다.

39 고압 가공 전선로에 사용하는 가공 지선은 인장 강도가 몇 kN이상의 것 또는 지름 4mm 이상의 나경동선을 사용해야 하는가?

① 5.06
② 5.16
③ 5.26
④ 5.36

✔해설 전기설비기술기준의 판단기준 제73조(고압 가공전선로의 가공지선)
고압 가공전선로에 사용하는 가공지선은 인장강도 5.26kN 이상의 것 또는 지름 4mm 이상의 나경동선을 사용하고 또한 이를 제71조 제1항의 규정에 준하여 시설해야 한다.

40 일반적으로 저압 옥내 간선에서 분기하여 전기 사용 기계 기구에 이르는 저압 옥내 전로는 저압 옥내 간선과의 분기점에서 전선의 길이가 몇 m 이하인 곳에 개폐기 및 과전류 차단기를 시설해야 하는가?

① 3

② 4

③ 7

④ 8

✔해설 전기설비기술기준의 판단기준 제176조(분기회로의 시설) 제1항 제1호
저압 옥내간선과의 분기점에서 전선의 길이가 3m 이하인 곳에 개폐기 및 과전류 차단기를 시설할 것.
다만, 분기점에서 개폐기 및 과전류 차단기까지의 전선의 허용전류가 그 전선에 접속하는 저압 옥내간선을 보호하는 과전류 차단기의 정격전류의 55%(분기점에서 개폐기 및 과전류 차단기까지의 전선의 길이가 8m 이하인 경우에는 35%) 이상일 경우에는 분기점에서 3m를 초과하는 곳에 시설할 수 있다.

41 다음과 같은 회로에서 전 전류 I는 몇 [A]인가?

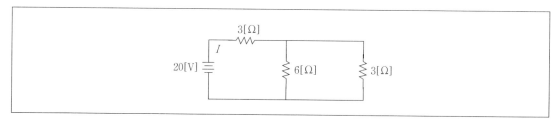

① 2

② 3

③ 4

④ 5

✔해설 합성저항 $R_0 = 3 + \dfrac{6 \times 3}{6 + 3} = 5[\Omega]$

$I = \dfrac{전압}{합성저항} = \dfrac{20}{5} = 4[A]$

42 옴의 법칙을 나타낸 식 중 옳지 않은 것은?

① $E = IR$ ② $I = \dfrac{E}{R}$

③ $R = \dfrac{I}{E}$ ④ $R = \dfrac{E}{I}$

 옴의 법칙
  ㉠ $E = IR$
  ㉡ $I = \dfrac{E}{R}$
  ㉢ $R = \dfrac{E}{I}$

43 π[rad]을 바르게 표현한 것은?

① $0[°]$ ② $90[°]$
③ $180[°]$ ④ $270[°]$

 $\pi[\text{rad}] = \pi \times \dfrac{180°}{\pi} = 180[°]$

44 1[μF]인 콘덴서의 60[Hz] 전원에 대한 용량 리액턴스[Ω]의 값은?

① $2,453[\Omega]$ ② $2,563[\Omega]$
③ $2,653[\Omega]$ ④ $2,753[\Omega]$

 $X_C = \dfrac{1}{2\pi f C} = \dfrac{1}{2\pi \times 60 \times 1 \times 10^{-6}} \fallingdotseq 2,653[\Omega]$

45 다음의 교류전압과 전류의 위상차는 어떻게 되는가?

$$V = \sqrt{2}\,sin\left(\omega t + \frac{\pi}{4}\right)[\text{V}], \quad i = \sqrt{2}\,I\sin\left(\omega t + \frac{\pi}{2}\right)[\text{A}]$$

① $\frac{\pi}{2}[\text{rad}]$ ② $\frac{\pi}{4}[\text{rad}]$

③ $\frac{\pi}{3}[\text{rad}]$ ④ $\frac{2\pi}{3}[\text{rad}]$

✔**해설** 위상차 $\phi = \phi_1 - \phi_2$
$$= \frac{\pi}{4} - \frac{\pi}{2} = \frac{\pi}{4}[\text{rad}]$$

46 RLC 직렬회로에서 공진시의 전류는 공급전압에 대하여 어떤 위상치를 갖는가?

① $-90[°]$ ② $0[°]$

③ $90[°]$ ④ $180[°]$

✔**해설** RLC 직렬회로의 직렬공진 … 전류와 전압이 동상이 되는 상태이므로 임피던스는 최소, 전류는 최대가 된다. 즉, 전류, 전압이 동상이므로 위상차는 0이다.

Answer　42.③　43.③　44.③　45.②　46.②

47 전력계의 지시가 100[W]인 3상 전력계의 전력 [W]은?

① $100\sqrt{3}$

② 200

③ $200\sqrt{3}$

④ 300

> ✔️ 해설 3상 전력 $P = 3P_1$
>
> $P = 3P_1 \rightarrow 3 \times 100 = 300[\text{W}]$ (P = 3상전력, P_1 = 전력계 지시값)

48 선간전압 V [V]의 3상 평형 전원에 대칭 3상 저항부하 R [Ω]이 다음과 같이 접속되었을 때 a, b 두 상간에 접속된 전력계의 지시값이 W [W]라 하면 c상의 전류 [A]는?

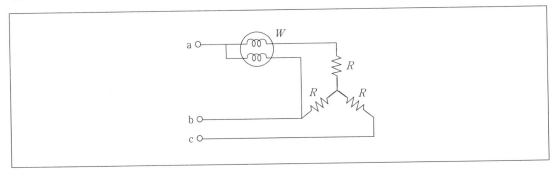

① $\dfrac{\sqrt{3}\,W}{V}$

② $\dfrac{3\,W}{V}$

③ $\dfrac{W}{\sqrt{3}\,V}$

④ $\dfrac{2\,W}{\sqrt{3}\,V}$

> ✔️ 해설 전원 및 부하가 모두 대칭이므로 $V_{ab} = V_{bc} = V_{ca} = V$, $I_a = I_b = I_c = I$라 하면 소비전력 P는
>
> $P = 2W = \sqrt{3}\,VI$ ∴ $I = \dfrac{2W}{\sqrt{3}\,V}$

49 2단자쌍 회로망의 Y 파라미터가 그림과 같을 경우 aa'단자 간에 $V_1 = 36[V]$, bb'단자 간에 $V_2 = 24[V]$의 정전압원을 연결하였을 때 I_1, I_2의 값은 각각 몇 [A]인가? (단, Y 파라미터는 [℧]단위이다)

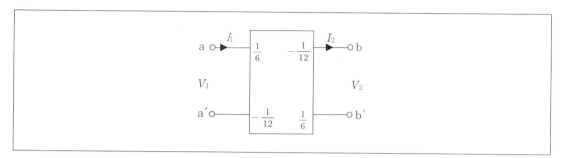

① $I_1 = 4$, $I_2 = 5$

② $I_1 = 5$, $I_2 = 4$

③ $I_1 = 1$, $I_2 = 4$

④ $I_1 = 4$, $I_2 = 1$

✔ 해설
$$\begin{bmatrix} I_1 \\ I_2 \end{bmatrix} = \begin{bmatrix} Y_{11} & Y_{12} \\ Y_{21} & Y_{22} \end{bmatrix} \begin{bmatrix} V_1 \\ V_2 \end{bmatrix} = \begin{bmatrix} \dfrac{1}{6} & -\dfrac{1}{12} \\ -\dfrac{1}{12} & \dfrac{1}{6} \end{bmatrix} \begin{bmatrix} 36 \\ 24 \end{bmatrix} = \begin{bmatrix} 4 \\ 1 \end{bmatrix}$$

50 공간적으로 서로 $\dfrac{2\pi}{n}$[rad]의 각도를 두고 배치한 n개의 코일에 대칭 n상 교류를 흘리면 그 중심에 생기는 회전자계의 모양은?

① 원형 회전자계

② 타원형 회전자계

③ 원통형 회전자계

④ 원추형 회전자계

✔ 해설 대칭 다상 교류회로가 만드는 회전자계의 모양은 원형이다.

51 단위 계단 함수 $u(t)$에 대한 설명으로 옳지 않은 것은?

① $u(t)$ 함수를 푸리에 변환하면 1이 된다.

② $u(t)$와 시그늄 함수 $sgn(t)$와는 $u(t) = \dfrac{1}{2}[1 + sgn(t)]$의 관계가 있다.

③ $u(t)$ 함수는 순수한 직류 신호라고 볼 수 없다.

④ $u(t)$ 함수는 $t < 0$에 대해서는 0, $t \geq 0$에서는 1이다.

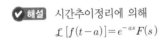 **해설** $u(t) = \dfrac{1}{2}[1 + sgn(t)]$

$$F[u(t)] = \dfrac{1}{2}\{F[1] + F[sgn(t)]\} = \pi\delta(\omega) + \dfrac{1}{j\omega}$$

$u(t)$의 푸리에 변환은 $\dfrac{1}{s}$이다.

52 다음 관계식 중 옳지 않은 것은?

① $\mathcal{L}\left[f\left(\dfrac{t}{a}\right)\right] = aF(as)\ (a > 0)$ 　　② $\mathcal{L}\left[e^{-at}f(t)\right] = F(s+a)$

③ $\mathcal{L}\left[f(t-a)\right] = eF(s)$ 　　④ $\mathcal{L}\left[af_1(t) + bf_2(t)\right] = aF_1(s) + bF_2(s)$

해설 시간추이정리에 의해
$$\mathcal{L}[f(t-a)] = e^{-as}F(s)$$

53 다음 중 발전기의 유도기전력의 방향을 알기 위한 법칙은?

① 패러데이의 법칙 　　② 렌츠의 법칙
③ 플레밍의 왼손 법칙 　　④ 플레밍의 오른손 법칙

해설 플레밍의 왼손 법칙은 전동기의 원리, 플레밍의 오른손 법칙은 발전기의 원리이다.

54 1[F]의 정전용량을 갖는 구의 반지름은?

① 9×10^6[km]   ② 9×10^3[km]

③ 9×10^3[m]   ④ 9[mm]

 해설
$$C = 4\pi\epsilon_0 r = \frac{1}{9 \times 10^9} r$$
$$r = 9 \times 10^9 \text{[m]} = 9 \times 10^6 \text{[km]}$$

55 다음 중 [ohm · sec]와 같은 단위는?

① [F]   ② [F/m]

③ [H]   ④ [H/m]

 해설
$$e = \frac{\text{전압} \times \text{시간의 변화량}}{\text{전류의 변화량}} = \frac{[\text{V}] \times [\text{s}]}{[\text{A}]} = [\text{Ohm} \cdot \text{sec}] \left(R = \frac{V}{I} \text{이므로} \right)$$

56 단면적 5[cm²], 길이 1[m], 비투자율이 10^3인 환상철심에 600회의 권선을 행하고 여기에 0.5[A]의 전류를 흐르게 한 경우의 기자력은?

① 100[AT]   ② 200[AT]

③ 300[AT]   ④ 400[AT]

해설 $F = NI = 600 \times 0.5 = 300$[AT]

57 자장의 세기 $H = 10^3$[AT/m], 투자율 $\mu = \mu_0 \mu_R = 5\pi \times 10^{-4}$[H/m]일 때 단위 부피당 축적되는 에너지 [J/m²]는?

① 3.65×10^2[J/m³] 　　　　　② 4.85×10^2[J/m³]

③ 5.65×10^2[J/m³] 　　　　　④ 7.85×10^2[J/m³]

 해설 $W = \dfrac{1}{2}\mu H^2 = \dfrac{1}{2} \times 5\pi \times 10^{-4} \times (10^3)^2 = 785 = 7.85 \times 10^2$ [J/m³]

58 테슬라(Tesla, [T])는 무엇의 단위인가?

① 투자율 　　　　　　　　　② 자화력

③ 전속밀도 　　　　　　　　④ 자속밀도

해설 ① 투자율의 단위는 [H/m]이다.
② 자기회로에서 단위 길이당 기자력을 말하며 단위는 [AT/m]이다.
③ 단면을 통과하는 전속의 수로 단위는 [C/m²]이다.

59 유리 중에 2×10⁻⁵[C]의 두 전하가 10[cm] 떨어져 있을 때의 정전력 [N]은? (단, 유리의 비유전율=5)

① 72 　　　　　　　　　　② 46

③ 64 　　　　　　　　　　④ 27

해설 $F = 9 \times 10^9 \times \dfrac{Q_1 Q_2}{\epsilon_R r^2} = 9 \times 10^9 \times \dfrac{2 \times 10^{-5} \times 2 \times 10^{-5}}{5 \times (10 \times 10^{-2})^2} = 72$[N]

60 다음 중 1[J/s]와 동일한 것은?

① 1[W]

② 1[kcal]

③ 1[kg · m]

④ 860[cal]

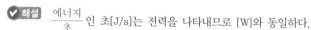 $\dfrac{에너지}{초}$인 초[J/s]는 전력을 나타내므로 [W]와 동일하다.

61 10[Ω]과 15[Ω]의 저항을 병렬로 연결하여 50[A]의 전류를 흘렸을 때 저항 15[Ω]에 흐르는 전류는?

① 10[A]

② 20[A]

③ 30[A]

④ 40[A]

해설 $I_2 = \dfrac{R_1}{R_1 + R_2} I = \dfrac{10}{10+15} \times 50 = 20[A]$

62 다음 중 열전 온도계에 이용하는 현상은?

① 펠티에 효과

② 제베크 효과

③ 줄 효과

④ 피에조 효과

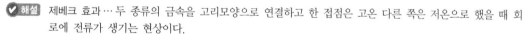 제베크 효과 … 두 종류의 금속을 고리모양으로 연결하고 한 접점은 고온 다른 쪽은 저온으로 했을 때 회로에 전류가 생기는 현상이다.

① 두 종류의 금속을 접속하여 전류가 흐를 때 두 금속의 접합부에 열이 발생하는 현상이다.

③ 자기장을 금속에 가하면 진동이 발생하는 현상이다.

④ 압전소자의 특수한 결정에 외력을 가해 변형을 주면 표면에 전압이 발생하고 결정에 전압을 걸면 변위나 힘이 발생하는 현상을 말한다.

63 $i = 50\sin314t$[A]의 주기 [sec]는?

① 0.2

② 0.02

③ 0.4

④ 0.04

 해설 $f = \dfrac{314}{2\pi} = 50$[Hz]

$\therefore T = \dfrac{1}{f} = \dfrac{1}{50} = 0.02$[sec]

64 다음 회로의 단자 1-2사이에 1[Ω]의 저항을 접속했을 경우 두 단자 사이에 흐르는 전류는?

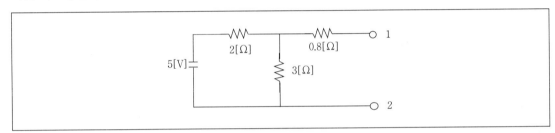

① 4[A]

② 3[A]

③ 2[A]

④ 1[A]

 해설 개방 단자전압 $V_o = \dfrac{5}{2+3} \times 3 = 3$[V]

전압원을 단락시키고, 단자 1-2에서 본 저항 R

$R = 0.8 + \dfrac{2 \times 3}{2+3} = 2$[Ω]

$\therefore I = \dfrac{3}{2+1} = 1$[A]

65 콘덴서만의 회로에 교류전압을 인가할 때 전류는 전압보다 위상이 어떻게 되는가?

① 동상이다.　　　　　　　　　　② 180° 앞선다.

③ 90° 앞선다.　　　　　　　　　④ 45° 앞선다.

✔해설 콘덴서만의 회로에서 전류 i는 전압 v보다 $\dfrac{\pi}{2}$[rad]만큼 위상이 앞선다.

66 직렬 공진회로에서 유도 리액턴스 양단의 전압과 전원전압과의 비는?

① ωCR　　　　　　　　　　② $\dfrac{\omega C}{R}$

③ $\dfrac{R}{\omega L}$　　　　　　　　　④ $\dfrac{\omega L}{R}$

✔해설 전원전압 E, 유도 리액턴스 양단의 전압 E_L에서

$$\frac{E_L}{E} = \frac{\dfrac{\omega L}{R}E}{E} = \frac{\omega L}{R}$$

67 $Z = 8 + j\,6[\Omega]$인 평형 Y 부하에 선간전압 200[V]인 대칭 3상전압을 인가할 때 선전류 [A]는?

① 11.5　　　　　　　　　　② 10.5

③ 7.5　　　　　　　　　　④ 5.5

✔해설

$$I_P = \frac{V_P}{Z} = \frac{\dfrac{V_l}{\sqrt{3}}}{\sqrt{Z}} = \frac{\dfrac{200}{\sqrt{3}}}{\sqrt{8^2+6^2}} = \frac{200}{10\sqrt{3}} = 11.5[A]$$

68 어떤 회로의 전류를 측정하고자 한다. 전류계의 측정범위를 10배로 하려면 분류기의 저항은 전류계 내부 저항의 몇 배로 하여야 하는가?

① $\dfrac{1}{99}$ ② 9

③ $\dfrac{1}{9}$ ④ 99

 $I_0 = I\left(1 + \dfrac{R_A}{R_S}\right)$

- R_A : 전류계 내부저항
- R_S : 분류기저항
- I : 전류최대눈금
- I_0 : 측정전류

예를 들어 측정전류를 10배로 한다면

$10 = I\left(I + \dfrac{R_A}{R_S}\right)$ 에서

$9 = \dfrac{R_A}{R_S} \rightarrow R_S = \dfrac{R_A}{9}$ 이므로 $\dfrac{1}{9}$ 이다.

69 다음과 같은 회로가 정저항회로가 되려면 L의 값[H]은?

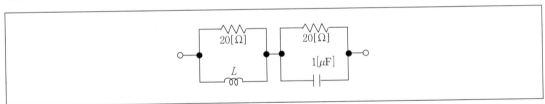

① 3×10^{-4} ② 4×10^{-3}

③ 3×10^{-3} ④ 4×10^{-4}

✔해설 $R = \sqrt{\dfrac{L}{C}}$ 에서 $L = CR^2 = 1 \times 10^{-6} \times 20^2 = 4 \times 10^{-4}[\text{H}]$

70 T형 4단자 회로에서 각 소자의 저항이 4[Ω]일 때 4단자 정수 $A=2$, $B=12$, $C=\dfrac{1}{4}$, $D=2$였다면 전달 정수는?

① $\log 1.73$

② $\log 3.73$

③ $\log 3.15$

④ $\log 2$

✔해설 $\theta = \log \sqrt{AD} + \sqrt{BC} = \log\left(\sqrt{2 \times 2} + \sqrt{12 \times \dfrac{1}{4}}\right) = \log 3.732$

71 $\cos t - \cos 2t$ 의 라플라스 변환은?

① $\dfrac{1}{(s^2-1)(s^2+4)}$

② $\dfrac{-3s}{(s^2-1)(s^2-4)}$

③ $\dfrac{3s}{(s^2+1)(s^2+4)}$

④ $\dfrac{3}{(s^2-1)(s^2-4)}$

✔해설 $f(t) = \cos t - \cos 2t$

$$\mathcal{L}\left[\cos t - \cos 2t\right] = \frac{s}{s^2+1} - \frac{s}{s^2+4} = \frac{3s}{(s^2+1)(s^2+4)}$$

72 $\mathcal{L}\left[e^{-at}\right]$ 의 값으로 옳은 것은?

① $\dfrac{1}{s-a}$

② $\dfrac{1}{s+a}$

③ $\dfrac{s}{s^2+a^2}$

④ $\dfrac{1}{s^2+a^2}$

✔해설 $F(s) = \mathcal{L}\left[e^{-at}\right] = \displaystyle\int_0^\infty e^{-at} e^{-st} dt = \int_0^\infty e^{-(s+a)t} dt = \left[-\frac{1}{s+a} e^{-(s+a)t}\right]_0^\infty = \frac{1}{s+a}$

PART

05

인성검사

인성검사의 개요

1 인성(성격)검사의 개념과 목적

사람들 간에 인성(성격)이란 개인을 특징짓는 평범하고 일상적인 사회적 이미지, 즉 지속적이고 일관된 공적 성격(Public-personality)이며, 환경에 대응함으로써 선천적·후천적 요소의 상호작용으로 결정화된 심리적·사회적 특성 및 경향을 의미한다. 인성검사는 직무적성검사를 실시하는 대부분의 기업체에서 병행하여 실시하고 있으며, 인성검사만 독자적으로 실시하는 기업체도 있다.

2 성격의 특성

(1) 정서적 측면

정서적 측면은 평소 마음의 당연시하는 자세나 정신상태가 얼마나 안정하고 있는지 또는 불안정한지를 측정한다. 정서의 상태는 직무수행이나 대인관계와 관련하여 태도나 행동으로 드러난다. 그러므로, 정서적 측면을 측정하는 것에 의해, 장래 조직 내의 인간관계에 어느 정도 잘 적응할 수 있을까 (또는 적응하지 못할까)를 예측하는 것이 가능하다. 그렇기 때문에, 정서적 측면의 결과는 채용시에 상당히 중시된다. 아무리 능력이 좋아도 장기적으로 조직 내의 인간관계에 잘 적응할 수 없다고 판단되는 인재는 기본적으로는 채용되지 않는다. 일반적으로 인성(성격)검사는 채용과는 관계없다고 생각하나 정서적으로 조직에 적응하지 못하는 인재는 채용단계에서 가려내지는 것을 유의하여야 한다.

① 민감성(신경도) … 꼼꼼함, 섬세함, 성실함 등의 요소를 통해 일반적으로 신경질적인지 또는 자신의 존재를 위협받는다라는 불안을 갖기 쉬운지를 측정한다.

질문	그렇다	약간 그렇다	그저 그렇다	별로 그렇지 않다	그렇지 않다
• 배려적이라고 생각한다. • 어지러진 방에 있으면 불안하다. • 실패 후에는 불안하다. • 세세한 것까지 신경쓴다.					

▶측정결과

㉠ '그렇다'가 많은 경우(상처받기 쉬운 유형) : 사소한 일에 신경쓰고 다른 사람의 사소한 한마디 말에 상처를 받기 쉽다.

㉡ '그렇지 않다'가 많은 경우(정신적으로 안정적인 유형) : 사소한 일에 신경쓰지 않고 금방 해결하며, 주위 사람의 말에 과민하게 반응하지 않는다.

② 자책성(과민도) … 자신을 비난하거나 책망하는 정도를 측정한다.

질문	그렇다	약간 그렇다	그저 그렇다	별로 그렇지 않다	그렇지 않다
• 후회하는 일이 많다. • 자신을 하찮은 존재로 생각하는 경우가 있다. • 문제가 발생하면 자기의 탓이라고 생각한다. • 무슨 일이든지 끙끙대며 진행하는 경향이 있다.					

▶측정결과

㉠ '그렇다'가 많은 경우(자책하는 유형) : 비관적이고 후회하는 유형이다.

㉡ '그렇지 않다'가 많은 경우(낙천적인 유형) : 기분이 항상 밝은 편이다.

③ **기분성(불안도)** … 기분의 굴곡이나 감정적인 면의 미숙함이 어느 정도인지를 측정하는 것이다.

질문	그렇다	약간 그렇다	그저 그렇다	별로 그렇지 않다	그렇지 않다
• 다른 사람의 의견에 자신의 결정이 흔들리는 경우가 많다. • 기분이 쉽게 변한다. • 종종 후회한다. • 다른 사람보다 의지가 약한 편이라고 생각한다.					

▶측정결과

㉠ '그렇다'가 많은 경우(감정의 기복이 많은 유형) : 의지력보다 기분에 따라 행동하기 쉽다.

㉡ '그렇지 않다'가 많은 경우(감정의 기복이 적은 유형) : 감정의 기복이 없고, 안정적이다.

④ **독자성(개인도)** … 주변에 대한 견해나 관심, 자신의 견해나 생각에 어느 정도의 속박감을 가지고 있는지를 측정한다.

질문	그렇다	약간 그렇다	그저 그렇다	별로 그렇지 않다	그렇지 않다
• 창의적 사고방식을 가지고 있다. • 융통성이 없는 편이다. • 혼자 있는 편이 많은 사람과 있는 것보다 편하다. • 개성적이라는 말을 듣는다.					

▶측정결과

㉠ '그렇다'가 많은 경우 : 자기의 관점을 중요하게 생각하는 유형으로, 주위의 상황보다 자신의 느낌과 생각을 중시한다.

㉡ '그렇지 않다'가 많은 경우 : 상식적으로 행동하고 주변 사람의 시선에 신경을 쓴다.

⑤ **자신감**(자존심도) ··· 자기 자신에 대해 얼마나 긍정적으로 평가하는지를 측정한다.

질문	그렇다	약간 그렇다	그저 그렇다	별로 그렇지 않다	그렇지 않다
• 다른 사람보다 능력이 뛰어나다고 생각한다. • 다소 반대의견이 있어도 나만의 생각으로 행동할 수 있다. • 나는 다른 사람보다 기가 센 편이다.					

▶측정결과

㉠ '그렇다'가 많은 경우 : 자기 능력이나 외모 등에 자신감이 있고, 비판당하는 것을 좋아하지 않는다.

㉡ '그렇지 않다'가 많은 경우 : 자신감이 없고 다른 사람의 비판에 약하다.

⑥ **고양성**(분위기에 들뜨는 정도) ··· 자유분방함, 명랑함과 같이 감정(기분)의 높고 낮음의 정도를 측정한다.

질문	그렇다	약간 그렇다	그저 그렇다	별로 그렇지 않다	그렇지 않다
• 침착하지 못한 편이다. • 다른 사람보다 쉽게 우쭐해진다. • 모든 사람이 아는 유명인사가 되고 싶다. • 모임이나 집단에서 분위기를 이끄는 편이다.					

▶측정결과

㉠ '그렇다'가 많은 경우 : 자극이나 변화가 있는 일상을 원하고 기분을 들뜨게 하는 사람과 친밀하게 지내는 경향이 강하다.

㉡ '그렇지 않다'가 많은 경우 : 감정이 항상 일정하고, 속을 드러내 보이지 않는다.

⑦ 허위성(진위성) … 필요 이상으로 자기를 좋게 보이려 하거나 기업체가 원하는 '이상형'에 맞춘 대답을 하고 있는지, 없는지를 측정한다.

질문	그렇다	약간 그렇다	그저 그렇다	별로 그렇지 않다	그렇지 않다
• 약속을 깨뜨린 적이 한 번도 없다. • 다른 사람을 부럽다고 생각해 본 적이 없다. • 꾸지람을 들은 적이 없다. • 사람을 미워한 적이 없다.					

▶측정결과
㉠ '그렇다'가 많은 경우 : 실제의 자기와는 다른, 말하자면 원칙으로 해답할 가능성이 있다.
㉡ '그렇지 않다'가 많은 경우 : 냉정하고 정직하며, 외부의 압력과 스트레스에 강한 유형이다. '대쪽같음' 의 이미지가 굳어지지 않도록 주의한다.

(2) 행동적인 측면

행동적 측면은 인격 중에 특히 행동으로 드러나기 쉬운 측면을 측정한다. 사람의 행동 특징 자체에는 선도 악도 없으나, 일반적으로는 일의 내용에 의해 원하는 행동이 있다. 때문에 행동적 측면은 주로 직종 과 깊은 관계가 있는데 자신의 행동 특성을 살려 적합한 직종을 선택한다면 플러스가 될 수 있다.

① 사회적 내향성 … 대인관계에서 나타나는 행동경향으로 '낯가림'을 측정한다.

질문	선택
A : 파티에서는 사람을 소개받은 편이다. B : 파티에서는 사람을 소개하는 편이다. A : 처음 보는 사람과는 즐거운 시간을 보내는 편이다. B : 처음 보는 사람과는 어색하게 시간을 보내는 편이다. A : 친구가 적은 편이다. B : 친구가 많은 편이다.	

▶측정결과
㉠ 'A'가 많은 경우 : 내성적이고 사람들과 접하는 것에 소극적이다. 자신의 의견을 말하지 않고 조심스 러운 편이다.
㉡ 'B'가 많은 경우 : 사교적이고 자기의 생각을 명확하게 전달할 수 있다.

② 내성성(침착도) … 자신의 행동과 일에 대해 침착하게 생각하는 정도를 측정한다.

질문	선택
A : 시간이 걸려도 침착하게 생각하는 경우가 많다. B : 짧은 시간에 결정을 하는 경우가 많다. A : 실패의 원인을 찾고 반성하는 편이다. B : 실패를 해도 그다지(별로) 개의치 않는다. A : 결론이 도출되어도 몇 번 정도 생각을 바꾼다. B : 결론이 도출되면 신속하게 행동으로 옮긴다.	

▶측정결과

㉠ 'A'가 많은 경우 : 행동하기 보다는 생각하는 것을 좋아하고 신중하게 계획을 세워 실행한다.

㉡ 'B'가 많은 경우 : 차분하게 생각하는 것보다 우선 행동하는 유형이다.

③ 신체활동성 … 몸을 움직이는 것을 좋아하는가를 측정한다.

질문	선택
A : 민첩하게 활동하는 편이다. B : 준비행동이 없는 편이다. A : 일을 척척 해치우는 편이다. B : 일을 더디게 처리하는 편이다. A : 활발하다는 말을 듣는다. B : 얌전하다는 말을 듣는다.	

▶측정결과

㉠ 'A'가 많은 경우 : 활동적이고, 몸을 움직이게 하는 것이 컨디션이 좋다.

㉡ 'B'가 많은 경우 : 침착한 인상으로, 차분하게 있는 타입이다.

④ **지속성(노력성)** ··· 무슨 일이든 포기하지 않고 끈기 있게 하려는 정도를 측정한다.

질문	선택
A : 일단 시작한 일은 시간이 걸려도 끝까지 마무리한다. B : 일을 하다 어려움에 부딪히면 단념한다. A : 끈질긴 편이다. B : 바로 단념하는 편이다. A : 인내가 강하다는 말을 듣는다. B : 금방 싫증을 낸다는 말을 듣는다.	

▶측정결과

㉠ 'A'가 많은 경우 : 시작한 것은 어려움이 있어도 포기하지 않고 인내심이 높다.

㉡ 'B'가 많은 경우 : 뒤끝이 없고 조그만 실패로 일을 포기하기 쉽다.

⑤ **신중성(주의성)** ··· 자신이 처한 주변상황을 즉시 파악하고 자신의 행동이 어떤 영향을 미치는지를 측정한다.

질문	선택
A : 여러 가지로 생각하면서 완벽하게 준비하는 편이다. B : 행동할 때부터 임기응변적인 대응을 하는 편이다. A : 신중해서 타이밍을 놓치는 편이다. B : 준비 부족으로 실패하는 편이다. A : 자신은 어떤 일에도 신중히 대응하는 편이다. B : 순간적인 충동으로 활동하는 편이다.	

▶측정경과

㉠ 'A'가 많은 경우 : 주변 상황에 민감하고, 예측하여 계획있게 일을 진행한다.

㉡ 'B'가 많은 경우 : 주변 상황을 살펴 보지 않고 착실한 계획없이 일을 진행시킨다.

(3) 의욕적인 측면

의욕적인 측면은 의욕의 정도, 활동력의 유무 등을 측정한다. 여기서의 의욕이란 우리들이 보통 말하고 사용하는 '하려는 의지'와는 조금 뉘앙스가 다르다. '하려는 의지'란 그 때의 환경이나 기분에 따라 변화하는 것이지만, 여기에서는 조금 더 변화하기 어려운 특징, 말하자면 정신적 에너지의 양으로 측정하는 것이다.

① **달성의욕** … 목적의식을 가지고 높은 이상을 가지고 있는지를 측정한다.

질문	선택
A : 경쟁심이 강한 편이다. B : 경쟁심이 약한 편이다. A : 어떤 한 분야에서 제1인자가 되고 싶다고 생각한다. B : 어느 분야에서든 성실하게 임무를 진행하고 싶다고 생각한다. A : 규모가 큰 일을 해보고 싶다. B : 맡은 일에 충실히 임하고 싶다.	

▶측정결과
㉠ 'A'가 많은 경우 : 큰 목표와 높은 이상을 가지고 승부욕이 강한 편이다.
• 면접관의 심리 : '열심히 일을 해줄 것 같은 유형이다.'
㉡ 'B'가 많은 경우 : 현재의 생활을 소중하게 여기고 비약적인 발전을 위해 기를 쓰지 않는다.

② **활동의욕** … 자신에게 잠재된 에너지의 크기로, 정신적인 측면의 활동력이라 할 수 있다.

질문	선택
A : 하고 싶은 일을 실행으로 옮기는 편이다. B : 하고 싶은 일을 좀처럼 실행할 수 없는 편이다. A : 어려운 문제를 해결해 가는 것이 좋다. B : 어려운 문제를 해결하는 것을 잘하지 못한다. A : 일반적으로 결단이 빠른 편이다. B : 일반적으로 결단이 느린 편이다.	

▶측정결과
㉠ 'A'가 많은 경우 : 꾸물거리는 것을 싫어하고 재빠르게 결단해서 행동하는 타입이다.
㉡ 'B'가 많은 경우 : 안전하고 확실한 방법을 모색하고 차분하게 시간을 아껴서 일에 임하는 타입이다.

3 성격의 유형

(1) 인성검사유형의 4가지 척도

정서적인 측면, 행동적인 측면, 의욕적인 측면의 요소들은 성격 특성이라는 관점에서 제시된 것들로 각 개인의 장·단점을 파악하는 데 유용하다. 그러나 전체적인 개인의 인성을 이해하는 데는 한계가 있다.

성격의 유형은 개인의 '성격적인 특색'을 가리키는 것으로, 사회인으로서 적합한지, 아닌지를 말하는 관점과는 관계가 없다. 따라서 채용의 합격 여부에는 사용되지 않는 경우가 많으며, 입사 후의 적정 부서 배치의 자료가 되는 편이라 생각하면 된다. 그러나 채용과 관계가 없다고 해서 아무런 준비도 필요없는 것은 아니다. 자신을 아는 것은 면접 대책의 밑거름이 되므로 모의검사 결과를 충분히 활용하도록 하여야 한다.

- 흥미·관심의 방향 : 내향형 ←——————→ 외향형
- 사물에 대한 견해 : 직관형 ←——————→ 감각형
- 판단하는 방법 : 감정형 ←——————→ 사고형
- 환경에 대한 접근방법 : 지각형 ←——————→ 판단형

---

(2) 성격유형

① **흥미·관심의 방향(내향⇆외향)** … 흥미·관심의 방향이 자신의 내면에 있는지, 주위환경 등 외면에 향하는 지를 가리키는 척도이다.

② **일(사물)을 보는 방법(직감⇆감각)** … 일(사물)을 보는 법이 직감적으로 형식에 얽매이는지, 감각적으로 상식적인지를 가리키는 척도이다.

③ **판단하는 방법(감정⇆사고)** … 일을 감정적으로 판단하는지, 논리적으로 판단하는지를 가리키는 척도이다.

④ **환경에 대한 접근방법** … 주변상황에 어떻게 접근하는지, 그 판단기준을 어디에 두는지를 측정한다.

CHAPTER

02 인성검사의 예

▌1~7▐ 다음 질문에 대해서 평소 자신이 생각하고 있는 것이나 행동하고 있는 것에 대해 박스에 주어진 응답 요령에 따라 답하시오.

응답요령

• 응답 Ⅰ : 제시된 문항들을 읽은 다음 각각의 문항에 대해 자신이 동의하는 정도를 ①(전혀 그렇지 않다)~⑤(매우 그렇다)으로 표시하면 된다.

• 응답 Ⅱ : 제시된 문항들을 비교하여 상대적으로 자신의 성격과 가장 가까운 문항 하나와 가장 거리가 먼 문항 하나를 선택하여야 한다(응답 Ⅱ의 응답은 가깝다 1개, 멀다 1개, 무응답 2개이어야 한다).

1

문항예시	응답 Ⅰ					응답 Ⅱ	
	①	②	③	④	⑤	멀다	가깝다
A. 몸을 움직이는 것을 좋아하지 않는다.							
B. 쉽게 질리는 편이다.							
C. 경솔한 편이라고 생각한다.							
D. 인생의 목표는 손이 닿을 정도면 된다.							

2

문항예시	응답 Ⅰ					응답 Ⅱ	
	①	②	③	④	⑤	멀다	가깝다
A. 무슨 일도 좀처럼 시작하지 못한다.							
B. 초면인 사람과도 바로 친해질 수 있다.							
C. 행동하고 나서 생각하는 편이다.							
D. 쉬는 날은 집에 있는 경우가 많다.							

3

문항예시	응답 I					응답 II	
	①	②	③	④	⑤	멀다	가깝다
A. 조금이라도 나쁜 소식은 절망의 시작이라고 생각해 버린다.							
B. 언제나 실패가 걱정이 되어 어쩔 줄 모른다.							
C. 다수결의 의견에 따르는 편이다.							
D. 혼자서 다방에 들어가는 것은 전혀 두려운 일이 아니다.							

4

문항예시	응답 I					응답 II	
	①	②	③	④	⑤	멀다	가깝다
A. 승부근성이 강하다.							
B. 자주 흥분해서 침착하지 못하다.							
C. 지금까지 살면서 타인에게 폐를 끼친 적이 없다.							
D. 소곤소곤 이야기하는 것을 보면 자기에 대해 힘담하고 있는 것으로 생각된다.							

5

문항예시	응답 I					응답 II	
	①	②	③	④	⑤	멀다	가깝다
A. 무엇이든지 자기가 나쁘다고 생각하는 편이다.							
B. 자신을 변덕스러운 사람이라고 생각한다.							
C. 고독을 즐기는 편이다.							
D. 자존심이 강하다고 생각한다.							

6

문항예시	응답 I					응답 II	
	①	②	③	④	⑤	멀다	가깝다
A. 금방 흥분하는 성격이다.							
B. 거짓말을 한 적이 없다.							
C. 신경질적인 편이다.							
D. 끙끙대며 고민하는 타입이다.							

7

문항예시	응답 I					응답 II	
	①	②	③	④	⑤	멀다	가깝다
A. 감정적인 사람이라고 생각한다.							
B. 자신만의 신념을 가지고 있다.							
C. 다른 사람을 바보 같다고 생각한 적이 있다.							
D. 금방 말해버리는 편이다.							

▌1~13 ▌ 다음 각 문제에서 제시된 4개의 질문 중 자신의 생각과 일치하거나 자신을 가장 잘 나타내는 질문과 가장 거리가 먼 질문을 각각 하나씩 고르시오.

	질문	가깝다	멀다
1	계획적으로 일을 하는 것을 좋아한다.		
	꼼꼼하게 일을 마무리 하는 편이다.		
	새로운 방법으로 문제를 해결하는 것을 좋아한다.		
	빠르고 신속하게 일을 처리해야 마음이 편하다.		
2	문제를 해결하기 위해 여러 사람과 상의한다.		
	어떠한 결정을 내릴 때 신중한 편이다.		
	시작한 일은 반드시 완성시킨다.		
	문제를 현실적이고 객관적으로 해결한다.		
3	글보다 말로 표현하는 것이 편하다.		
	논리적인 원칙에 따라 사실을 조직하는 것이 좋다.		
	집중력이 강하고 매사에 철저하다.		
	자기능력을 뽐내지 않고 겸손하다.		
4	융통성 있게 업무를 처리한다.		
	질문을 받으면 충분히 생각하고 나서 대답한다.		
	긍정적이고 낙천적인 사고방식을 갖고 있다.		
	매사에 적극적인 편이다.		
5	기발한 아이디어를 많이 낸다.		
	새로운 일 하는 것을 좋아한다.		
	타인의 견해를 잘 고려한다.		
	사람들을 잘 설득시킨다.		
6	나는 종종 화가 날 때가 있다.		
	나는 화를 잘 참지 못한다.		
	나는 단호하고 통솔력이 있다.		
	나는 집단을 이끌어가는 능력이 있다.		
7	나는 조용하고 성실하다.		
	나는 책임감이 강하다.		
	나는 독창적이며 창의적이다.		
	나는 복잡한 문제도 간단하게 해결한다.		

질문	가깝다	멀다
8 나는 관심 있는 분야에 몰두하는 것이 즐겁다.		
나는 목표를 달성하는 것을 중요하게 생각한다.		
나는 상황에 따라 일정을 조율하는 융통성이 있다.		
나는 의사결정에 신속함이 있다.		
9 나는 정리 정돈과 계획에 능하다.		
나는 사람들의 관심을 받는 것이 기분 좋다.		
나는 때로는 고집스러울 때도 있다.		
나는 원리원칙을 중시하는 편이다.		
10 나는 맡은 일에 헌신적이다.		
나는 타인의 감정에 민감하다.		
나는 목적과 방향은 변화할 수 있다고 생각한다.		
나는 다른 사람과 의견의 충돌은 피하고 싶다.		
11 나는 구체적인 사실을 잘 기억하는 편이다.		
나는 새로운 일을 시도하는 것이 즐겁다.		
나는 겸손하다.		
나는 다른 사람과 별다른 마찰이 없다.		
12 나는 나이에 비해 성숙한 편이다.		
나는 유머감각이 있다.		
나는 다른 사람의 생각이나 의견을 중요시 생각한다.		
나는 솔직하고 단호한 편이다.		
11 나는 구체적인 사실을 잘 기억하는 편이다.		
나는 새로운 일을 시도하는 것이 즐겁다.		
나는 겸손하다.		
나는 다른 사람과 별다른 마찰이 없다.		
12 나는 나이에 비해 성숙한 편이다.		
나는 유머감각이 있다.		
나는 다른 사람의 생각이나 의견을 중요시 생각한다.		
나는 솔직하고 단호한 편이다.		
13 나는 낙천적이고 긍정적이다.		
나는 집단을 이끌어가는 능력이 있다.		
나는 사람들에게 인기가 많다.		
나는 활동을 조직하고 주도해나가는데 능하다.		

❚1~50❚ 다음 (   ) 안에 당신에게 해당사항이 있으면 '있다', 그렇지 않다면 '없다'를 선택하시오.

있다 없다

1. 조금이라도 나쁜 소식은 절망의 시작이라고 생각해버린다. ································· (   )(   )

2. 언제나 실패가 걱정이 되어 어쩔 줄 모른다. ······································· (   )(   )

3. 다수결의 의견에 따르는 편이다. ··· (   )(   )

4. 혼자서 커피숍에 들어가는 것은 전혀 두려운 일이 아니다. ·························· (   )(   )

5. 승부근성이 강하다. ·· (   )(   )

6. 자주 흥분해서 침착하지 못하다. ··· (   )(   )

7. 지금까지 살면서 타인에게 폐를 끼친 적이 없다. ··································· (   )(   )

8. 소곤소곤 이야기하는 것을 보면 자기에 대해 험담하고 있는 것으로 생각된다. ········· (   )(   )

9. 무엇이든지 자기가 나쁘다고 생각하는 편이다. ····································· (   )(   )

10. 자신을 변덕스러운 사람이라고 생각한다. ·· (   )(   )

11. 고독을 즐기는 편이다. ··· (   )(   )

12. 자존심이 강하다고 생각한다. ·· (   )(   )

13. 금방 흥분하는 성격이다. ··· (   )(   )

14. 거짓말을 한 적이 없다. ·· (   )(   )

15. 신경질적인 편이다. ·· (   )(   )

16. 끙끙대며 고민하는 타입이다. ·· (   )(   )

17. 감정적인 사람이라고 생각한다. ·· (   )(   )

18. 자신만의 신념을 가지고 있다. ·· (   )(   )

19. 다른 사람을 바보 같다고 생각한 적이 있다. ······································ (   )(   )

20. 금방 말해버리는 편이다. ··· (   )(   )

21. 싫어하는 사람이 없다. ··· (   )(   )

22. 대재앙이 오지 않을까 항상 걱정을 한다. ·· (   )(   )

23. 쓸데없는 고생을 하는 일이 많다. ·· (   )(   )

24. 자주 생각이 바뀌는 편이다. ··· (   )(   )

25. 문제점을 해결하기 위해 여러 사람과 상의한다. ………………………………………… (　　)(　　)

26. 내 방식대로 일을 한다. ……………………………………………………………………… (　　)(　　)

27. 영화를 보고 운 적이 많다. …………………………………………………………………… (　　)(　　)

28. 어떤 것에 대해서도 화낸 적이 없다. ……………………………………………………… (　　)(　　)

29. 사소한 충고에도 걱정을 한다. ……………………………………………………………… (　　)(　　)

30. 자신은 도움이 안 되는 사람이라고 생각한다. …………………………………………… (　　)(　　)

31. 금방 싫증을 내는 편이다. …………………………………………………………………… (　　)(　　)

32. 개성적인 사람이라고 생각한다. ……………………………………………………………… (　　)(　　)

33. 자기주장이 강한 편이다. …………………………………………………………………… (　　)(　　)

34. 뒤숭숭하다는 말을 들은 적이 있다. ……………………………………………………… (　　)(　　)

35. 학교를 쉬고 싶다고 생각한 적이 한 번도 없다. ………………………………………… (　　)(　　)

36. 사람들과 관계 맺는 것을 잘하지 못한다. ………………………………………………… (　　)(　　)

37. 사려 깊은 편이다. ……………………………………………………………………………… (　　)(　　)

38. 몸을 움직이는 것을 좋아한다. ……………………………………………………………… (　　)(　　)

39. 끈기가 있는 편이다. …………………………………………………………………………… (　　)(　　)

40. 신중한 편이라고 생각한다. …………………………………………………………………… (　　)(　　)

41. 인생의 목표는 큰 것이 좋다. ……………………………………………………………… (　　)(　　)

42. 어떤 일이라도 바로 시작하는 타입이다. ………………………………………………… (　　)(　　)

43. 낯가림을 하는 편이다. ………………………………………………………………………… (　　)(　　)

44. 생각하고 나서 행동하는 편이다. …………………………………………………………… (　　)(　　)

45. 쉬는 날은 밖으로 나가는 경우가 많다. …………………………………………………… (　　)(　　)

46. 시작한 일은 반드시 완성시킨다. …………………………………………………………… (　　)(　　)

47. 면밀한 계획을 세운 여행을 좋아한다. ……………………………………………………… (　　)(　　)

48. 야망이 있는 편이라고 생각한다. …………………………………………………………… (　　)(　　)

49. 활동력이 있는 편이다. ………………………………………………………………………… (　　)(　　)

50. 많은 사람들과 와자지껄하게 식사하는 것을 좋아하지 않는다. ……………………… (　　)(　　)

▌1~10▐ 다음 주어진 보기 중에서 자신과 가장 가깝다고 생각하는 것은 'ㄱ'에 표시하고, 자신과 가장 멀다고 생각하는 것은 'ㅁ'에 표시하시오.

1
① 모임에서 리더에 어울리지 않는다고 생각한다.
② 착실한 노력으로 성공한 이야기를 좋아한다.
③ 어떠한 일에도 의욕이 없이 임하는 편이다.
④ 학급에서는 존재가 두드러졌다.

| ㄱ | ① ② ③ ④ |
| ㅁ | ① ② ③ ④ |

2
① 아무것도 생각하지 않을 때가 많다.
② 스포츠는 하는 것보다는 보는 게 좋다.
③ 성격이 급한 편이다.
④ 비가 오지 않으면 우산을 가지고 가지 않는다.

| ㄱ | ① ② ③ ④ |
| ㅁ | ① ② ③ ④ |

3
① 1인자보다는 조력자의 역할을 좋아한다.
② 의리를 지키는 타입이다.
③ 리드를 하는 편이다.
④ 남의 이야기를 잘 들어준다.

| ㄱ | ① ② ③ ④ |
| ㅁ | ① ② ③ ④ |

4
① 여유 있게 대비하는 타입이다.
② 업무가 진행 중이라도 야근을 하지 않는다.
③ 즉흥적으로 약속을 잡는다.
④ 노력하는 과정이 결과보다 중요하다.

| ㄱ | ① ② ③ ④ |
| ㅁ | ① ② ③ ④ |

5
① 무리해서 행동할 필요는 없다.
② 유행에 민감하다고 생각한다.
③ 정해진 대로 움직이는 편이 안심된다.
④ 현실을 직시하는 편이다.

| ㄱ | ① ② ③ ④ |
| ㅁ | ① ② ③ ④ |

6
① 자유보다 질서를 중요시하는 편이다.
② 사람들과 이야기하는 것을 좋아한다.
③ 경험에 비추어 판단하는 편이다.
④ 영화나 드라마는 각본의 완성도나 화면구성에 주목한다.

ㄱ	① ② ③ ④
ㅁ	① ② ③ ④

7
① 혼자 자유롭게 생활하는 것이 편하다.
② 다른 사람의 소문에 관심이 많다.
③ 실무적인 편이다.
④ 비교적 냉정한 편이다.

ㄱ	① ② ③ ④
ㅁ	① ② ③ ④

8
① 협조성이 있다고 생각한다.
② 친한 친구의 휴대폰 번호는 대부분 외운다.
③ 정해진 순서에 따르는 것을 좋아한다.
④ 이성적인 사람으로 남고 싶다.

ㄱ	① ② ③ ④
ㅁ	① ② ③ ④

9
① 단체 생활을 잘 한다.
② 세상의 일에 관심이 많다.
③ 안정을 추구하는 편이다.
④ 도전하는 것이 즐겁다.

ㄱ	① ② ③ ④
ㅁ	① ② ③ ④

10
① 되도록 환경은 변하지 않는 것이 좋다.
② 밝은 성격이다.
③ 지나간 일에 연연하지 않는다.
④ 활동범위가 좁은 편이다.

ㄱ	① ② ③ ④
ㅁ	① ② ③ ④

PART

06

면접

면접의 기본

1 면접준비

(1) 면접의 기본 원칙

① **면접의 의미** … 면접이란 다양한 면접기법을 활용하여 지원한 직무에 필요한 능력을 지원자가 보유하고 있는지를 확인하는 절차라고 할 수 있다. 즉, 지원자의 입장에서는 채용 직무수행에 필요한 요건들과 관련하여 자신의 환경, 경험, 관심사, 성취 등에 대해 기업에 직접 어필할 수 있는 기회를 제공받는 것이며, 기업의 입장에서는 서류전형만으로 알 수 없는 지원자에 대한 정보를 직접적으로 수집하고 평가하는 것이다.

② **면접의 특징** … 면접은 기업의 입장에서 서류전형이나 필기전형에서 드러나지 않는 지원자의 능력이나 성향을 볼 수 있는 기회로, 면대면으로 이루어지며 즉흥적인 질문들이 포함될 수 있기 때문에 지원자가 완벽하게 준비하기 어려운 부분이 있다. 하지만 지원자 입장에서도 서류전형이나 필기전형에서 모두 보여주지 못한 자신의 능력 등을 기업의 인사담당자에게 어필할 수 있는 추가적인 기회가 될 수도 있다.

[서류 · 필기전형과 차별화되는 면접의 특징]

- 직무수행과 관련된 다양한 지원자 행동에 대한 관찰이 가능하다.
- 면접관이 알고자 하는 정보를 심층적으로 파악할 수 있다.
- 서류상의 미비한 사항과 의심스러운 부분을 확인할 수 있다.
- 커뮤니케이션 능력, 대인관계 능력 등 행동 · 언어적 정보도 얻을 수 있다.

③ **면접의 유형**

　㉠ **구조화 면접** : 구조화 면접은 사전에 계획을 세워 질문의 내용과 방법, 지원자의 답변 유형에 따른 추가 질문과 그에 대한 평가 역량이 정해져 있는 면접 방식으로 표준화 면접이라고도 한다.

　　• 표준화된 질문이나 평가요소가 면접 전 확정되며, 지원자는 편성된 조나 면접관에 영향을 받지 않고 동일한 질문과 시간을 부여받을 수 있다.

- 조직 또는 직무별로 주요하게 도출된 역량을 기반으로 평가요소가 구성되어, 조직 또는 직무에서 필요한 역량을 가진 지원자를 선발할 수 있다.
- 표준화된 형식을 사용하는 특성 때문에 비구조화 면접에 비해 신뢰성과 타당성, 객관성이 높다.

ⓒ 비구조화 면접 : 비구조화 면접은 면접 계획을 세울 때 면접 목적만을 명시하고 내용이나 방법은 면접관에게 전적으로 일임하는 방식으로 비표준화 면접이라고도 한다.
- 표준화된 질문이나 평가요소 없이 면접이 진행되며, 편성된 조나 면접관에 따라 지원자에게 주어지는 질문이나 시간이 다르다.
- 면접관의 주관적인 판단에 따라 평가가 이루어져 평가 오류가 빈번히 일어난다.
- 상황 대처나 언변이 뛰어난 지원자에게 유리한 면접이 될 수 있다.

④ 경쟁력 있는 면접 요령

㉠ 면접 전에 준비하고 유념할 사항
- 예상 질문과 답변을 미리 작성한다.
- 작성한 내용을 문장으로 외우지 않고 키워드로 기억한다.
- 지원한 회사의 최근 기사를 검색하여 기억한다.
- 지원한 회사가 속한 산업군의 최근 기사를 검색하여 기억한다.
- 면접 전 1주일간 이슈가 되는 뉴스를 기억하고 자신의 생각을 반영하여 정리한다.
- 찬반토론에 대비한 주제를 목록으로 정리하여 자신의 논리를 내세운 예상답변을 작성한다.

㉡ 면접장에서 유념할 사항
- 질문의 의도 파악 : 답변을 할 때에는 질문 의도를 파악하고 그에 충실한 답변이 될 수 있도록 질문사항을 유념해야 한다. 많은 지원자가 하는 실수 중 하나로 답변을 하는 도중 자기 말에 심취되어 질문의 의도와 다른 답변을 하거나 자신이 알고 있는 지식만을 나열하는 경우가 있는데, 이럴 경우 의사소통능력이 부족한 사람으로 인식될 수 있으므로 주의하도록 한다.
- 답변은 두괄식 : 답변을 할 때에는 두괄식으로 결론을 먼저 말하고 그 이유를 설명하는 것이 좋다. 미괄식으로 답변을 할 경우 용두사미의 답변이 될 가능성이 높으며, 결론을 이끌어 내는 과정에서 논리성이 결여될 우려가 있다. 또한 면접관이 결론을 듣기 전에 말을 끊고 다른 질문을 추가하는 예상치 못한 상황이 발생될 수 있으므로 답변은 자신이 전달하고자 하는 바를 먼저 밝히고 그에 대한 설명을 하는 것이 좋다.

- 지원한 회사의 기업정신과 인재상을 기억 : 답변을 할 때에는 회사가 원하는 인재라는 인상을 심어주기 위해 지원한 회사의 기업정신과 인재상 등을 염두에 두고 답변을 하는 것이 좋다. 모든 회사에 해당되는 두루뭉술한 답변보다는 지원한 회사에 맞는 맞춤형 답변을 하는 것이 좋다.
- 나보다는 회사와 사회적 관점에서 답변 : 답변을 할 때에는 자기중심적인 관점을 피하고 좀 더 넓은 시각으로 회사와 국가, 사회적 입장까지 고려하는 인재임을 어필하는 것이 좋다. 자기중심적 시각을 바탕으로 자신의 출세만을 위해 회사에 입사하려는 인상을 심어줄 경우 면접에서 불이익을 받을 가능성이 높다.
- 난처한 질문은 정직한 답변 : 난처한 질문에 답변을 해야 할 때에는 피하기보다는 정면 돌파로 정직하고 솔직하게 답변하는 것이 좋다. 난처한 부분을 감추고 드러내지 않으려 회피하려는 지원자의 모습은 인사담당자에게 입사 후에도 비슷한 상황에 처했을 때 회피할 수도 있다는 우려를 심어줄 수 있다. 따라서 직장생활에 있어 중요한 덕목 중 하나인 정직을 바탕으로 솔직하게 답변을 하도록 한다.

(2) 면접의 종류 및 준비 전략

① 인성면접

㉠ 면접 방식 및 판단기준
- 면접 방식 : 인성면접은 면접관이 가지고 있는 개인적 면접 노하우나 관심사에 의해 질문을 실시한다. 주로 입사지원서나 자기소개서의 내용을 토대로 지원동기, 과거의 경험, 미래 포부 등을 이야기하도록 하는 방식이다.
- 판단기준 : 면접관의 개인적 가치관과 경험, 해당 역량의 수준, 경험의 구체성·진실성 등

㉡ 특징 : 인성면접은 그 방식으로 인해 역량과 무관한 질문들이 많고 지원자에게 주어지는 면접질문, 시간 등이 다를 수 있다. 또한 입사지원서나 자기소개서의 내용을 토대로 하기 때문에 지원자별 질문이 달라질 수 있다.

ⓒ 예시 문항 및 준비전략

• 예시 문항

> • 3분 동안 자기소개를 해 보십시오.
> • 자신의 장점과 단점을 말해 보십시오.
> • 학점이 좋지 않은데 그 이유가 무엇입니까?
> • 최근에 인상 깊게 읽은 책은 무엇입니까?
> • 회사를 선택할 때 중요시하는 것은 무엇입니까?
> • 일과 개인생활 중 어느 쪽을 중시합니까?
> • 10년 후 자신은 어떤 모습일 것이라고 생각합니까?
> • 휴학 기간 동안에는 무엇을 했습니까?

• 준비전략 : 인성면접은 입사지원서나 자기소개서의 내용을 바탕으로 하는 경우가 많으므로 자신이 작성한 입사지원서와 자기소개서의 내용을 충분히 숙지하도록 한다. 또한 최근 사회적으로 이슈가 되고 있는 뉴스에 대한 견해를 묻거나 시사상식 등에 대한 질문을 받을 수 있으므로 이에 대한 대비도 필요하다. 자칫 부담스러워 보이지 않는 질문으로 가볍게 대답하지 않도록 주의하고 모든 질문에 입사 의지를 담아 성실하게 답변하는 것이 중요하다.

② 발표면접

㉠ 면접 방식 및 판단기준

• 면접 방식 : 지원자가 특정 주제와 관련된 자료를 검토하고 그에 대한 자신의 생각을 면접관 앞에서 주어진 시간 동안 발표하고 추가 질의를 받는 방식으로 진행된다.

• 판단기준 : 지원자의 사고력, 논리력, 문제해결력 등

㉡ 특징 : 발표면접은 지원자에게 과제를 부여한 후, 과제를 수행하는 과정과 결과를 관찰·평가한다. 따라서 과제수행 결과뿐 아니라 수행과정에서의 행동을 모두 평가할 수 있다.

ⓒ 예시 문항 및 준비전략

• 예시 문항

[신입사원 조기 이직 문제]

※ 지원자는 아래에 제시된 자료를 검토한 뒤, 신입사원 조기 이직의 원인을 크게 3가지로 정리하고 이에 대한 구체적인 개선안을 도출하여 발표해 주시기 바랍니다.

※ 본 과제에 정해진 정답은 없으나 논리적 근거를 들어 개선안을 작성해 주십시오.

• A기업은 동종업계 유사기업들과 비교해 볼 때, 비교적 높은 재무안정성을 유지하고 있으며 업무강도가 그리 높지 않은 것으로 외부에 알려져 있음.

• 최근 조사결과, 동종업계 유사기업들과 연봉을 비교해 보았을 때 연봉 수준도 그리 나쁘지 않은 편이라는 것이 확인되었음.

• 그러나 지난 3년간 1~2년차 직원들의 이직률이 계속해서 증가하고 있는 추세이며, 경영진 회의에서 최우선 해결과제 중 하나로 거론되었음.

• 이에 따라 인사팀에서 현재 1~2년차 사원들을 대상으로 개선되어야 하는 A기업의 조직문화에 대한 설문조사를 실시한 결과, '상명하복식의 의사소통'이 36.7%로 1위를 차지했음.

• 이러한 설문조사와 함께, 신입사원 조기 이직에 대한 원인을 분석한 결과 파랑새 증후군, 셀프홀릭 증후군, 피터팬 증후군 등 3가지로 분류할 수 있었음.

〈동종업계 유사기업들과의 연봉 비교〉   〈우리 회사 조직문화 중 개선되었으면 하는 것〉

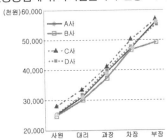 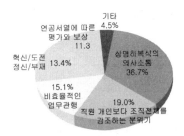

〈신입사원 조기 이직의 원인〉

• 파랑새 증후군
－현재의 직장보다 더 좋은 직장이 있을 것이라는 막연한 기대감으로 끊임없이 새로운 직장을 탐색함.
－학력 수준과 맞지 않는 '하향지원', 전공과 적성을 고려하지 않고 일단 취업하고 보자는 '묻지마 지원'이 파랑새 증후군을 초래함.

• 셀프홀릭 증후군
－본인의 역량에 비해 가치가 낮은 일을 주로 하면서 갈등을 느낌.

• 피터팬 증후군
－기성세대의 문화를 무조건 수용하기보다는 자유로움과 변화를 추구함.
－상명하복, 엄격한 규율 등 기성세대가 당연시하는 관행에 거부감을 가지며 직장에 답답함을 느낌.

- 준비전략 : 발표면접의 시작은 과제 안내문과 과제 상황, 과제 자료 등을 정확하게 이해하는 것에서 출발한다. 과제 안내문을 침착하게 읽고 제시된 주제 및 문제와 관련된 상황의 맥락을 파악한 후 과제를 검토한다. 제시된 기사나 그래프 등을 충분히 활용하여 주어진 문제를 해결할 수 있는 해결책이나 대안을 제시하며, 발표를 할 때에는 명확하고 자신 있는 태도로 전달할 수 있도록 한다.

③ 토론면접

ⓐ 면접 방식 및 판단기준

- 면접 방식 : 상호갈등적 요소를 가진 과제 또는 공통의 과제를 해결하는 내용의 토론 과제를 제시하고, 그 과정에서 개인 간의 상호작용 행동을 관찰하는 방식으로 면접이 진행된다.
- 판단기준 : 팀워크, 적극성, 갈등 조정, 의사소통능력, 문제해결능력 등

ⓑ 특징 : 토론을 통해 도출해 낸 최종안의 타당성도 중요하지만, 결론을 도출해 내는 과정에서의 의사소통능력이나 갈등상황에서 의견을 조정하는 능력 등이 중요하게 평가되는 특징이 있다.

ⓒ 예시 문항 및 준비전략

- 예시 문항

> - 군 가산점제 부활에 대한 찬반토론
> - 담뱃값 인상에 대한 찬반토론
> - 비정규직 철폐에 대한 찬반토론
> - 대학의 영어 강의 확대 찬반토론
> - 워크숍 장소 선정을 위한 토론

- 준비전략 : 토론면접은 무엇보다 팀워크와 적극성이 강조된다. 따라서 토론과정에 적극적으로 참여하며 자신의 의사를 분명하게 전달하며, 갈등상황에서 자신의 의견만 내세울 것이 아니라 다른 지원자의 의견을 경청하고 배려하는 모습도 중요하다. 갈등상황을 일목요연하게 정리하여 조정하는 등의 의사소통능력을 발휘하는 것도 좋은 전략이 될 수 있다.

④ 상황면접

ⓐ 면접 방식 및 판단기준

- 면접 방식 : 상황면접은 직무 수행 시 접할 수 있는 상황들을 제시하고, 그러한 상황에서 어떻게 행동할 것인지를 이야기하는 방식으로 진행된다.
- 판단기준 : 해당 상황에 적절한 역량의 구현과 구체적 행동지표

ⓛ 특징 : 실제 직무 수행 시 접할 수 있는 상황들을 제시하므로 입사 이후 지원자의 업무수행능력을 평가하는 데 적절한 면접 방식이다. 또한 지원자의 가치관, 태도, 사고방식 등의 요소를 통합적으로 평가하는 데 용이하다.

ⓒ 예시 문항 및 준비전략

• 예시 문항

> 당신은 생산관리팀의 팀원으로, 생산팀이 기한에 맞춰 효율적으로 제품을 생산할 수 있도록 관리하는 역할을 맡고 있습니다. 3개월 뒤에 제품A를 정상적으로 출시하기 위해 생산팀의 생산 계획을 수립한 상황입니다. 그러나 원가가 곧 실적으로 이어지는 구매팀에서는 최대한 원가를 줄여 전반적 단가를 낮추려고 원가절감을 위한 제안을 하였으나, 연구개발팀에서는 구매팀이 제안한 방식으로 제품을 생산할 경우 대부분이 구매팀의 실적으로 산정될 것이므로 제대로 확인도 해보지 않은 채 적합하지 않은 방식이라고 판단하고 있습니다. 당신은 어떻게 하겠습니까?

• 준비전략 : 상황면접은 먼저 주어진 상황에서 핵심이 되는 문제가 무엇인지를 파악하는 것에서 시작한다. 주질문과 세부질문을 통하여 질문의 의도를 파악하였다면, 그에 대한 구체적인 행동이나 생각 등에 대해 응답할수록 높은 점수를 얻을 수 있다.

⑤ 역할면접

㉠ 면접 방식 및 판단기준

• 면접 방식 : 역할면접 또는 역할연기 면접은 기업 내 발생 가능한 상황에서 부딪히게 되는 문제와 역할을 가상적으로 설정하여 특정 역할을 맡은 사람과 상호작용하고 문제를 해결해 나가도록 하는 방식으로 진행된다. 역할연기 면접에서는 면접관이 직접 역할연기를 하면서 지원자를 관찰하기도 하지만, 역할연기 수행만 전문적으로 하는 사람을 투입할 수도 있다.

• 판단기준 : 대처능력, 대인관계능력, 의사소통능력 등

㉡ 특징 : 역할면접은 실제 상황과 유사한 가상 상황에서의 행동을 관찰함으로서 지원자의 성격이나 대처 행동 등을 관찰할 수 있다.

㉢ 예시 문항 및 준비전략

• 예시 문항

> [금융권 역할면접의 예]
> 당신은 ○○은행의 신입 텔러이다. 사람이 많은 월말 오전 한 할아버지(면접관 또는 역할담당자)께서 ○○은행을 사칭한 보이스피싱으로 500만 원을 피해 보았다며 소란을 일으키고 있다. 실제 업무상황이라고 생각하고 상황에 대처해 보시오.

- 준비전략 : 역할연기 면접에서 측정하는 역량은 주로 갈등의 원인이 되는 문제를 해결 하고 제시된 해결방안을 상대방에게 설득하는 것이다. 따라서 갈등해결, 문제해결, 조정·통합, 설득력과 같은 역량이 중요시된다. 또한 갈등을 해결하기 위해서 상대방에 대한 이해도 필수적인 요소이므로 고객지향을 염두에 두고 상황에 맞게 대처해야 한다.

  역할면접에서는 변별력을 높이기 위해 면접관이 압박적인 분위기를 조성하는 경우가 많기 때문에 스트레스 상황에서 불안해하지 않고 유연하게 대처할 수 있도록 시간과 노력을 들여 충분히 연습하는 것이 좋다.

2 면접 이미지 메이킹

(1) 성공적인 이미지 메이킹 포인트

① 복장 및 스타일

　㉠ 남성

- 양복 : 양복은 단색으로 하며 넥타이나 셔츠로 포인트를 주는 것이 효과적이다. 짙은 회색이나 감청색이 가장 단정하고 품위 있는 인상을 준다.
- 셔츠 : 흰색이 가장 선호되나 자신의 피부색에 맞추는 것이 좋다. 푸른색이나 베이지색은 산뜻한 느낌을 줄 수 있다. 양복과의 배색도 고려하도록 한다.
- 넥타이 : 의상에 포인트를 줄 수 있는 아이템이지만 너무 화려한 것은 피한다. 지원자의 피부색은 물론, 정장과 셔츠의 색을 고려하며, 체격에 따라 넥타이 폭을 조절하는 것이 좋다.
- 구두 & 양말 : 구두는 검정색이나 짙은 갈색이 어느 양복에나 무난하게 어울리며 깔끔하게 닦아 준비한다. 양말은 정장과 동일한 색상이나 검정색을 착용한다.
- 헤어스타일 : 머리스타일은 단정한 느낌을 주는 짧은 헤어스타일이 좋으며 앞머리가 있다면 이마나 눈썹을 가리지 않는 선에서 정리하는 것이 좋다.

ⓛ 여성

- 의상 : 단정한 스커트 투피스 정장이나 슬랙스 슈트가 무난하다. 블랙이나 그레이, 네이비, 브라운 등 차분해 보이는 색상을 선택하는 것이 좋다.
- 소품 : 구두, 핸드백 등은 같은 계열로 코디하는 것이 좋으며 구두는 너무 화려한 디자인이나 굽이 높은 것을 피한다. 스타킹은 의상과 구두에 맞춰 단정한 것으로 선택한다.
- 액세서리 : 액세서리는 너무 크거나 화려한 것은 좋지 않으며 과하게 많이 하는 것도 좋은 인상을 주지 못한다. 착용하지 않거나 작고 깔끔한 디자인으로 포인트를 주는 정도가 적당하다.
- 메이크업 : 화장은 자연스럽고 밝은 이미지를 표현하는 것이 좋으며 진한 색조는 인상이 강해 보일 수 있으므로 피한다.
- 헤어스타일 : 커트나 단발처럼 짧은 머리는 활동적이면서도 단정한 이미지를 줄 수 있도록 정리한다. 긴 머리의 경우 하나로 묶거나 단정한 머리망으로 정리하는 것이 좋으며, 짙은 염색이나 화려한 웨이브는 피한다.

② 인사

ⓐ 인사의 의미 : 인사는 예의범절의 기본이며 상대방의 마음을 여는 기본적인 행동이라고 할 수 있다. 인사는 처음 만나는 면접관에게 호감을 살 수 있는 가장 쉬운 방법이 될 수 있기도 하지만 제대로 예의를 지키지 않으면 지원자의 인성 전반에 대한 평가로 이어질 수 있으므로 각별히 주의해야 한다.

ⓛ 인사의 핵심 포인트

- 인사말 : 인사말을 할 때에는 밝고 친근감 있는 목소리로 하며, 자신의 이름과 수험번호 등을 간략하게 소개한다.
- 시선 : 인사는 상대방의 눈을 보며 하는 것이 중요하며 너무 빤히 쳐다본다는 느낌이 들지 않도록 주의한다.
- 표정 : 인사는 마음에서 우러나오는 존경이나 반가움을 표현하고 예의를 차리는 것이므로 살짝 미소를 지으며 하는 것이 좋다.
- 자세 : 인사를 할 때에는 가볍게 목만 숙인다거나 흐트러진 상태에서 인사를 하지 않도록 주의하며 절도 있고 확실하게 하는 것이 좋다.

③ 시선처리와 표정, 목소리

　㉠ **시선처리와 표정** : 표정은 면접에서 지원자의 첫인상을 결정하는 중요한 요소이다. 얼굴표정은 사람의 감정을 가장 잘 표현할 수 있는 의사소통 도구로 표정 하나로 상대방에게 호감을 주거나, 비호감을 사기도 한다. 호감이 가는 인상의 특징은 부드러운 눈썹, 자연스러운 미간, 적당히 볼록한 광대, 올라간 입 꼬리 등으로 가볍게 미소를 지을 때의 표정과 일치한다. 따라서 면접 중에는 밝은 표정으로 미소를 지어 호감을 형성할 수 있도록 한다. 시선은 면접관과 고르게 맞추되 생기 있는 눈빛을 띄도록 하며, 너무 빤히 쳐다본다는 인상을 주지 않도록 한다.

　㉡ **목소리** : 면접은 주로 면접관과 지원자의 대화로 이루어지므로 목소리가 미치는 영향이 상당하다. 답변을 할 때에는 부드러우면서도 활기차고 생동감 있는 목소리로 하는 것이 면접관에게 호감을 줄 수 있으며 적당한 제스처가 더해진다면 상승효과를 얻을 수 있다. 그러나 적절한 답변을 하였음에도 불구하고 콧소리나 날카로운 목소리, 자신감 없는 작은 목소리는 답변의 신뢰성을 떨어뜨릴 수 있으므로 주의하도록 한다.

④ 자세

　㉠ **걷는 자세**
　　• 면접장에 입실할 때에는 상체를 곧게 유지하고 발끝은 평행이 되게 하며 무릎을 스치듯 11자로 걷는다.
　　• 시선은 정면을 향하고 턱은 가볍게 당기며 어깨나 엉덩이가 흔들리지 않도록 주의한다.
　　• 발바닥 전체가 닿는 느낌으로 안정감 있게 걸으며 발소리가 나지 않도록 주의한다.
　　• 보폭은 어깨넓이만큼이 적당하지만, 스커트를 착용했을 경우 보폭을 줄인다.
　　• 걸을 때도 미소를 유지한다.

　㉡ **서있는 자세**
　　• 몸 전체를 곧게 펴고 가슴을 자연스럽게 내민 후 등과 어깨에 힘을 주지 않는다.
　　• 정면을 바라본 상태에서 턱을 약간 당기고 아랫배에 힘을 주어 당기며 바르게 선다.
　　• 양 무릎과 발뒤꿈치는 붙이고 발끝은 11자 또는 V형을 취한다.
　　• 남성의 경우 팔을 자연스럽게 내리고 양손을 가볍게 쥐어 바지 옆선에 붙이고, 여성의 경우 공수자세를 유지한다.

ⓒ 앉은 자세

• 남성

> • 의자 깊숙이 앉고 등받이와 등 사이에 주먹 1개 정도의 간격을 두며 기대듯 앉지 않도록 주의한다.
> (남녀 공통 사항)
> • 무릎 사이에 주먹 2개 정도의 간격을 유지하고 발끝은 11자를 취한다.
> • 시선은 정면을 바라보며 턱은 가볍게 당기고 미소를 짓는다. (남녀 공통 사항)
> • 양손은 가볍게 주먹을 쥐고 무릎 위에 올려놓는다.
> • 앉고 일어날 때에는 자세가 흐트러지지 않도록 주의한다. (남녀 공통 사항)

• 여성

> • 스커트를 입었을 경우 왼손으로 뒤쪽 스커트 자락을 누르고 오른손으로 앞쪽 자락을 누르며 의자에
> 앉는다.
> • 무릎은 붙이고 발끝을 가지런히 한다.
> • 양손을 모아 무릎 위에 모아 놓으며 스커트를 입었을 경우 스커트 위를 가볍게 누르듯이 올려놓는다.

(2) 면접 예절

① 행동 관련 예절

ⓐ **지각은 절대금물** : 시간을 지키는 것은 예절의 기본이다. 지각을 할 경우 면접에 응시할 수 없거
나, 면접 기회가 주어지더라도 불이익을 받을 가능성이 높아진다. 따라서 면접장소가 결정되면
교통편과 소요시간을 확인하고 가능하다면 사전에 미리 방문해 보는 것도 좋다. 면접 당일에는
서둘러 출발하여 면접 시간 20~30분 전에 도착하여 회사를 둘러보고 환경에 익숙해지는 것도
성공적인 면접을 위한 요령이 될 수 있다.

ⓑ **면접 대기 시간** : 지원자들은 대부분 면접장에서의 행동과 답변 등으로만 평가를 받는다고 생각하
지만 그렇지 않다. 면접관이 아닌 면접진행자 역시 대부분 인사실무자이며 면접관이 면접 후 지
원자에 대한 평가에 있어 확신을 위해 면접진행자의 의견을 구한다면 면접진행자의 의견이 당락
에 영향을 줄 수 있다. 따라서 면접 대기 시간에도 행동과 말을 조심해야 하며, 면접을 마치고
돌아가는 순간까지도 긴장을 늦춰서는 안 된다. 면접 중 압박적인 질문에 답변을 잘 했지만, 면
접장을 나와 흐트러진 모습을 보이거나 욕설을 한다면 면접 탈락의 요인이 될 수 있으므로 주의
해야 한다.

ⓒ **입실 후 태도** : 본인의 차례가 되어 호명되면 또렷하게 대답하고 들어간다. 만약 면접장 문이 닫혀 있다면 상대에게 소리가 들릴 수 있을 정도로 노크를 두세 번 한 후 대답을 듣고 나서 들어가야 한다. 문을 여닫을 때에는 소리가 나지 않게 조용히 하며 공손한 자세로 인사한 후 성명과 수험번호를 말하고 면접관의 지시에 따라 자리에 앉는다. 이 경우 착석하라는 말이 없는데 먼저 의자에 앉으면 무례한 사람으로 보일 수 있으므로 주의한다. 의자에 앉을 때에는 끝에 앉지 말고 무릎 위에 양손을 가지런히 얹는 것이 예절이라고 할 수 있다.

ⓔ **옷매무새를 자주 고치지 마라.** : 일부 지원자의 경우 옷매무새 또는 헤어스타일을 자주 고치거나 확인하기도 하는데 이러한 모습은 과도하게 긴장한 것 같아 보이거나 면접에 집중하지 못하는 것으로 보일 수 있다. 남성 지원자의 경우 넥타이를 자꾸 고쳐 맨다거나 정장 상의 끝을 너무 자주 만지작거리지 않는다. 여성 지원자는 머리를 계속 쓸어 올리지 않고, 특히 짧은 치마를 입고서 신경이 쓰여 치마를 끌어 내리는 행동은 좋지 않다.

ⓜ **다리를 떨거나 산만한 시선은 면접 탈락의 지름길** : 자신도 모르게 다리를 떨거나 손가락을 만지는 등의 행동을 하는 지원자가 있는데, 이는 면접관의 주의를 끌 뿐만 아니라 불안하고 산만한 사람이라는 느낌을 주게 된다. 따라서 가능한 한 바른 자세로 앉아 있는 것이 좋다. 또한 면접관과 시선을 맞추지 못하고 여기저기 둘러보는 듯한 산만한 시선은 지원자가 거짓말을 하고 있다고 여겨지거나 신뢰할 수 없는 사람이라고 생각될 수 있다.

② **답변 관련 예절**

ⓐ **면접관이나 다른 지원자와 가치 논쟁을 하지 않는다.** : 질문을 받고 답변하는 과정에서 면접관 또는 다른 지원자의 의견과 다른 의견이 있을 수 있다. 특히 평소 지원자가 관심이 많은 문제이거나 잘 알고 있는 문제인 경우 자신과 다른 의견에 대해 이의가 있을 수 있다. 하지만 주의할 것은 면접에서 면접관이나 다른 지원자와 가치 논쟁을 할 필요는 없다는 것이며 오히려 불이익을 당할 수도 있다. 정답이 정해져 있지 않은 경우에는 가치관이나 성장배경에 따라 문제를 받아들이는 태도에서 답변까지 충분히 차이가 있을 수 있으므로 굳이 면접관이나 다른 지원자의 가치관을 지적하고 고치려 드는 것은 좋지 않다.

ⓛ **답변은 항상 정직해야 한다.** : 면접이라는 것이 아무리 지원자의 장점을 부각시키고 단점을 축소시키는 것이라고 해도 절대로 거짓말을 해서는 안 된다. 거짓말을 하게 되면 지원자는 불안하거나 꺼림칙한 마음이 들게 되어 면접에 집중을 하지 못하게 되고 수많은 지원자를 상대하는 면접관은 그것을 놓치지 않는다. 거짓말은 그 지원자에 대한 신뢰성을 떨어뜨리며 이로 인해 다른 스펙이 아무리 훌륭하다고 해도 채용에서 탈락하게 될 수 있음을 명심하도록 한다.

ⓒ **경력직을 경우 전 직장에 대해 험담하지 않는다.** : 지원자가 전 직장에서 무슨 업무를 담당했고 어떤 성과를 올렸는지는 면접관이 관심을 둘 사항일 수 있지만, 이전 직장의 기업문화나 상사들이 어땠는지는 그다지 궁금해 하는 사항이 아니다. 전 직장에 대해 험담을 늘어놓는다든가, 동료와 상사에 대한 악담을 하게 된다면 오히려 지원자에 대한 부정적인 이미지만 심어줄 수 있다. 만약 전 직장에 대한 말을 해야 할 경우가 생긴다면 가능한 한 객관적으로 이야기하는 것이 좋다.

ⓔ **자기 자신이나 배경에 대해 자랑하지 않는다.** : 자신의 성취나 부모 형제 등 집안사람들이 사회·경제적으로 어떠한 위치에 있는지에 대한 자랑은 면접관으로 하여금 지원자에 대해 오만한 사람이거나 배경에 의존하려는 나약한 사람이라는 이미지를 갖게 할 수 있다. 따라서 자기 자신이나 배경에 대해 자랑하지 않도록 하고, 자신이 한 일에 대해서 너무 자세하게 얘기하지 않도록 주의해야 한다.

3 면접 질문 및 답변 포인트

(1) 가족 및 대인관계에 관한 질문

① **당신의 가정은 어떤 가정입니까?**
면접관들은 지원자의 가정환경과 성장과정을 통해 지원자의 성향을 알고 싶어 이와 같은 질문을 한다. 비록 가정 일과 사회의 일이 완전히 일치하는 것은 아니지만 '가화만사성'이라는 말이 있듯이 가정이 화목해야 사회에서도 화목하게 지낼 수 있기 때문이다. 그러므로 답변 시에는 가족사항을 정확하게 설명하고 집안의 분위기와 특징에 대해 이야기하는 것이 좋다.

② 친구 관계에 대해 말해 보십시오.

지원자의 인간성을 판단하는 질문으로 교우관계를 통해 답변자의 성격과 대인관계능력을 파악할 수 있다. 새로운 환경에 적응을 잘하여 새로운 친구들이 많은 것도 좋지만, 깊고 오래 지속되어온 인간관계를 말하는 것이 더욱 바람직하다.

(2) 성격 및 가치관에 관한 질문

① 당신의 PR포인트를 말해 주십시오.

PR포인트를 말할 때에는 지나치게 겸손한 태도는 좋지 않으며 적극적으로 자기를 주장하는 것이 좋다. 앞으로 입사 후 하게 될 업무와 관련된 자기의 특성을 구체적인 일화를 더하여 이야기하도록 한다.

② 당신의 장·단점을 말해 보십시오.

지원자의 구체적인 장·단점을 알고자 하기 보다는 지원자가 자기 자신에 대해 얼마나 알고 있으며 어느 정도의 객관적인 분석을 하고 있나, 그리고 개선의 노력 등을 시도하는지를 파악하고자 하는 것이다. 따라서 장점을 말할 때는 업무와 관련된 장점을 뒷받침할 수 있는 근거와 함께 제시하며, 단점을 이야기할 때에는 극복을 위한 노력을 반드시 포함해야 한다.

③ 가장 존경하는 사람은 누구입니까?

존경하는 사람을 말하기 위해서는 우선 그 인물에 대해 알아야 한다. 잘 모르는 인물에 대해 존경한다고 말하는 것은 면접관에게 바로 지적당할 수 있으므로, 추상적이라도 좋으니 평소에 존경스럽다고 생각했던 사람에 대해 그 사람의 어떤 점이 좋고 존경스러운지 대답하도록 한다. 또한 자신에게 어떤 영향을 미쳤는지도 언급하면 좋다.

(3) 학교생활에 관한 질문

① 지금까지의 학교생활 중 가장 기억에 남는 일은 무엇입니까?

가급적 직장생활에 도움이 되는 경험을 이야기하는 것이 좋다. 또한 경험만을 간단하게 말하지 말고 그 경험을 통해서 얻을 수 있었던 교훈 등을 예시와 함께 이야기하는 것이 좋으나 너무 상투적인 답변이 되지 않도록 주의해야 한다.

② 성적은 좋은 편이었습니까?

면접관은 이미 서류심사를 통해 지원자의 성적을 알고 있다. 그럼에도 불구하고 이 질문을 하는 것은 지원자가 성적에 대해서 어떻게 인식하느냐를 알고자 하는 것이다. 성적이 나빴던 이유에 대해서 변명하려 하지 말고 담백하게 받아드리고 그것에 대한 개선노력을 했음을 밝히는 것이 적절하다.

③ 학창시절에 시위나 집회 등에 참여한 경험이 있습니까?

기업에서는 노사분규를 기업의 사활이 걸린 중대한 문제로 인식하고 거시적인 차원에서 접근한다. 이러한 기업문화를 제대로 인식하지 못하여 학창시절의 시위나 집회 참여 경험을 자랑스럽게 답변할 경우 감점요인이 되거나 심지어는 탈락할 수 있다는 사실에 주의한다. 시위나 집회에 참가한 경험을 말할 때에는 타당성과 정도에 유의하여 답변해야 한다.

(4) 지원동기 및 직업의식에 관한 질문

① 왜 우리 회사를 지원했습니까?

이 질문은 어느 회사나 가장 먼저 물어보고 싶은 것으로 지원자들은 기업의 이념, 대표의 경영능력, 재무구조, 복리후생 등 외적인 부분을 설명하는 경우가 많다. 이러한 답변도 적절하지만 지원 회사의 주력 상품에 관한 소비자의 인지도, 경쟁사 제품과의 시장점유율을 비교하면서 입사동기를 설명한다면 상당히 주목 받을 수 있을 것이다.

② 만약 이번 채용에 불합격하면 어떻게 하겠습니까?

불합격할 것을 가정하고 회사에 응시하는 지원자는 거의 없을 것이다. 이는 지원자를 궁지로 몰아넣고 어떻게 대응하는지를 살펴보며 입사 의지를 알아보려고 하는 것이다. 이 질문은 너무 깊이 들어가지 말고 침착하게 답변하는 것이 좋다.

③ 당신이 생각하는 바람직한 사원상은 무엇입니까?

직장인으로서 또는 조직의 일원으로서의 자세를 묻는 질문으로 지원하는 회사에서 어떤 인재상을 요구하는 가를 알아두는 것이 좋으며, 평소에 자신의 생각을 미리 정리해 두어 당황하지 않도록 한다.

④ 직무상의 적성과 보수의 많음 중 어느 것을 택하겠습니까?

이런 질문에서 회사 측에서 원하는 답변은 당연히 직무상의 적성에 비중을 둔다는 것이다. 그러나 적성만을 너무 강조하다 보면 오히려 솔직하지 못하다는 인상을 줄 수 있으므로 어느 한 쪽을 너무 강조하거나 경시하는 태도는 바람직하지 못하다.

⑤ 상사와 의견이 다를 때 어떻게 하겠습니까?

과거와 다르게 최근에는 상사의 명령에 무조건 따르겠다는 수동적인 자세는 바람직하지 않다. 회사에서는 때에 따라 자신이 판단하고 행동할 수 있는 직원을 원하기 때문이다. 그러나 지나치게 자신의 의견만을 고집한다면 이는 팀원 간의 불화를 야기할 수 있으며 팀 체제에 악영향을 미칠 수 있으므로 선호하지 않는다는 것에 유념하여 답해야 한다.

⑥ 근무지가 지방인데 근무가 가능합니까?

근무지가 지방 중에서도 특정 지역은 되고 다른 지역은 안 된다는 답변은 바람직하지 않다. 직장에서는 순환 근무라는 것이 있으므로 처음에 지방에서 근무를 시작했다고 해서 계속 지방에만 있는 것은 아님을 유의하고 답변하도록 한다.

(5) 여가 활용에 관한 질문 – 취미가 무엇입니까?

기초적인 질문이지만 특별한 취미가 없는 지원자의 경우 대답이 애매할 수밖에 없다. 그래서 가장 많이 대답하게 되는 것이 독서, 영화감상, 혹은 음악감상 등과 같은 흔한 취미를 말하게 되는데 이런 취미는 면접관의 주의를 끌기 어려우며 설사 정말 위와 같은 취미를 가지고 있다하더라도 제대로 답변하기는 힘든 것이 사실이다. 가능하면 독특한 취미를 말하는 것이 좋으며 이제 막 시작한 것이라도 열의를 가지고 있음을 설명할 수 있으면 그것을 취미로 답변하는 것도 좋다.

(6) 지원자를 당황하게 하는 질문

① 성적이 좋지 않은데 이 정도의 성적으로 우리 회사에 입사할 수 있다고 생각합니까?

비록 자신의 성적이 좋지 않더라도 이미 서류심사에 통과하여 면접에 참여하였다면 기업에서는 지원자의 성적보다 성적 이외의 요소, 즉 성격·열정 등을 높이 평가했다는 것이라고 할 수 있다. 그러나 이런 질문을 받게 되면 지원자는 당황할 수 있으나 주눅 들지 말고 침착하게 대처하는 면모를 보인다면 더 좋은 인상을 남길 수 있다.

② 우리 회사 회장님 함자를 알고 있습니까?

회장이나 사장의 이름을 조사하는 것은 면접일을 통고받았을 때 이미 사전 조사되었어야 하는 사항이다. 단답형으로 이름만 말하기보다는 그 기업에 입사를 희망하는 지원자의 입장에서 답변하는 것이 좋다.

③ 당신은 이 회사에 적합하지 않은 것 같군요.

이 질문은 지원자의 입장에서 상당히 곤혹스러울 수밖에 없다. 질문을 듣는 순간 그렇다면 면접은 왜 참가시킨 것인가 하는 생각이 들 수도 있다. 하지만 당황하거나 흥분하지 말고 침착하게 자신의 어떤 면이 회사에 적당하지 않는지 겸손하게 물어보고 지적당한 부분에 대해서 고치겠다는 의지를 보인다면 오히려 자신의 능력을 어필할 수 있는 기회로 사용할 수도 있다.

④ 다시 공부할 계획이 있습니까?

이 질문은 지원자가 합격하여 직장을 다니다가 공부를 더 하기 위해 회사를 그만 두거나 학습에 더 관심을 두어 일에 대한 능률이 저하될 것을 우려하여 묻는 것이다. 이때에는 당연히 학습보다는 일을 강조해야 하며, 업무 수행에 필요한 학습이라면 업무에 지장이 없는 범위에서 야간학교를 다니거나 회사에서 제공하는 연수 프로그램 등을 활용하겠다고 답변하는 것이 적당하다.

⑤ 지원한 분야가 전공한 분야와 다른데 여기 일을 할 수 있겠습니까?

수험생의 입장에서 본다면 지원한 분야와 전공이 다르지만 서류전형과 필기전형에 합격하여 면접을 보게 된 경우라고 할 수 있다. 이는 결국 해당 회사의 채용 방침상 전공에 크게 영향을 받지 않는다는 것이므로 무엇보다 자신이 전공하지는 않았지만 어떤 업무도 적극적으로 임할 수 있다는 자신감과 능동적인 자세를 보여주도록 노력하는 것이 좋다.

면접기출

1 한국동서발전 면접

(1) 직무역량면접(직무분석발표면접+직무토론면접)

① 에너지 하비스팅 태양전지 상용화와 태양광 산업 확장에 대한 찬성/반대

② 바이오매스 발전을 늘리는 것에 대한 찬성/반대

③ 해상풍력 인허가 제도 간소화에 대한 찬성/반대

④ 신재생 에너지 보급 확대 여부에 대한 찬성/반대

⑤ 에너지 양극화에 따른 에너지빈곤층 지원방안

⑥ 탈석탄화에 따른 문제점 및 해결 방안

⑦ 미세먼지 감축 방안 및 실효성과 공공기관의 역할

⑧ 분산형에너지의 한계점과 해결 방안

(2) 인성면접

① 자기소개를 해 보시오.

② 적극적 자세를 가지고 업무한 경험에 이야기해 보시오.

③ 전공 관련된 것 말고 본인이 현재 봉사하거나 희생하며 헌신하고 있는 것이 있다면 이야기해 보시오.

④ 동료들과의 트러블이 발생하면 어떻게 대처할 것인지 이야기해 보시오.

⑤ 창의성을 기르거나 새로운 것에 도전하기 위해 본인이 노력하고 있는 것을 이야기해 보시오.

⑥ 동료들과 협력하여 프로젝트를 성공한 사례가 있다면 이야기해 보시오.

⑦ 변화를 주도한 경험이 있다면 이야기해 보시오.

⑧ 팀의 리더 역할을 하는 경우 어떠한 점이 힘든지 이야기해 보시오.

⑨ 한국동서발전에 대해 아는 대로 이야기해 보시오.

⑩ 다른 사람이 나에 대한 장점과 단점을 어떻게 이야기 할 것 같은지 말해 보시오.

⑪ 지역을 옮기는 순환근무에 대해 어떻게 생각하는지 말씀해주세요.

⑫ 원칙을 지켜 누군가에게 신뢰를 받은 적이 있는지 이야기해 보시오.

⑬ 타인과 차별화 될 수 있는 자신만의 장점 및 역량은 무엇인지 이야기해 보시오.

⑭ 특별한 취미가 있는가? 그것을 업무에서 활용할 수 있다고 생각하는가?

⑮ 한국동서발전에 지원하게 된 계기는 무엇인가?

2 공기업 면접기출

① 상사가 부정한 일로 자신의 이득을 취하고 있다. 이를 인지하게 되었을 때 자신이라면 어떻게 행동할 것인가?

② 본인이 했던 일 중 가장 창의적이었다고 생각하는 경험에 대해 말해보시오.

③ 직장 생활 중 적성에 맞지 않는다고 느낀다면 다른 일을 찾을 것인가? 아니면 참고 견뎌내겠는가?

④ 자신만의 특별한 취미가 있는가? 그것을 업무에서 활용할 수 있다고 생각하는가?

⑤ 면접을 보러 가는 길인데 신호등이 빨간불이다. 시간이 매우 촉박한 상황인데, 무단횡단을 할 것인가?

⑥ 원하는 직무에 배치 받지 못할 경우 어떻게 행동할 것인가?

⑦ 상사와 종교 · 정치에 대한 대화를 하던 중 본인의 생각과 크게 다른 경우 어떻게 하겠는가?

⑧ 타인과 차별화 될 수 있는 자신만의 장점 및 역량은 무엇인가?

⑨ 자격증을 한 번에 몰아서 취득했는데 힘들지 않았는가?

⑩ 오늘 경제신문 첫 면의 기사에 대해 브리핑 해보시오.

⑪ 무상급식 전국실시에 대한 본인의 의견을 말하시오.

⑫ 타인과 차별화 될 수 있는 자신만의 장점 및 역량은 무엇인가?

⑬ 외국인 노동자와 비정규직에 대한 자신의 의견을 말해보시오.

⑭ 장래에 자녀를 낳는다면 주말 계획은 자녀와 자신 중 어느 쪽에 맞춰서 할 것인가?

⑮ 공사 진행과 관련하여 민원인과의 마찰이 생기면 어떻게 대응하겠는가?

⑯ 직장 상사가 나보다 다섯 살 이상 어리면 어떤 기분이 들겠는가?

⑰ 현재 심각한 취업난인 반면 중소기업은 인력이 부족하다는데 어떻게 생각하는가?

⑱ 영어 자기소개, 영어 입사동기

⑲ 지방이나 오지 근무에 대해서 어떻게 생각하는가?

⑳ 상사에게 부당한 지시를 받으면 어떻게 행동하겠는가?

㉑ 최근 주의 깊게 본 시사 이슈는 무엇인가?

㉒ 자신만의 스트레스 해소법이 있다면 말해보시오.

㉓ 방사능 유출에 대한 획기적인 대책을 제시해보시오.

㉔ 고준위 폐기물 재처리는 어떻게 하는 것이 바람직하다고 생각하는가?

상식
용어사전
시리즈

합격GO!

1 빈출 일반상식

공기업/공공기관 채용시험 일반상식에서 자주 나오는 빈출문항을 정리하여 수록한 교재! 한 권으로 일반상식 시험 준비 마무리 하자!

2 중요한 용어만 한눈에 보는 시사용어사전 1152

매일 접하는 각종 기사와 정보 속에서 현대인이 놓치기 쉬운, 그러나 꼭 알아야 할 최신 시사상식을 쏙쏙 뽑아 이해하기 쉽도록 정리했다!

3 중요한 용어만 한눈에 보는 경제용어사전 1007

주요 경제용어는 거의 다 실었다! 경제가 쉬워지는 책, 경제용어사전!

4 중요한 용어만 한눈에 보는 부동산용어사전 1300

부동산에 대한 이해를 높이고 부동산의 개발과 활용, 투자 및 부동산 용어 학습에도 적극적으로 이용할 수 있는 부동산용어사전!

자격증 기출문제 총집합!

자격증 별로 정리된
기출문제로 깔끔하게 합격하자!

기출문제로 자격증 시험 준비하자!

스포츠지도사, 손해사정사, 손해평가사, 농산물품질관리사, 수산물품질관리사, 관광통역안내사,
국내여행안내사, 보세사, 건축기사, 토목기사